DIANA PALMER
Más allá del odio

Editado por Harlequin Ibérica.
Una división de HarperCollins Ibérica, S.A.
Núñez de Balboa, 56
28001 Madrid

© 2013 Diana Palmer
© 2014 Harlequin Ibérica, S.A.
Más allá del odio, n.º 169 - 1.3.14
Título original: Protector
Publicada originalmente por HQN™ Books
Traducido por María Perea Peña

Todos los derechos están reservados incluidos los de reproducción, total o parcial.
Esta edición ha sido publicada con autorización de Harlequin Books S.A.
Esta es una obra de ficción. Nombres, caracteres, lugares, y situaciones son producto de la imaginación del autor o son utilizados ficticiamente, y cualquier parecido con personas, vivas o muertas, establecimientos de negocios (comerciales), hechos o situaciones son pura coincidencia.
® Harlequin, TOP NOVEL y logotipo Harlequin son marcas registradas por Harlequin Enterprises Limited.
® y ™ son marcas registradas por Harlequin Enterprises Limited y sus filiales, utilizadas con licencia. Las marcas que lleven ® están registradas en la Oficina Española de Patentes y Marcas y en otros países.
Imágenes de cubierta utilizadas con permiso de Dreamstime.com.

I.S.B.N.: 978-84-687-4078-2
Depósito legal: M-35256-2013

A mi prima Linda, con mucho amor

CAPÍTULO 1

El sheriff Hayes Carson odiaba los domingos. No tenía nada que ver con la religión, ni con la Iglesia, ni con lo espiritual. Odiaba los domingos porque siempre los pasaba solo. No tenía novia. Había salido con un par de mujeres de Jacobsville, Texas, pero en pocas ocasiones. No había vuelto a tener una relación seria desde que había salido de la escuela militar, cuando se había comprometido con una mujer que lo había dejado por alguien más rico. Después, había salido con Ivy Conley, pero ella había terminado casándose con su mejor amigo, Stuart York. Él sentía algo por ella, pero ella no le correspondía.

Además, estaba Andy. Su mascota con escamas le impedía tener citas.

Bueno, eso no era estrictamente cierto. El motivo de la escasez de mujeres en su vida era su trabajo. Llevaba en su puesto de sheriff siete años ya y, durante ese tiempo, lo habían tiroteado dos veces. Era bueno en su trabajo; lo habían reelegido para el puesto sin necesidad de una segunda votación. Nunca se le había escapado ningún criminal, salvo uno: El Jefe, el mayor capo de la droga del norte de Sonora, México, cuyo territorio incluía el condado de Jacobs. Sin embargo, él conseguiría atraparlo algún día; se lo había prometido a sí mismo. Odiaba a los traficantes de droga. Su hermano Bobby había muerto de sobredosis hacía unos cuantos años.

Todavía culpaba a Minette Raynor por ello. La gente decía que era inocente, y que era la hermana de Ivy Conley, Rachel, que había muerto hacía un año, la que le había dado a Bobby la dosis fatal. Sin embargo, él sabía que Minette estaba relacionada con la tragedia, y la odiaba sin disimulos. Sabía algo sobre Minette que ella misma ignoraba. Había mantenido el secreto durante toda su vida; quería decírselo, pero le había prometido a su padre que nunca le revelaría la verdad.

Mientras tomaba un sorbo de whisky, lamentó no poder librarse de aquella inconveniente conciencia que no le permitía incumplir sus promesas. Eso le ahorraría mucha tristeza.

Dejó el vaso de whisky en la mesilla, estiró las piernas y las cruzó.

Miró hacia la pradera de color rojizo que se extendía hasta la autopista. Estaban a mediados de noviembre, y hacía frío incluso en Texas, pero aquel día habían subido un poco las temperaturas. Acababa de cenar, con lo que el alcohol no iba a afectarle mucho, salvo para proporcionarle algo de relajación. Estaba disfrutando de los rayos de sol. Ojalá tuviera alguien con quien compartir aquel atardecer. Odiaba estar solo todo el tiempo.

Uno de los motivos de su soledad estaba sentado en el sofá, frente a la televisión. Hayes suspiró. Su mejor amigo aterrorizaba a las mujeres. Él había intentado mantener la existencia de Andy en secreto, y lo metía en la habitación de invitados en las raras ocasiones en las que llevaba a alguna mujer a su casa para montar a caballo. Sin embargo, Andy siempre terminaba por aparecer; generalmente, cuando menos se le esperaba. En una ocasión, cuando él estaba haciendo un café en la cocina, Andy comenzó a trepar por el respaldo del sofá en el que estaba su invitada.

Los gritos fueron terroríficos. A él se le cayó la cafetera al suelo con las prisas por llegar al salón. La mujer estaba de pie en el sofá, con una lámpara en la mano, amenazando a la iguana de dos metros que, a su vez, tenía la espalda completamente arqueada y le lanzaba miradas fulminantes a su oponente.

—¡No pasa nada, es inofensiva! —gritó él.

Aquel fue el momento en el que su mascota decidió estirar la papada, sisear y mover la cola como un látigo para golpear a su acompañante. La mujer se torció un tobillo al saltar del sofá.

Aquella gran iguana tenía diez años, y no le gustaba mucho la gente. En concreto, odiaba a las mujeres, pero él nunca había sabido por qué.

Andy casi siempre estaba sobre la nevera, o bajo la lámpara de calor que había sobre su enorme jaula, y comía fruta fresca y ensaladas que él le preparaba todos los días. Nunca molestaba a nadie, y parecía que Stuart York, su mejor amigo, le caía muy bien. Incluso permitía que los extraños lo acariciaran, siempre y cuando fueran hombres, claro.

Pero si una mujer entraba por la puerta...

Hayes se apoyó en el respaldo de la mecedora con un suspiro. No podía regalar a Andy. Sería como separarse de una parte de su familia, y a él ya no le quedaba familia alguna. Tenía algunos primos lejanos, como MacCreedy, que se había convertido en una leyenda de la policía local antes de marcharse a San Antonio para trabajar de guardia de seguridad. Sin embargo, Hayes no tenía parientes cercanos con vida. Su único tío abuelo había muerto tres años antes.

Miró a Andy, que seguía en el sofá, frente al televisor. Le parecía divertido que a su mascota le gustara ver la televisión.

O, por lo menos, eso parecía. Tenía una buena funda impermeable puesta sobre el sofá, por si acaso había algún accidente, aunque Andy nunca había tenido ninguno. Estaba bien adiestrado, y siempre iba al lugar que tenía reservado en el enorme baño de la casa. Y acudía cuando él lo llamaba con un silbido. Andy era un tipo extraño.

Hayes sonrió. Por lo menos, tenía alguien con quien hablar.

Miró a lo lejos, y vio un brillo plateado. Seguramente era el sol, que se reflejaba en la alambrada del corral de sus caballos palominos. Tenía un perro pastor, Rex, que vivía fuera de la casa y que mantenía a los posibles depredadores alejados de sus pocas cabezas de ganado de la raza Santa Gertrudis. No tenía tiempo para dirigir un gran rancho, pero le gustaba criar animales.

Oyó el ladrido de Rex en la distancia. «Debe de haber visto un conejo», pensó distraídamente.

Miró el vaso de whisky vacío e hizo un gesto de consternación. No debería beber en domingo. A su madre no le habría parecido bien. Sin embargo, a su madre nunca le había parecido bien nada que él hiciera. Ella odiaba a su padre, y lo odiaba a él porque se parecía a su padre. Su madre era una mujer alta, rubia y de ojos oscuros. Como Minette Raynor.

Hayes apretó los labios. Minette era la editora de la revista semanal *Jacobsville Times*. Vivía con su tía abuela y con sus hermanos, un niño y una niña. Nunca hablaba de su padre biológico.

Él estaba seguro de que no sabía quién era, aunque sí sabía que su difunto padrastro no era su verdadero padre. Hayes lo sabía porque se lo había contado su propio padre, Dallas, el anterior sheriff de Jacobs Country. Dallas le había hecho prometer a su hijo que nunca iba a decírselo a Minette. Ella no tenía la culpa, y ya había soportado dolor suficiente para toda una vida sin saber la verdad sobre su padre. Su madre había sido una buena mujer, y nunca se había mezclado en nada ilegal. Lo mejor era olvidarse de todo.

Así que Hayes lo había olvidado, pero de mala gana. No podía disimular el desagrado que sentía por Minette. Para él, su familia había causado la muerte de su hermano, aunque ella no fuera quien le hubiera facilitado la droga que había acabado con él.

Se estiró y, con un bostezo, se inclinó para tomar el vaso. Algo le golpeó en el hombro, y el impacto fue tan fuerte que lo derribó sobre el suelo del porche. Se quedó allí tendido, jadeando como un pez, aturdido por un golpe que no había visto llegar.

Tardó muy poco en darse cuenta de que le habían pegado un tiro. Conocía la sensación, porque no era la primera vez. Intentó moverse, pero se dio cuenta de que no podía. Tenía que esforzarse por respirar. Percibió el olor metálico de la sangre, y tuvo la sensación de que se le había parado un pulmón.

Con un gran esfuerzo, sacó el teléfono móvil del bolsillo del pantalón y marcó el 991.

—Condado de Jacobs, ¿se trata de una emergencia? —preguntó la operadora.

—Disparo... —jadeó él.

—¿Disculpe? —hubo una pausa—. Sheriff Carson, ¿es usted?

—Sí-sí.

—¿Dónde está? —preguntó la operadora con urgencia—. ¿Puede decírmelo?

—En casa —susurró él.

Estaba perdiendo el conocimiento. Oyó la voz de la mujer, que le rogaba que permaneciera al teléfono, que hablara con ella. Sin embargo, a él se le cerraron los ojos a causa de una oleada de dolor y náuseas, y el teléfono se le cayó de la mano.

Recuperó el conocimiento en el hospital. El doctor Copper Coltrain estaba inclinado sobre él, con una bata verde y con una mascarilla en el mentón.
—Hola —dijo—. Me alegro de que hayas vuelto con nosotros.
Hayes pestañeó.
—Me han disparado —murmuró Hayes.
—Sí, por tercera vez —respondió Coltrain—. Esto está empezando a resultar absurdo.
—¿Cómo estoy? —preguntó Hayes, con la voz ronca.
—Sobrevivirás —respondió Coltrain—. La herida está en el hombro, pero la bala también te afectó al pulmón izquierdo. Hemos tenido que extirparte una pequeña parte de pulmón, y ahora te lo estamos inflando —dijo, indicándole el tuvo que salía por un lado de Hayes, por debajo de la fina sábana—. Hemos retirado los fragmentos de hueso y de tejido y te hemos administrado antibióticos, antiinflamatorios y analgésicos. Por el momento.
—¿Cuándo puedo volver a casa?
—¡Qué gracioso! Acabas de salir del quirófano. Vamos a hablar de eso, por lo menos, cuando estés en planta.
—Alguien tiene que ir a darle de comer a Andy. Estará muy asustado, allí solo.
—Ya ha ido alguien a darle de comer a Andy —respondió Coltrain.
—Y Rex... mi perro... vive en el establo...
—También está atendido.
—La llave...
—Estaba en tu llavero. Todo está perfectamente, salvo tú.

Hayes supuso que alguno de sus ayudantes se había hecho cargo de las cosas, así que no replicó. Cerró los ojos.

—Me encuentro fatal.

—Bueno, eso es normal. Acaban de dispararte.

—Me he dado cuenta.

—Vas a quedarte en cuidados intensivos durante un par de días, hasta que te sientas un poco mejor, y después te pasaremos a una habitación. Por ahora, duerme y no te preocupes por nada, ¿de acuerdo?

Hayes consiguió sonreír, pero no abrió los ojos. Un poco después, estaba dormido.

Cuando volvió a despertarse, una enfermera estaba tomándole la tensión, la temperatura corporal y el pulso.

—Hola —le dijo, con una sonrisa—. Está mucho mejor esta mañana —dijo ella, comprobando sus anotaciones—. ¿Cómo tiene el pecho?

Él se movió e hizo un gesto.

—Me duele.

—¿Le duele? Bien, le diré al doctor Coltrain que le aumente la dosis de analgésico hasta que se le pase. ¿Algún otro problema?

Él quería mencionar uno, pero se sintió muy azorado con respecto a la sonda. Sin embargo, ella lo adivinó.

—Es temporal. Mañana se la retirarán, según dijo el doctor Coltrain. Intente dormir —dijo.

Le dio una palmadita en el hombro con una sonrisa maternal y se marchó.

Al día siguiente le retiraron la sonda, cosa que le avergonzó y le hizo murmurar entre dientes. Sin embargo, volvió a quedarse dormido enseguida.

Más tarde, cuando el doctor Coltrain fue a verlo, él apenas se había despertado.

—Me duele en un lugar innombrable, y es culpa tuya —musitó.

—Lo siento, era inevitable. Pero ya te han quitado la sonda, y no sentirás molestias durante mucho más tiempo, te lo prometo —dijo. Le auscultó el pecho a Hayes y frunció el ceño—. Tienes mucha congestión.

—Es desagradable.

—Voy a recetarte algo para remediar eso.

—Quiero irme a casa.

Coltrain puso cara de incomodidad.

—Hay un problema.

—¿Qué problema?

El médico se sentó en la silla que había junto a la cama y cruzó las piernas.

—Bueno, vamos a revisar los daños de una herida de bala. En primer lugar, están los daños de los tejidos. En segundo lugar, la cavitación temporal causada por el proyectil mientras se abre camino a través del tejido y que provoca necrosis. En tercer lugar, la onda expansiva si el proyectil es expulsado a gran velocidad. Tú eres el hombre más afortunado que conozco, porque la bala solo te ha provocado daños importantes en el pulmón. Pero... el daño ha sido importante, en efecto, y vas a tardar un tiempo en recuperar el uso del brazo izquierdo.

—¿Un tiempo? ¿Cuánto tiempo? —preguntó Hayes.

—¿Te acuerdas de Micah Steele? Es nuestro cirujano ortopédico. Lo llamé para que te atendiera. Retiramos los fragmentos de hueso y reparamos los daños musculares...

—¿Y la bala? ¿La sacasteis?

—No —dijo Coltrain—. Quitar una bala es potestad del cirujano, y yo consideré que era demasiado peligroso extraerla...

—Pero... es una prueba —dijo Hayes, con toda la firmeza

que pudo—. Tienes que extraerla para que yo pueda acusar al... ¡al tipo que me disparó!

—Es potestad del cirujano —repitió Coltrane—. No voy arriesgar tu vida intentando sacar esa bala. Te haría más daño con esa intervención que dejándotela dentro —añadió, y alzó una mano para silenciar las protestas de Hayes—. Hablé con otros dos cirujanos, uno de ellos de San Antonio, y estaban de acuerdo conmigo. Es demasiado peligroso.

Hayes quiso protestar un poco más, pero estaba demasiado cansado. De todos modos, aquella era una vieja discusión. Intentar convencer a un cirujano de que extrajera una prueba del cuerpo de una víctima era un asunto que, de vez en cuando, terminaba en una batalla legal. Y, en la mayoría de las ocasiones, era el médico quien ganaba.

—Está bien.

—Bueno, como iba diciendo —continuó Coltrain—, tu hombro izquierdo sufrió algunos daños colaterales. Tendrás que someterte a una terapia física prolongada para que no se te atrofien los músculos.

—¿Prolongada?

—De varios meses, seguramente. Y va a ser duro. Tienes que saberlo desde el principio.

Hayes miró al techo.

—Vaya —murmuró.

—No te preocupes, te recuperarás —le dijo Coltrain—. Pero, durante las dos próximas semanas, deberás tener el brazo inmovilizado, y no puedes hacer ningún esfuerzo con él. Le pediré a mi recepcionista que te dé cita con el doctor Steele y también con el fisioterapeuta del hospital.

—¿Cuándo puedo volver a casa?

—Hasta dentro de unos días, no. Y, de todos modos, no vas a poder volver solo. Necesitas que alguien esté contigo durante quince días como mínimo, para asegurarnos de que no hagas esfuerzos y tengas una recaída.

—¿Yo, con una niñera? —preguntó Hayes, y frunció el ceño—. Las otras veces salí del hospital a los tres o cuatro días...

—La última vez no sufriste daños en ningún hueso, tan solo en el músculo. Y, en cuanto a la primera vez, tenías veintisiete años. Ahora tienes treinta y cuatro, Hayes. Cuanto mayor eres, más tardas en recuperarte.

Hayes se sintió peor que nunca.

—No puedo irme a casa enseguida, entonces.

—No. Las próximas semanas no podrás hacer prácticamente nada. No puedes levantar peso mientras se te está curando la lesión, y cualquier movimiento normal te agravaría la herida y te provocaría dolores. Vas a necesitar terapia física por lo menos tres veces a la semana...

—¡No!

—¡Sí, a menos que quieras quedarte con un brazo inútil! —replicó Coltrain—. ¿Es que quieres perder el uso del brazo izquierdo?

Hayes lo fulminó con la mirada.

Coltrain hizo lo mismo.

Entonces, Hayes se quedó callado, y dejó caer la cabeza en la almohada. Tenía el pelo sucio y despeinado. Estaba deprimido. Tenía unas ojeras muy oscuras, y la cara demacrada y pálida a causa del dolor.

—Podría contratar a alguien para que se quedara conmigo —dijo, después de un minuto.

—Di a alguien.

—La señora Mallard. Ya viene a limpiar la casa tres veces a la semana.

—Su hermana ha tenido un ataque al corazón. Se ha marchado a Dallas. Seguro que te llamó para decírtelo, pero tú nunca escuchas los mensajes del contestador —dijo Coltrain, con ironía.

Hayes se quedó desconcertado.

—Es una buena mujer. Espero que su hermana se recupere —dijo, y frunció los labios—. Bueno, está la señorita Bailey —dijo. Era una mujer del pueblo, enfermera retirada, que se ganaba la vida atendiendo a personas convalecientes.

—La señorita Bailey les tiene terror a los reptiles —dijo Coltrain.

—Blanche Mallory —sugirió Hayes, mencionando el nombre de otra señora mayor que cuidaba enfermos.

—Terror a los reptiles.

—¡Demonios!

—Incluso se lo pedí a la señora Brewer —dijo Coltrain—. Me dijo que no iba a quedarse en una casa con un dinosaurio.

—Andy es una iguana. Es herbívoro. ¡No se come a la gente!

—Hay una joven que podría contradecirte —replicó Coltrain, con una sonrisa y los ojos brillantes.

—Fue en defensa propia. Ella intentó golpearlo con una lámpara —murmuró Hayes.

—Recuerdo que tuve que atenderla por una torcedura de tobillo —contestó el médico—. Pagaste tú.

Hayes suspiró.

—Está bien. Tal vez pueda convencer a alguno de mis ayudantes.

—No. También se lo he preguntado a ellos.

Él miró a Coltrain con cara de pocos amigos.

—Ellos me tienen aprecio.

—Sí, es cierto, pero están casados y tienen niños pequeños. Bueno, Zack Tallman no, pero tampoco va a ir a quedarse a tu casa. Dice que necesita concentrarse para trabajar en tu caso. Y no le gustan los dibujos animados —añadió el médico, en voz baja.

—Es un intolerante con la animación —murmuró Hayes.

—Por supuesto, está MacCreedy...

—¡No! ¡Ni hablar! ¡Y no menciones su nombre, que podría aparecer por aquí! —exclamó Hayes.

—Es tu primo, y le caes bien.

—Es un primo muy lejano, y no vamos a hablar de él.

—De acuerdo. Como quieras.

—Entonces, ¿tengo que quedarme aquí hasta que me haya recuperado? —preguntó Hayes con desesperación.

—Me temo que no tenemos sitio para eso —respondió Coltrain—. Por no mencionar la factura de hospital que tendrías que pagar. No creo que el condado se hiciera cargo de ella.

Hayes frunció el ceño.

—Yo podría pagarla —dijo—. Aunque no lo parezca, estoy en una buena posición económica. Trabajo porque quiero, no porque tenga que hacerlo —añadió. Después de una pausa, preguntó—: ¿Cómo va la investigación? ¿Saben algo de quién me disparó?

—Tu primer ayudante está en ello, con Yancy, tu investigador. Encontraron un casquillo.

—Buen trabajo.

—Sí. Yancy utilizó un puntero láser y, teniendo en cuenta el lugar en el que estabas sentado y el ángulo de la herida, trazó una trayectoria en la pradera, hasta un mezquite. Debajo del árbol encontró huellas, una colilla y el casquillo de un rifle semiautomático AR-15.

—Lo ascenderé.

Coltrain se rio.

—Voy a llamar a Cash Grier. Nadie sabe más de disparar que un jefe de policía. Él se ganaba así la vida.

—Buena idea —dijo el médico.

—Mira, no puedo quedarme aquí y no puedo volver a casa. ¿Qué voy a hacer? —le preguntó Hayes.

—No te va a gustar la solución que se me ha ocurrido.

—Si me saca del hospital, me va a encantar —le prometió Hayes.

Coltrain se puso en pie.

—Minette Raynor dice que puedes quedarte con ellos hasta que te hayas curado.

—¡Ni lo pienses! —estalló Hayes—. ¡Prefiero vivir en un tronco hueco con una cobra! ¿Y por qué se ha ofrecido voluntaria? ¡Ella sabe que la detesto!

—Sintió lástima por ti cuando Lou mencionó que no había nadie que quisiera quedarse en tu casa —dijo Coltrain.

—Sintió lástima por mí. Vaya —resopló Hayes, con desprecio.

—Sus hermanos pequeños te aprecian.

—Y yo a ellos. Son buenos niños. En Halloween damos dulces a los niños en la comisaría, y ella los lleva.

—Por supuesto, es cosa tuya —le dijo Coltrain—. Pero te va a costar mucho convencerme de que te firme el alta para que puedas marcharte a casa solo. Tendrías que volver al hospital a los dos días, te lo garantizo.

Hayes odiaba aquella idea. Odiaba a Minette. Sin embargo, odiaba más el hospital. Sarah, la tía abuela de Minette, vivía con ella. Se imaginó que sería ella la que iba a atenderlo, sobre todo porque Minette estaba en la redacción del periódico todo el día. Seguramente, por las noches se acostaría pronto. Muy pronto. No era una gran solución, pero podría adaptarse, si no le quedaba más remedio.

—Supongo que podré soportarlo durante unos días —dijo, finalmente.

Coltrain sonrió.

—Buen chico. Me siento orgulloso de que hayas dejado a un lado tus prejuicios.

—No los he dejado a un lado. Solo los he reprimido.

Coltrain se encogió de hombros.

—¿Cuándo puedo marcharme? —preguntó Hayes.

—Si te portas bien y continúas mejorando, tal vez el viernes.

—El viernes —dijo Hayes, animándose un poco—. Está bien. Mejoraré.

Y mejoró, más o menos. Durante el resto de la semana, se quejó cada vez que lo despertaban para bañarse, porque no era un baño de verdad. Se quejó porque el televisor de su habitación no funcionaba bien, y porque no podía ver el Canal Historia ni el Canal Historia Internacional, que interesaba mucho al historiador militar que había en él. No le gustaba el canal de animación porque no emitía sus películas favoritas. Se quejó por tener que tomar gelatina en todas las comidas y porque los helados que le daban eran los más pequeños que había visto en su vida.

—Odio la comida de hospital —le dijo a Coltrain.

—Hemos contratado a un chef francés. Llegará justo la semana que viene —ironizó el médico. Después, con un suspiro, consultó el cuadro médico—. Bueno, dada tu mejoría, voy a darte el alta mañana. Minette va a venir a buscarte. Te llevará a su casa y después se marchará a la redacción.

—Entonces, ¿voy a salir ya?

—Sí, vas a salir ya. Y Minette y su tía abuela son muy buenas cocineras. Allí no tendrás queja.

Hayes titubeó, y evitó la mirada del médico.

—Supongo que es todo un detalle de Minette el acogerme en su casa. Sobre todo, sabiendo lo que opino de ella.

Coltrain se acercó un poco a la cama.

—Hayes, ella no tuvo nada que ver con lo que le pasó a Bobby. La única relación era esa chica mayor del colegio que era amiga suya y salió con Bobby. Pero Minette no estaba en su círculo de amigos, ¿entiendes? Además, es una de las pocas personas que conozco que ni siquiera ha probado la marihuana. Nunca ha tenido nada que ver con las drogas.

—Su familia...

Coltrain alzó una mano para silenciarlo.

—Nunca hemos hablado de eso, y no deberíamos hacerlo ni siquiera ahora. Minette no lo sabe. Le prometiste a tu padre que nunca ibas a decírselo, y tienes que cumplir esa promesa.

Hayes respiró profundamente.

—Es muy duro.

—La vida es dura. Acostúmbrate.

—Eso es lo que estoy haciendo. Esta es mi tercera herida de bala.

Coltrain ladeó la cabeza y entrecerró los ojos.

—¿Sabes? Cualquiera diría que, o tienes mala suerte, o que deseas morir.

—¡Yo no quiero morirme!

—Te metes en las situaciones más difíciles sin permitir que tus hombres te ayuden.

—Tienen familias jóvenes.

—Zack no. Pero, si es eso lo que te preocupa, contrata a más ayudantes solteros. Hombres que tengan agallas, que sepan cómo funcionan las cosas y que sepan calibrar los riesgos.

—Ojalá pudiera —respondió Hayes—. El último ayudante al que contraté es de San Antonio. Tiene que venir en tren todos los días. La mayoría de los jóvenes se marchan a la ciudad a buscar trabajo, y en la policía los sueldos son muy bajos. Si el sueldo de sheriff fuera mi único ingreso, me resultaría difícil pagar las facturas.

—Todo eso ya lo sé.

—Los hombres con familia necesitan los trabajos. Esta situación económica es la peor que yo he conocido en toda mi vida.

—Dímelo a mí. Incluso los médicos lo estamos notando. Y eso es malo para los pacientes, que no vienen a tratarse las enfermedades rápidamente porque no pueden pagar el seguro, y esperan hasta que se trata de un asunto de vida o muerte. Me rompe el corazón.

—Muy cierto —dijo Hayes, y se recostó en la almohada—. Gracias por darme el alta.

Coltrain se encogió de hombros.

—Para eso son los amigos dijo—. Voy a darte las recetas. Y te he pedido cita con el fisioterapeuta del hospital. Tendrás que ir a su consulta tres veces por semana. No me discutas —añadió, al ver que Hayes empezaba a protestar—. Si quieres volver a usar ese brazo, tendrás que hacer lo que yo te diga.

Hayes lo miró con cara de pocos amigos. Después, suspiró.

—Está bien.

—No es tan malo. Aprenderás a ejercitar el brazo, y te darán sesiones de calor. Esas son muy agradables.

Hayes se encogió de hombros, y se estremeció de dolor al hacerlo.

—¿No funciona el gotero? —Coltrain dejó el historial sobre la cama y empezó a manipular el gotero—. Está atascado.

Entonces, llamó a una enfermera y le explicó lo que ocurría. Ella hizo un gesto de consternación y lo arregló rápidamente.

—Disculpe, doctor —dijo—. Debería haberlo comprobado antes. Es que estamos muy ocupadas, y somos muy pocas...

—Cortes de presupuesto —dijo Coltrain, con un suspiro—. Pero tenga más cuidado —añadió, con amabilidad.

Ella sonrió apagadamente.

—Sí, señor.

La enfermera se marchó, y Coltrain cabeceó.

—Como ves, nosotros también tenemos problemas de personal. Te voy a quitar el gotero y te pondremos un parche de analgésicos.

—La tecnología moderna —dijo Hayes.

—Sí. Algunas de las novedades son increíbles. De vez en cuando, me paso horas en Internet, investigando las nuevas tecnologías con las que están experimentando. Ojalá tuviera veinte años menos para poder aprender todas esas cosas en la universidad. ¡Lo que van a poder hacer los nuevos médicos a partir de ahora!

—He leído algunas cosas. Tienes razón, es increíble —dijo Hayes. De repente, comenzó a sentir sueño.

—Descansa un poco —le dijo Coltrain—. Mañana volveremos a hablar.

Hayes asintió.

—Gracias, Copper.

—Es un placer.

Después de pocos segundos, estaba dormido.

A la mañana siguiente, todo fue un ajetreo. Las enfermeras lo bañaron y lo dejaron preparado para las once de la mañana.

Coltrain llegó a la habitación con las recetas y el alta médica.

—Bueno, si tienes el más mínimo problema, llámame, sea la hora que sea. Cualquier enrojecimiento, cualquier inflamación... Ese tipo de cosas.

Hayes asintió.

—Manchas rojas subiéndome por el brazo... —bromeó.

Coltrain hizo una mueca de horror.

—No es muy probable que aparezca la gangrena.

—Bueno, nunca se sabe.

—Me alegro de verte de buen humor.

—Gracias por ayudarme a conseguirlo.

—Ese es mi trabajo —respondió Coltrain con una sonrisa, y miró hacia la puerta—. Adelante —dijo.

Minette Raynor entró en la habitación. Era alta y delgada, y tenía una melena rubia que le llegaba casi a la cintura. Sus ojos eran casi negros, y tenía pecas en el puente de la nariz. Hayes recordaba que su madre era pelirroja. Tal vez las pecas fueran heredadas. Tenía los dedos largos y elegantes. ¿Acaso tocaba el piano en la iglesia? Él no lo recordaba. Hacía mucho tiempo que no iba a la iglesia.

—He venido a llevarte a casa —le dijo Minette a Hayes. No sonrió.

Hayes asintió. Se sintió incómodo.

—Vamos a vestirlo, y una enfermera lo bajará en silla de ruedas a la puerta principal.

—Puedo ir andando —dijo Hayes.

—Es la política del hospital —replicó Coltrain—. Y lo harás.

Hayes lo fulminó con la mirada, pero no habló.

Minette tampoco dijo nada, pero estaba pensando en las dos próximas semanas con angustia. Había sentido lástima por Hayes; él no tenía a nadie, ni siquiera primas que pudieran cuidarlo. Estaba MacCreedy, pero eso habría sido un desastre. Y su amable señora Mallard, que le limpiaba la casa tres días a la semana, estaba fuera del pueblo porque su hermana estaba enferma. Así que Minette le había ofrecido una habitación hasta que se hubiera curado.

Sin embargo, había empezado a tener dudas. Él la miraba con enfado, y parecía que no quería que ella estuviera allí.

—Voy a esperar fuera —dijo.

—No tardará nada en salir —dijo Coltrain.

Entonces, ella se fue a la sala de espera.

—Es una mala idea —dijo Hayes, entre dientes, mientras se levantaba despacio. Le daba vueltas la cabeza.

—No te caigas —le dijo Coltrain—. Puedes quedarte un par de días más.

—Estoy perfectamente —murmuró Hayes—. Perfectamente.

Coltrain suspiró.

—De acuerdo. Si estás seguro...

Hayes no estaba seguro, pero quería salir del hospital. Incluso la compañía de Minette Raynor era mejor que otro día de baños forzados y gelatina.

Se puso la ropa que llevaba el día que le habían disparado, y se estremeció al ver la sangre.

—Debería haberle pedido a alguien que te trajera ropa limpia. Zack Tallman lo habría hecho encantado —dijo Coltrain, a modo de disculpa.

—No te preocupes. Yo se lo diré a Zack —dijo Hayes, y titubeó—. Supongo que Minette también les tiene miedo a los reptiles.

—No se lo he preguntado.

Hayes suspiró.

—Andy es inofensiva —dijo—. Todo el mundo le tiene miedo por su aspecto, pero es herbívoro. No puede comer carne.

—Da miedo —le recordó Coltrain.

—Sí, supongo que sí. Mi dinosaurio y yo —dijo Hayes. Eso le hizo gracia, y se echó a reír—. Claro. Mi dinosaurio y yo.

Cuando estuvo vestido, llegó una enfermera con una silla. Hayes se sentó en ella con docilidad, y la enfermera le puso sus efectos personales en el regazo, explicándole las recetas y las instrucciones que debía seguir mientras lo llevaba hacia la salida.

—No se olvide de que tiene las sesiones de fisioterapia el lunes, el miércoles y el viernes. Es muy importante.

—Importante —dijo Hayes, y asintió. Ya estaba pensando en formas de librarse de la terapia, pero no se lo dijo a la enfermera.

Minette lo estaba esperando en la salida, con su gran todoterreno negro. Tenía embellecedores cromados, y el salpicadero era amarillo. Los asientos eran marrones. Tenía reproductor de CD y muchos extras automáticos. También tenía televisión para que los niños pudieran ver DVD en el asiento trasero. De hecho, era muy parecido al coche personal de Hayes, un Lincoln nuevo. En el trabajo, conducía una enorme camioneta negra. El Lincoln lo sacaba rara vez, cuando iba a San Antonio, a la ópera o al ballet. Últimamente se había perdido muchas funciones debido al trabajo. Tal vez consiguiera ver *El cascanueces* el mes próximo. Ya casi había llegado Acción de Gracias otra vez.

Hayes vio la marca del coche en el volante y se rio en voz baja. Aquel todoterreno era un Lincoln. No era de extrañar que le hubiera resultado tan familiar el salpicadero.

Minette le puso el cinturón, y él hizo un gesto de dolor.

—Disculpa —dijo ella, suavemente, y le aflojó el cinturón.

—No pasa nada —respondió Hayes.

Entonces, ella cerró la puerta. Se sentó tras el volante y salió del aparcamiento del hospital. Al principio, Hayes se puso muy tenso; no le gustaba ser el pasajero. Sin embargo, Minette era buena conductora. Lo llevó enseguida a su casa, una bella edificación victoriana que había pertenecido a su familia durante tres generaciones. Estaba rodeada de una pradera vallada, y dentro había un caballo palomino pastando libremente.

—Tenéis un palomino —dijo él—. Yo también tengo varios.

—Sí, ya lo sé —respondió Minette, y se ruborizó un poco—. En realidad, tengo seis. Ese es Archibald.
Él arqueó las cejas.
—¿Archibald?
—Bueno, es una larga historia.
—Estoy impaciente por oírla.

CAPÍTULO 2

En otro prado, Hayes vio más reses, algunas de las cuales eran un cruce entre la raza Black Angus y la raza Hereford. Aquellos cruces eran muy populares entre los criadores de ganado. La casa de los Raynor era un rancho.
Además del rancho, cuando sus padrastros habían muerto, con pocos meses de diferencia, Minette había heredado dos hermanos, Julie y Shane. No eran hermanos biológicos, pero ella los quería como si lo fueran.
Los niños estaban en edad escolar. Julie estaba en el jardín de infancia, y Shane, en primaria.
Minette se tomaba muy en serio sus responsabilidades, y nadie la había oído quejarse nunca de la carga que suponían los niños. Por supuesto, también la mantenían soltera, pensó Hayes. Casi ningún hombre querría mantener a una familia ya hecha.
La tía abuela de Minette, Sarah, era una mujer menuda de pelo blanco a quien Minette siempre llamaba «tía» en vez de «tía abuela». Estaba esperándolos en el porche, y bajó las escaleras apresuradamente al ver a Hayes salir del todoterreno con dificultad.
—Vamos, Hayes, apóyate en mí —le dijo.
Él se echó a reír.

—Sarah, eres demasiado pequeña para sostener a un hombre de mi envergadura. Pero gracias.

Minette sonrió y abrazó a su tía.

—Tiene razón. Necesita un poco más de ayuda de la que tú puedes prestarle —dijo.

Después, se colocó bajo el brazo de Hayes y le rodeó la espalda. Al notar un hueco bajo su camisa, le tembló la mano.

—Es otra herida —dijo él en voz baja, al sentir su consternación—. Tengo varias marcas. Esa es de un disparo de hace unos años. No me agaché con la suficiente rapidez.

—Eres un anuncio andante de los peligros de trabajar en la policía —murmuró Minette.

Él estaba intentando no darse cuenta de lo agradable que era tenerla bajo su brazo. Llevaban años siendo adversarios. Él la había culpado de la muerte de Bobby. Todavía culpaba a su familia por ello, pero ella no sabía quién era en realidad. Ella tenía ilusiones, y él no quería destrozárselas. Después de todo, Minette le había ofrecido un hogar, cuando nadie más lo había hecho.

—Gracias —dijo, con tirantez, mientras subían los escalones del porche y entraban en el amplio vestíbulo de la casa.

Ella se detuvo y lo miró. Estaba intentando que él no se diera cuenta de lo mucho que le afectaba su cercanía. Siempre había adorado a Hayes Carson, pero él siempre la había odiado por razones que a ella le resultaban incomprensibles.

—¿Por qué? —le preguntó.

Él la miró fijamente, a los ojos durante más tiempo del que hubiera querido. Se preguntó si ella se cuestionaría alguna vez el color negro de aquellos ojos. Su madre los tenía azules. Sin embargo, no iba a preguntárselo.

—Por permitir que me quede aquí —dijo Hayes.

—De nada —respondió Minette. Después, titubeó y

dijo—: Me temo que todos los dormitorios están en el piso de arriba...
—No me importa.
Ella suspiró.
—Bien.
Sarah entró detrás de ellos y cerró la puerta.
—He preparado la cama del dormitorio de invitados y he encendido la calefacción —le dijo a Hayes—. Lo siento, no es la habitación más caliente de la casa.
—No te preocupes, Sarah. Me gustan las habitaciones frescas.
—Tenemos que ir a buscar ropa limpia para ti —dijo Minette, observando la sangre de su camisa con una expresión de horror.
—Voy a llamar a Zack para que me traiga algunas cosas —dijo él, refiriéndose a su primer ayudante—. Ha estado dándoles de comer a Andy y a Rex.
—De acuerdo.
Ella le ayudó a llegar a la habitación de invitados. Estaba decorada con colores azules, beige y marrón. La colcha era azul y marrón, y la moqueta, beige. Las ventanas daban al prado en el que estaba pastando el palomino.
—Esto es muy bonito —comentó Hayes.
—Me alegro de que te guste —dijo Minette—. Deberías llamar a Zack.
Él asintió.
—Sí, ahora mismo —dijo. Se tumbó sobre la colcha y apoyó la cabeza en la almohada, y se estremeció un poco por el dolor y la debilidad, que todavía lo incomodaban—. Ah, qué maravilla —murmuró, al poder descansar.
Minette se quedó a su lado. Hayes estaba pálido y tenía muy mal aspecto.
—¿Quieres que te traiga algo?
Él la miró esperanzadamente.

—¿Un café?

Minette se echó a reír.

—Deduzco que en el hospital no te lo han dado.

—Esta mañana me han dado un agua negruzca que llamaban «café».

—Yo hago muy buen café —dijo ella—. Tengo una máquina de cápsulas, y pido las cápsulas de leche a Alemania. Está tan rico que casi es un pecado.

Él también se rio.

—Eso suena muy bien.

—Voy a hacerte una taza antes de marcharme —dijo Minette. Miró la hora e hizo una mueca—. Tengo que llamar a Bill para decirle que voy a llegar un poco tarde. No pasa nada —añadió, al ver que Hayes ponía cara de culpabilidad—. Él puede llevar la oficina. Mandamos la revista a la imprenta los martes, pero hoy hay mucho trabajo porque llega el fin de semana.

—Entiendo.

—Ahora mismo vuelvo.

Minette bajó las escaleras seguida por Sarah. Hayes sacó su teléfono móvil y llamó a Zack.

—Eh —dijo—. Me he escapado.

Zack se echó a reír.

—Bien hecho, jefe. ¿Estás en casa?

—Ojalá. Coltrain no me ha permitido vivir solo. Voy a quedarme unos días con… Minette y su familia —dijo, casi atragantándose con aquellas palabras.

—¡Bien!

Hayes se movió con incomodidad. El estrés del viaje en coche con el cinturón de seguridad puesto le había causado dolor en el pecho y el hombro.

—Necesito ropa limpia. He tenido que venir aquí con la camisa con el agujero del balazo.

—Dime lo que necesitas. Te lo llevaré.

Hayes le dio una buena lista, incluyendo el pijama, la bata y las zapatillas. Se dio cuenta de que en la habitación había televisión y reproductor de DVD.

—Y tráeme mis películas —añadió—. Voy a verlas mientras esté en cama.

—¿Dónde están?

—En la estantería del DVD.

—De acuerdo.

—¿Quién me disparó? —preguntó secamente.

—Estamos trabajando en ello —le aseguró Zack—. Tenemos el casquillo y la colilla. Creemos que puede estar relacionado con esos arrestos que hicimos recientemente.

—Las mulas del nuevo cártel de droga mexicano. Sus jefes están disputándose el territorio de la frontera de Cotillo. El alcalde de esa ciudad le debe el alma a Pedro Méndez, que se hizo con las riendas de la operación que le pertenecía a la banda de los hermanos Fuentes —añadió Hayes.

—Sí, Méndez es ese al que sus enemigos llaman «El Ladrón» —convino Zack.

—Méndez tiene un enemigo mortal en El Jefe, Diego Sánchez, que tiene un cártel mucho más grande. Sánchez quiere hacerse con el control de Cotillo. Es el camino más fácil hacia Texas —dijo Hayes—. Dos de los hombres más malos del planeta. Solo Dios sabe con cuántas vidas han acabado —añadió. No mencionó que una de sus víctimas había sido su propio hermano. Nunca se lo decía a nadie; aquello solo lo sabía Coltrain, pero él había obtenido la información del difunto padre de Hayes, no de él.

—Eh, por lo menos El Jefe cuida de su gente, y no pasa la línea de matar mujeres y niños —le recordó Zack.

—Las drogas matan a mujeres y niños.

—Bueno, supongo que eso es cierto —dijo Zack—. Quería decir que no se venga con ellos. Pero ni siquiera Manuel López, que solía llevar el tráfico de drogas en esta parte, les hacía daño a los niños, aunque mató a muchos adultos antes de que Micah Steele lo arrestara. Pero yo no sé nada de eso. De verdad.

Hayes sonrió.

—Es un secreto a voces, no te preocupes. Tal vez El Jefe tenga alguna virtud, pero yo le pegaría un tiro si no hubiera jurado cumplir siempre la ley.

Zack notó el tono de voz de Hayes, así que no hizo preguntas. Su jefe era muy reservado con respecto a ciertas cosas.

—Me imagino que uno de esos jefes ordenó que me liquidaran —dijo Hayes—. No les gusta que un sheriff local obstaculice el transporte de sus mercancías, y lo advierten mediante un asesinato. Pero ¿podemos demostrar que intentaron matarme?

Zack se rio.

—La mula que te amenazó está bajo custodia. Es toda una suerte que tengamos cámaras grabando en el centro de detención del condado. Él hizo una llamada de teléfono desde el centro. También tenemos la grabación de esa llamada, y localizamos el número; por desgracia, era el de un teléfono desechable. O eso pensamos, porque ya no está en uso.

—Demonios.

—No te preocupes, tengo a Yancy trabajando en ello. Él va a inspeccionar hasta el último papel, la última colilla, la última brizna de hierba de tu finca para encontrar al pistolero. No hay nadie que le preste más atención a los detalles.

—Sí, eso es cierto. Yancy es muy bueno —dijo Hayes, y suspiró—. Ojalá tuviéramos la bala. Eso nos daría aún más pistas. Pero Coltrain no ha querido extraérmela.

—He visto a policías conseguir una orden judicial para que se extraigan balas como prueba —respondió Zack.

—Yo también, pero no conozco a nadie que haya obligado

nunca a Coltrain a hacer algo que no quiere. Además, dijo que era mucho más peligroso sacarla que dejarla donde está —dijo Hayes, y frunció el ceño—. Es una pena que no puedan hacerme un escáner invasivo y analizar la bala.

—Eso es una idea.

Hayes se movió y se estremeció de dolor. Tomó aire. Parecía que el nuevo antibiótico ya estaba haciendo su efecto. Todavía le dolía al respirar, pero tenía que levantarse y moverse para evitar una bronquitis o una neumonía.

—De todos modos, estamos trabajando en tu caso, además de en los otros treinta que tenemos entre manos —añadió Zack, irónicamente—. Claro que tú eres la única víctima de un disparo.

—Bueno, me alegro. Si consiguiera que la comisión del condado me hiciera caso, os daría a todos un aumento de sueldo.

—Ya lo sabemos, jefe. Ninguno se ha hecho policía por el dinero.

Hayes se rio.

—Gracias, Zack.

—Bueno, dentro de una hora estaré allí con la ropa. ¿Te parece bien?

—Sí, perfecto.

Cuando colgó, Minette le llevó una taza de café recién hecho, y se lo entregó con cuidado.

—Pruébalo —le dijo, con una sonrisa.

Y él lo hizo. Puso los ojos en blanco y sonrió.

—Oh, Dios mío —gruñó—. ¡Nunca había probado nada tan bueno!

—Te lo dije —respondió ella, y miró la hora—. Tengo que irme. ¿Quieres que traiga algo especial para la cena?

Él vaciló.

—Vamos. No tenemos restricciones de presupuesto en esta casa. Por lo menos, todavía no —dijo ella, riéndose.

—Una chuleta con cebollitas, puré de patatas y judías verdes.

Ella arqueó las cejas.

—Soy un hombre muy aficionado a la carne y las patatas —le confesó Hayes—. Cualquier variación es un acierto para mí.

—Bueno, eso puedo prepararlo. ¿Y de postre?

Hayes tragó saliva.

—Cualquier cosa menos gelatina.

Minette se echó a reír.

—De acuerdo. Le pediré a la tía Sarah que haga uno de sus bizcochos de chocolate.

—Mi favorito.

Ella sonrió.

—Y mío también. Bueno, ahora tengo que irme.

—Minette.

Ella se detuvo junto a la puerta, y se giró. Al oír su nombre en la voz grave y suave de Hayes, sintió un cosquilleo en el cuerpo, y tuvo que disimularlo.

—¿Sí?

—Gracias.

Estaba muy sombrío. Minette asintió y se marchó rápidamente. Tal vez, pensó, pudiera cambiar la opinión que Hayes tenía de ella, después de todo. Iba a trabajar duro para conseguirlo.

Zack Tallman era un hombre de unos treinta años, alto, delgado, bronceado, de ojos negros. Tenía sangre española, pero nunca hablaba de sus orígenes. Era uno de los mejores ayudantes que hubiera tenido Hayes.

Entró en la habitación con una gran maleta, que dejó en una silla, junto a la cama de Hayes.

—Creo que está todo lo que me pediste —dijo, y la abrió.

Con esfuerzo, Hayes se levantó y miró el interior de la maleta.

—Sí —dijo, sonriendo al ver los vídeos—. Está todo.

—Tú y tus dibujos animados —dijo Zack, con un suspiro.

—Eh, los dibujos no tienen nada de malo —respondió Hayes, a la defensiva.

Sacó el pijama, la ropa interior, la bata y las zapatillas.

—Quisiera ducharme, pero me cuesta mantenerme en pie. ¿Te apetecería ayudarme?

—No hay problema, jefe —respondió Zack, y se rio—. Tú harías lo mismo por mí.

—Sin pensarlo —respondió Hayes, y sonrió débilmente—. Gracias. Me siento fatal.

—No me extraña.

Zack lo ayudó a entrar en la ducha y estuvo fuera del cubículo mientras Hayes se duchaba y se lavaba la cabeza con una sola mano. Minette había pensado, incluso, en los jabones del baño, puesto que todo eran productos masculinos. Había una cuchilla de afeitar en el lavabo y, cuando estuvo seco y vestido, con un poco de ayuda de Zack, Hayes se afeitó.

—Creo que sobreviviré —le dijo a su ayudante, mientras se metía en la cama, bajo la manta—. Muchísimas gracias, Zack.

—De nada. ¿Necesitas algo más?

—Sí. Sal ahí fuera con Yancy y encuentra al tipo que me pegó el tiro.

Zack saludó marcialmente.

—Sí, señor. Ahora mismo me voy.

—Y mantenedme informado —le recordó Hayes.

—Por supuesto.

—Y ¿podrías seguir dándoles de comer a Andy y a Rex? —le preguntó de forma vacilante.

—Claro, jefe.

—Si se te acaban la fruta y las verduras para Andy...

—Había suficiente dinero en el bote de las galletas para todos esos gastos —le aseguró Zack.

Hayes se rio.

—Y la gente, diciendo que el cambio de las compras no sirve para nada.

—Sí sirve, sí —respondió Zack—. Yo estoy ahorrando todo el cambio que me dan para ir de viaje a Taití. Supongo que, para cuando tenga setenta y dos años, ya habré conseguido dinero suficiente.

—Dios Santo.

Zack sonrió.

—Era una broma. Ni siquiera me gustan las islas. Que te mejores. Yo cuidaré a Andy, no te preocupes.

—Cuando el bote de las galletas se quede vacío...

—Para entonces, tú ya habrás vuelto a casa, te lo garantizo. Minette ha sido muy agradable al dejar que te quedaras aquí —añadió.

—Sí, muy amable.

—Es una chica extraña —murmuró Zack, pensativamente—. Nunca tiene citas con nadie. Su vida consiste en cuidar de sus hermanitos y trabajar. Supongo que eso le pondrá difícil tener una relación seria —añadió—. La mayoría de los hombres no querrán a los hijos de otro.

—No, supongo que no —dijo Hayes, que había pensado lo mismo.

—Y, sin embargo, es un buen partido —añadió Zack, con melancolía—. Guapa, lista y valiente. Imagínate, cargar contra los traficantes de droga después de que mataran a aquel grupo de periodistas en la frontera, hace un año, por escribir mal sobre ellos.

—Sí, se arriesgó mucho —convino Hayes.
—No fue inteligente. Pero sí valiente.
—Muy valiente.

Hayes pasó todo aquel día viendo películas. Sarah le llevó una comida ligera; sándwiches de carne asada y café caliente. Después, le llevó un pedazo de bizcocho.
—Nunca os libraréis de mí si me dais así de comer —dijo Hayes, mientras tomaba un pedazo de bizcocho—. Eres una cocinera magnífica.
—Es un placer poder ayudar —respondió Sarah.
Terminó el café y el bizcocho, y ella comenzó a retirar los platos.
—¿Por qué me ha ofrecido Minette que me quedara en vuestra casa? —le preguntó de repente.
Sarah titubeó.
—Dímelo.
Ella se mordió el labio.
—Bueno, le molestó que nadie quisiera quedarse contigo en tu casa. Y sabía que tú odiabas estar en el hospital. Dijo que...
—¿Qué dijo?
De repente, Sarah sonrió.
—¿Conoces ese pasaje de la Biblia en el que explica lo de amontonar ascuas de fuego sobre la cabeza de un enemigo siendo bueno con él?
Él se echó a reír.
—Bueno, pues es más o menos eso.
Hayes cabeceó.
—Por lo menos, ahora lo entiendo.
—Ella nunca le dio drogas a nadie, Hayes —dijo Sarah, suavemente—. Ni siquiera fumaba porros cuando estaba en el instituto. Su madre era una fanática contra las drogas. Ni

siquiera tomaba analgésicos contra el dolor de cabeza, y le inculcó eso a Minette. Yo nunca entendí el motivo —añadió, con un suspiro—. Era una mujer muy curiosa, pero yo la quería mucho.

—¿Y el padre de Minette consumía drogas? —le preguntó él, apartando la mirada.

—No lo sé. Nunca conocí a su padre —respondió Sarah—. Bueno, el hombre con el que se casó mi sobrina Faye, el padrastro de Minette, nunca las tomó.

Él se quedó asombrado. No pensaba que Sarah supiera que el padrastro de Minette no era su padre biológico. Frunció el ceño.

—Entonces, ¿no sabes cómo era su padre verdadero?

—No, en realidad no. Mi sobrina no hablaba de él. Me pregunto si tenía los ojos castaños, porque siempre me ha resultado extraño que mi sobrina tuviera a una niña como Minette. En mi familia, nadie ha tenido a un niño de ojos oscuros desde hace generaciones. Siempre hemos tenido los ojos azules.

Hayes no la miró.

—La genética es extraña.

—¡Pues sí! —dijo Sarah. Después, bajó la voz—. ¿Sabes? La madre de Minette se casó cuando estaba embarazada de seis meses. ¡Fue todo un escándalo?

—¿De veras?

—¡Sí! Ella me dijo que a su nuevo marido no le importó el embarazo, porque le encantaban los niños. Incluso le dijeron a Minette, cuando tenía diez años, que Stan la quería mucho, pero que era su padrastro. Me pregunto si ella lo entendió. Nunca habla de eso, ni siquiera conmigo —dijo Sarah. Recogió la taza, el plato y el tenedor, pensativamente—. Sin embargo, tal y como tú has dicho, la genética es extraña. Bueno, si necesitas algo, úsalo —le dijo a Hayes, señalando el teléfono que había en la mesilla de noche—. Subiré enseguida.

—Gracias, Sarah.
Ella sonrió.
—De nada —dijo. Cuando estaba a punto de salir, se giró hacia él—. No le digas a Minette que te he hablado de su madre, por favor.
—Por supuesto que no —le aseguró él—. No diré ni una palabra.
Sarah asintió.
—Gracias. Es muy sensible con ese tema.
Él la vio marchar con sentimientos muy contradictorios. Así que Sarah no hablaba con Minette de su padre biológico. Curioso. Parecía que estaban muy unidas. Sin embargo, uno nunca podía saber lo que ocurría de verdad en una familia.

Minette apareció después de la hora de comer, con Shane y Julie, sus hermanos pequeños. Los niños entraron en la habitación y saltaron encima de la cama de repente, con zapatos y todo. Shane tenía once años, y era mayor que Julie.
—¡Niños, calmaos! ¡Está herido! —exclamó Minette—. ¡Y no subáis a la cama con los zapatos!
—Lo siento, Minette —dijo Julie. Se quitó los zapatos y los dejó caer al suelo.
—Yo también —dijo Shane, e imitó a su hermana.
Se acercaron a Hayes, que se sentía fascinado por el hecho de que no tuvieran miedo. Él era un extraño a quien apenas conocían.
—Vas a vivir con nosotros —dijo Shane—. ¿Te han disparado?
Hayes se rio.
—Sí, me han disparado.
—Eso es muy malo —dijo Julie solemnemente, y se acurrucó junto al brazo sano de Hayes—. Nosotros te vamos a

proteger, Hayes. No vamos a dejar que nadie vuelva a hacerte daño.

A Hayes se le llenaron los ojos de lágrimas. El comentario de la niña lo conmovió como hacía muchos años que no le conmovía nada. Tuvo que disimularlo, por supuesto, porque debía hacerse el fuerte. Él había visto cosas que la gente no debería ver, y eso le había afectado, por supuesto. Así que, con el paso de los años, había ido enterrando sus sentimientos más y más, hasta que casi no sentía nada. Sin embargo, acababan de pegarle un tiro, y todavía estaba vulnerable. Aquel inocente ofrecimiento de Julie le había derretido el corazón.

—¡Qué encantadora eres! —le dijo a la niña, y le acarició el pelo rubio a la niña.

Ella sonrió.

—¿Podemos ver el agujero de la bala? —preguntó Shane—. ¿Es muy feo?

Hayes se rio de nuevo.

—No, no es buena idea. Es muy feo.

—¿Quién te disparó? —preguntó el niño.

—Alguien muy malo, y vamos a detenerlo —le aseguró Hayes.

—Bueno, ya está bien. Venid conmigo, niños —les dijo Minette—. La tía Sarah os va a dar leche con galletas.

—¡Bien! —exclamó Shane, y saltó en la cama.

—Ya está bien —repitió Minette, con firmeza. Tomó al niño en brazos y lo bajó al suelo—. ¡Oh, cada vez pesas más! —exclamó—. Bueno, marchaos a merendar. Además, creo que Bob Esponja está en la tele.

—Bah, Minette, eso es para niñas pequeñas como Julie… —protestó el niño. Sin embargo, de repente se fijó en algo que había junto a la televisión. Tomó un DVD y lo miró—. ¡Es *Cómo adiestrar a tu dragón*! —dijo con emoción, y siguió mirando las películas—. ¡Tiene *Cómo adiestrar a tu dragón*! ¡Y *WALL-E*, y…

—Sí, me encantan los dibujos animados —confesó Hayes.
—A mí también —dijo Minette, sonriendo—. Son muy buenas películas.
—¿Podemos venir a verlas contigo después de cenar? —le preguntó Shane—. ¿Por favor?
Hayes se echó a reír al ver la cara de consternación de Minette.
—Claro —dijo—. ¿Por qué no?
—Eres muy amable, Hayes —dijo Julie, con su tono suave y formal—. Gracias.
—De nada —dijo Hayes, e hizo ademán de ayudarla a bajar de la cama, pero Minette se le adelantó.
—Nada de levantar peso —le dijo ella—. Copper Coltrain dejaría que los internos hicieran prácticas de cirugía conmigo si te permitiera levantar a Julie.
—No peso tanto, Minette —protestó Julie, mientras la dejaban en el suelo.
—Para mí no, preciosa —dijo Minette, y la abrazó—. Pero Hayes está herido. Todavía no puede usar el otro brazo.
—Exacto. Lo siento, se me olvidó.
—Bueno, bajad a la cocina —les dijo Minette a los niños.
Los dos se despidieron y salieron de la habitación.
—Disculpa —dijo Minette—. Se han emocionado demasiado.
—No pasa nada —respondió Hayes, con una sonrisa—. Son muy buenos niños.
Ella se quedó impresionada.
—Gracias.
—Lo has hecho muy bien con ellos —continuó Hayes—. Tiene que haber sido difícil —dijo, aunque parecía como si tuvieran que arrancarle las palabras.
Minette sonrió apagadamente.
—No tuve más remedio que hacerme cargo de la situación. No podía darlos en adopción, ni permitir que los lle-

varan a un orfanato. Le prometí a mi madrastra que los cuidaría.

—Tu madrastra era una buena mujer —comentó Hayes.

Ella asintió.

—Era una de las mejores personas que he conocido. Siempre estaba haciendo buenas obras, y cuidando de la gente que lo necesitaba. Yo la quería.

—Tu... padre también era bueno.

Ella vaciló.

—Sí. Era mi padrastro, ¿sabes? No era mi padre biológico. No sé quién es mi verdadero padre. Mi madre no me lo dijo nunca. Pero... Stan tenía un secreto —explicó, frunciendo el ceño—. Me dijo que sabía algo que tenía que decirme, pero lo pospuso hasta que fue demasiado tarde. Cuando se estaba muriendo y había perdido la voz a causa del derrame, incluso intentó escribirlo. Sin embargo, lo que escribió era ilegible —dijo, y tomó aire profundamente. Después de unos segundos se rio—. No tenemos ningún oscuro secreto de familia. Seguramente, era algo acerca de los niños, y él quería que yo lo supiera.

—Sí —dijo Hayes, en voz baja.

Ella se quedó mirándolo fijamente.

—¿Tú sabes algo sobre mí que no me has dicho?

A Hayes se le encogió el corazón, y le devolvió la mirada. Quería decírselo, pero le había prometido a su padre que no iba a hacerlo.

—No —mintió—. No, no sé nada. Nada en absoluto. De veras.

Ella ladeó la cabeza.

—Leo libros sobre crímenes reales. He aprendido mucho de ellos. Normalmente, cuando la gente no quiere decir la verdad, su forma se vuelve una indicación. Hablan de manera muy formal y repiten la negación de lo que se les ha preguntado.

A Hayes se le enrojecieron las mejillas.

—Sí sabes algo —dijo ella—. ¿Es algo horrible? No puedo creer que no quieras decírmelo. Después de todo, soy tu enemiga, ¿no es así?

Él apretó los labios.

—Si eres mi enemiga, ¿por qué estás cuidando de mí?

A ella se le encogió el estómago al oír cómo había dicho aquello Hayes.

Él percibió su reacción, y su antagonismo se debilitó. Minette se ponía muy guapa cuando estaba contrariada. Su tez se volvía rosa y brillante, y las pecas le resultaban en la piel. Sus ojos negros resplandecían en toda su belleza.

—¿Porque la gente que tiene dinosaurios despierta la simpatía de los demás? —preguntó ella, después de unos instantes.

Él se echó a reír.

—Andy no es un dinosaurio.

—¿Lo ves? No has repetido la negación.

—Minette, no se puede aprender todo de los libros —respondió él.

—No solo aprendo de los libros, sino también leyendo expedientes de casos en Internet —replicó ella.

Él frunció el ceño.

—¿Por qué nunca tienes citas?

—Porque no hay muchos hombres que quieran salir con una mujer que tiene dos niños a su cargo. No tengo precisamente una fila de pretendientes esperando en la puerta de casa.

—Entiendo.

—Una vez, conocí a un chico que estaba visitando a su abuela en el pueblo. Me pidió una cita en la redacción del periódico. Parecía muy agradable. Vino a recogerme para salir. Julie y Shane estaban esperando conmigo en la puerta —dijo ella, con cara de tristeza—. No podía creerme que fuera el mismo hombre cuando salimos a cenar. Estaba tirante, rígido, formal. En cuanto acabamos de cenar, me dejó en casa. Me dijo que yo era una mujer agradable, pero que él no iba a cargar con los hijos de otro. Yo le dije que eran mis hermanastros, pero él me respondió que no importaba, que no iba a hacerse cargo de una familia ya formada.

—Tú quieres mucho a esos niños.

—Por supuesto. Los he cuidado desde que nacieron. Mi madrastra tenía una salud delicada y, después de que nacieran Shane y Julie, empeoró rápidamente. Yo tuve que hacerme cargo de ellos. Dawn era una mujer muy buena; creo que se parecía mucho a mi madre. Yo la cuidé hasta el final. Le prometí que cuidaría a sus hijos como si fueran míos, y yo cumplo mis promesas.

—Yo también —admitió Hayes.

—Mi padrastro tuvo un derrame cerebral y, después, un infarto, poco después de que muriera Dawn. Intentó hablar conmigo, escribirme, hacerme entender lo que quería decirme, pero no pudo. Yo lo busqué en todos sus papeles, por si acaso habían escrito algo. Pero no encontré nada —dijo ella, y sonrió—. Seguramente, era algo sobre los niños.

Hayes puso cara de inocente.

—Sí, me imagino que sí.

Ella entrecerró los ojos. Estaba recordando otra conversación.

—Tal vez me lo digas algún día, ¿eh? —le preguntó, de repente.

—Ni lo sueñes —murmuró él.

Ella se acercó a la cama.

—¿Por qué no?

Hayes tomó aire.

—Porque yo también cumplo mis promesas.

—¿Y qué significa eso?

Por suerte, se produjo un incidente abajo, y Julie comenzó a gritar a Shane por un juguete.

—Será mejor que vayas antes de que haya derramamiento de sangre —le dijo Hayes, aliviado por aquella interrupción.

Ella hizo un gesto de resignación con las manos y bajó las escaleras.

CAPÍTULO 3

Para Hayes era una nueva experiencia tener niños cerca. Sobre todo, niños a los que les cayera bien y que se acurrucaran junto a él en la cama para ver películas de dibujos animados.

Minette se sorprendió, y se conmovió al ver lo rápidamente que el sheriff grande y taciturno se derretía con los niños. Incluso Shane se acurrucó a su lado, aunque fuera mayor y, normalmente, distante con la gente a la que no conocía. Al niño le gustaban los espectáculos de lucha libre, y Hayes conocía a la mayoría de los luchadores, con lo que enseguida se convirtió en uno de los mejores amigos de Shane. Estaban intentando hablar de sus luchadores favoritos mientras veían la película, y Julie no dejaba de pedirles que se callaran. A Minette le resultaba divertido.

Veían la película, pero no dejaban de hacer preguntas. ¿Qué era aquel sitio? ¿Quién hizo eso? ¿Podía suceder aquello en la vida real? No parecía que a Hayes le molestara responder a aquellas preguntas, y tuvo una paciencia increíble. Minette nunca hubiera asociado la palabra «paciencia» con el sheriff Hayes Carson. De hecho, era bien conocido por todo lo contrario.

—Bueno, niños, ya es hora de acostarse —dijo Minette, cuando terminó la película.

—¿Tenemos que irnos ya? —preguntó Julie, entre las protestas de Shane, y se colgó de Hayes—. ¿Y si Hayes se pone malo por la noche? ¿No podemos quedarnos con él?

Hayes se sintió muy conmovido. Tuvo que tragar saliva.

—Gracias, Julie —dijo suavemente, y sonrió.

Ella también sonrió.

—¿Nos cuentas un cuento? —le pidió.

—¡Sí! —exclamó Shane—. ¡Queremos un cuento!

Hayes miró a Minette, que tenía cara de desconcierto y de irritación.

—Lo siento, niños —respondió—, pero la mayoría de los cuentos que yo me sé no son para vosotros.

—¿Disparas a los malos, como en las películas? —le preguntó Shane, con los ojos muy abiertos.

—No tanto, no —respondió Hayes—. En realidad, yo soy el que recibe los disparos normalmente —añadió.

—Seguro que duele —dijo Shane—. ¿Podemos ver tu herida?

—Bueno, ya está bien. Bajad de la cama —dijo Minette, dando unas palmadas para conseguir que se movieran.

—Seguro que es horrible —insistió Shane.

—Pues sí —respondió Hayes—. Y además, está vendada, ¿sabes? —añadió, pensando todo lo rápidamente que podía—. El doctor Coltrain se enfadaría conmigo si me quitara la venda.

—Cierto —dijo Minette, con expresión de agradecimiento—. Así que ya está. Vamos, es la hora del baño.

—¡Nooo! —gimoteó Shane—. ¡Si me bañé ayer, hermanita!

—Estás sucio —dijo Julie, arrugando la nariz—. Y hueles mal.

—Julie —dijo Minette con exasperación—. No se dicen cosas como esa, ni siquiera a la familia, ¿entendido?

—No, Minette —dijo Julie. Se acercó a su hermana mayor y le tendió los brazos—. Lo siento.

Minette la tomó en brazos y la estrechó.

—No te preocupes, pero no debes herir los sentimientos de Shane. A ti no te gustaría que te dijeran eso, ¿verdad?

—No, Minette —dijo la niña.

—Bueno, es que es una chica, y las chicas son malas —dijo Shane.

—¡No es verdad! —protestó Julie.

—Los baños. La tía Sarah está esperando. Julie primero.

—¿Puedo ver la lucha en la televisión de abajo mientras se baña Julie? —preguntó Shane, rápidamente.

—Solo unos minutos.

—¡Bien! ¡Hayes, te lo contaré todo mañana! —exclamó Shane, y salió de la habitación como un pequeño tornado.

Sarah apareció en la puerta, riéndose.

—¿Se ha escapado Shane?

—Sí —dijo Minette, y dejó a Julie en el suelo—. Ve con la tía Sarah —le dijo a su hermana—, y pórtate bien.

—Sí, Minette —dijo la niña. Después, miró a Hayes—. Ojalá pudiera quedarme contigo, Hayes —añadió con un suspiro.

Hayes se quedó con una expresión rara mientras Sarah se marchaba de la habitación con la pequeña.

Minette exhaló un suspiro.

—Dos niños —dijo—. Algunos días, preferiría que fuéramos dos yo y dos tías Sarah para poder arreglárnoslas. Si te han molestado, lo siento...

—No —la interrumpió él—. No me han molestado en absoluto. Me gustan los niños.

Ella lo miró con curiosidad.

—¿De veras?

Hayes asintió.

—Sí, son estupendos. Shane es una enciclopedia viviente de la lucha libre, y Julie tiene un corazón enorme.

—Sí, es cierto —dijo Minette. Después, se acercó a la cama. Hayes tenía mal aspecto—. ¿Te duele?

Él la miró fijamente.

Ella tomó el frasco de medicina de la estantería que había junto a la cama, leyó la etiqueta, sacó dos pastillas y se las entregó a Hayes junto a su vaso de agua.

Él hizo un mohín.

—Copper Coltrain dijo que tu cuerpo no iba a poder curarse si tenía que luchar también contra el dolor. Seguro que también te lo explicó a ti.

—Sí, pero odio las pastillas —respondió Hayes. Sin embargo, se las tragó.

—Dentro de poco te traeremos la cena. No es nada del otro mundo, solo un poco de carne asada y puré de patatas.

Él tuvo la sensación de que se había muerto y se había ido al paraíso.

—¿Puré de patatas casero otra vez?

—Bueno, sí —respondió ella con vacilación—. No se tarda mucho en prepararlo, y va muy bien con la carne asada. Pero no es nada especial.

—Para un hombre que vive de comida para llevar, de revueltos de huevos quemados y de galletas letales, es un festín. Y tú tienes muy buena mano para las patatas —dijo Hayes.

—Gracias —dijo Minette. Ella no había pensado demasiado en lo que podía comer él, pero, en realidad, había oído algunas historias sobre sus dotes culinarias. No eran buenas—. Supongo que eres como yo. Yo no tengo casi tiempo para comer. Como mientras estoy escribiendo o ayudando a sacar el periódico.

—Yo como en el coche la mayoría de las veces —confesó él—. Una o dos veces al mes voy con los chicos a comer a una parrilla, o a un restaurante chino.

Ella sabía, como el resto de la gente del pueblo, que Hayes podía permitirse el lujo de salir a comer fuera todos los días, si quería. Sin embargo, sus ayudantes no podían hacerlo, y él no iba a darse grandes lujos para que se notara más la diferencia entre su cuenta bancaria y la de sus hombres. A Minette le caía bien por eso. Le caía bien por muchos motivos. No solo era el hombre más guapo que ella conocía, sino que también era el más valiente.

—¿En qué estás pensando? —le preguntó él.

—En lo valiente que eres —dijo ella, sin darse cuenta. Entonces, se ruborizó.

Él arqueó las cejas rubias.

—Lo siento, estaba pensando en voz alta —dijo Minette—. Voy a acostar a los niños, y después te traeré la cena.

—Minette.

Ella se giró hacia Hayes. Entonces, él apartó la mirada.

—Te he dado las gracias muy en serio por permitir que me quedara aquí.

Ella no iba a decirle que no tenía a nadie más que cuidara de él; ni familia, ni amigos, salvo Stuart York, que estaba en Europa con su mujer, Ivy. Eso no habría sido muy amable por su parte.

—Ya lo sé —murmuró.

Después, sonrió forzadamente y se marchó.

Hayes casi estaba dormido cuando Minette volvió con la bandeja de la cena: carne asada en salsa, puré de patatas y una macedonia un tanto elaborada.

—No deberías haberte molestado tanto —le dijo él, incorporándose y recostándose en la almohada.

—No te preocupes. Me gusta que la comida tenga buen aspecto.

—Pues lo tiene.

Ella le puso la bandeja en el regazo y le puso el café caliente en la mesilla de noche.

—Es para que no se te caiga —le dijo—. La bandeja es un poco resbaladiza.

—No te preocupes —repitió él, con una sonrisa.

—Bueno, te dejo comer tranquilo. De postre hay tarta de nueces pacanas.
—Vaya.
Ella se rio.
—Parece que no cocinas nada, ¿eh?
Él negó con la cabeza, y cerró los ojos de placer al saborear la carne. Estaba perfectamente asada.
—Está deliciosa.
Minette sonrió con timidez.
—Me alegro de que te guste.
—Nunca había comido nada tan bueno.
Ella volvió a reírse.
—Gracias.
Tomó un poco de puré y lo saboreó. Estaba perfectamente aderezado.
—Tu detective quiere venir mañana por la mañana para ponerte al día sobre el caso —dijo ella, de repente—. Yancy cree que tiene una pista. Sin embargo, yo quería asegurarme de que te encuentras bien.
Él se puso serio.
—Sí, no te preocupes. Me esforzaré. Quiero encontrar al que ha intentado matarme.
Minette asintió.
—No te culpo por ello. Copper dijo que, si no te hubieras movido justo en ese momento, te habría acertado en el centro de la frente.
—Sí. Eso significa que era un tirador profesional.
—Yancy cree lo mismo. Según Cash Grier, el casquillo era de un rifle de francotirador.
—Entonces, la lista de sospechosos será corta —respondió él, en voz baja—. Ese tipo de destreza no es fácil de adquirir.
—Lo sé.
De repente, a él se le pasó algo por la cabeza, y frunció el ceño.

—No metas la nariz en esto —le advirtió—. No quiero que corras riesgos.
Ella abrió mucho los ojos.
Hayes la fulminó con la mirada.
—Tienes dos niños pequeños que dependen de ti. No tienen a nadie más.
—Tonterías. Tienen a la tía Sarah. Ella los cuidaría.
—No como tú.
—Esta es una de las historias más importantes del año —dijo ella, con una sonrisa—. Y tengo la exclusiva. No te puedes marchar.
—¿Disculpa?
Minette arqueó una ceja.
—Hemos metido toda tu ropa en la lavadora. Estás en pijama. Intenta marcharte así, andando, a casa.
—¿Andando?
—Bueno, yo no te voy a llevar, ni te voy a prestar mi coche —dijo ella, con los ojos muy brillantes—. Necesitarías ayuda para salir de aquí, y ya he amenazado a todos quienes te conocen —añadió, inclinándose hacia delante—. Sé cosas sobre ellos, y tengo un periódico.
Hayes estalló en carcajadas.
—Eso no está bien.
—Esta primicia increíble me ha caído del cielo. No creas que voy a renunciar a ella sin pelear.
—Ummm —murmuró él—. Así que por eso has querido tenerme en tu casa mientras me recuperaba.
—Me pillaste —respondió ella, riéndose.
Él ladeó su rubia cabeza y la observó con curiosidad, con atención. Parecía verosímil, pero él no se lo tragó. A Minette no se le daba bien mentir.
A ella no le gustó la intensidad de su mirada. Hizo que se sintiera incómoda.
—No me mires así —murmuró.

Él sonrió al ver su rubor. Se ponía muy guapa cuando se ruborizaba.

—Lo siento.

—Estaba bromeando —dijo ella, después de un momento—. Eres el mejor sheriff que hemos tenido. Ninguno queremos perderte. Hubo mucha gente que se ofreció a alojarte, ¿sabes? Lo único que pasa es que fui más rápida que los demás.

—De acuerdo. Gracias. Y te diré todo lo que pueda, cuando sepa qué es lo que está ocurriendo.

—Ya lo sé.

—Pero no vas a publicar nada hasta que yo te dé la luz verde.

Minette asintió.

—Lo digo muy en serio.

Minette volvió a asentir.

Hayes se rio.

—Bueno, podemos discutir más tarde. En este momento, se me está quedando fría la cena.

—Adelante, come. Yo voy a ver a los niños. Sarah o yo vendremos un poco más tarde a retirar la bandeja. ¿Se te ha aliviado un poco el dolor?

—Sí, gracias.

—Sé que no te gusta tomar la medicina —respondió ella—. Y sé por qué.

La tregua terminó así, en un instante. Hayes vio la cara de Bobby, pálida, sin vida, y las marcas que tenía en los brazos. Minette no sabía que estaba involucrada en aquella muerte. Él quería decírselo, quería que lo supiera. Sin embargo, al final, oyó la voz de su padre, y su propia promesa, de que nunca iba a contárselo.

Minette hizo una mueca de consternación.

—Lo siento —dijo—. Lo siento muchísimo.

Él apartó la mirada y comenzó a comer de nuevo. No dijo ni una palabra más.

Minette salió y cerró la puerta, apretando los dientes. ¿Por qué había dicho aquella tontería? Justo cuando empezaban a llevarse bien, ella tenía que mencionar un recuerdo amargo.

—Bien hecho, Minette. ¿Por qué no lo estropeas todo un poco más? —se preguntó a sí misma, entre dientes.

La tía Sarah la miró cuando entraba en la cocina.

—Hablando sola otra vez —dijo—. Te están persiguiendo unos hombres con una camisa de fuerza.

—Bah. Nunca me atrapan. Les lanzo un par de panecillos dulces de canela y se pelean por ellos.

La tía Sarah se echó a reír.

—Eso es cierto, nena —le dijo—. Cocinas muy bien. ¿Cómo está Hayes?

—Enfadado —respondió Minette con un suspiro—. He mencionado que sabía que odiaba las medicinas y la tregua se ha ido al garete.

Sarah hizo una mueca.

—Soy una bocazas —añadió Minette—. No sé cómo mantenerme callada.

—¿Es que no cree la verdad, ni siquiera después de tanto tiempo? —le preguntó Sarah.

Minette cabeceó.

—No sé por qué me odia tanto.

Sarah tampoco, pero era mayor que Minette y había oído los chismorreos; por eso, se hacía una vaga idea de cuál podía ser el motivo. Sin embargo, no tenía valor para decírselo a Minette. Algunos secretos no debían desvelarse nunca.

Minette frunció el ceño al ver la cara de culpabilidad de su tía.

—¿Qué sabes tú, tía Sarah?

—¿Yo? ¿Qué quieres decir, hija?

Su actuación y su expresión de inocencia funcionaron.

—Lo siento —dijo Minette—. Es que estoy un poco nerviosa.

—Ya lo sé —respondió Sarah—. Alguien quiere matar a Hayes. Espero que descubran quién es antes de que lo intente de nuevo.

—Yancy Dean es uno de los mejores detectives que hayamos tenido nunca —le recordó Minette—. Vino de Dade County, en Florida, y la policía de Miami no es precisamente mala.

—Cierto.

—Además, Zack Tallman podría sonsacarle información a un rábano seco. Esos dos son casi invencibles.

—Hoy me he enterado de una cosa.

—¿De qué? —preguntó Minette.

—Yancy ha ido a ver a Cash Grier.

Minette se sentó a la mesa junto a su tía.

—Ya lo sé. Está intentando averiguar quién era el pistolero.

—Cash todavía tiene contactos en operaciones encubiertas. Sabe cómo averiguar las cosas. Yancy dice que, si es alguien de la zona, él lo descubrirá.

—Yancy es listo.

—Sí. Y Zack también —convino Sarah—. Estoy segura de que Hayes está en medio de una guerra entre cárteles de la droga.

—Es sheriff, y esa profesión no es muy querida entre los traficantes.

—Y se arriesga mucho, cariño.

Minette se puso triste.

—Ya lo sé. Esta es su tercera herida de bala. Más tarde o más temprano, recibirá un balazo del que no van a poder curarle.

—Es raro, ¿verdad? —preguntó Sarah, pensando en voz alta—. Por ejemplo, a Dallas Carson no le hirieron ni una sola vez, y fue sheriff veinte años. Nunca hemos tenido un jefe de policía que recibiera un balazo. Y, sin embargo, Hayes ha recibido tres.

Minette frunció el ceño.

—Tal vez tenga mala suerte.

—Es indiferencia —dijo Sarah—. No le importa morir.

Minette se quedó pálida. Intentó ocultarlo, pero su tía la conocía muy bien.

Sarah le puso una mano a Minette sobre la suya.

—Está solo. Bueno, salvo en esta ocasión, en la que necesitaba a una familia que lo apoyara y no tenía a nadie. No ha vuelto a tener una familia desde que murió su padre. Perdió a su madre cuando Bobby estaba en el instituto y, después, perdió también a Bobby. Dallas tuvo un infarto. Así que ahora, Hayes está solo. No tiene novia, ni parientes cercanos. Casi estamos en Acción de Gracias, lo cual debe de recordarle lo solo que está en el mundo.

—Es rico —comentó Minette.

—¿Y para qué le sirve el dinero a medianoche, cuando está completamente solo y a nadie le importa lo que le suceda?

Minette volvió a fruncir el ceño.

—Hayes no tiene ningún motivo para que le importe la vida —prosiguió Sarah—. Le encanta su trabajo, sí, pero no tiene miedo porque no tiene nada que perder. ¿No lo entiendes?

Minette nunca había comprendido por qué Hayes tenía esa tendencia a correr riesgos mortales. Pensaba que se trataba de valentía, pero lo que decía Sarah tenía sentido.

—Tú me tienes a mí, a Shane y a Julie —insistió Sarah—. Nosotros somos tu familia y te queremos. ¿Quién quiere a Hayes?

Minette se mordió la lengua. No era el mejor momento para hacer confesiones.

Sin embargo, Sarah lo sabía. Siempre lo había sabido. Había visto llorar a Minette cuando Hayes le había roto el corazón con sus despiadadas acusaciones después de la muerte de Bobby. Había visto a Minette, que era una adolescente llena de vida, convertirse en una mujer mayor durante los meses siguientes a la sobredosis de Bobby. Hayes había sido implacable en la persecución del asesino de su hermano, y el rastro llevaba directamente hacia Minette.

Sarah nunca había entendido el porqué. Minette ni siquiera consumía drogas. Sin embargo, Hayes se había convencido de que ella era la culpable, y la había tratado consecuentemente. Era extraño que él hubiera terminado convaleciendo allí, cuando siempre había odiado a Minette.

—¿Sarah?

—Eh... Lo siento. Estaba pensando en que Hayes siempre te ha culpado de algo que tú no hiciste —respondió Sarah, en voz baja—. Eso lo siento muchísimo.

—Sí. Yo también. Pero no sirve de nada. Hayes no va a cambiar de opinión. Sabe que Rachel, la hermana de Ivy Conley, fue la que le dio a Bobby la droga que lo mató. Ella dejó una confesión al morir. También sabe que Brent y Ella Walsh, los padres de Keely York, le dieron a Rachel la cocaína sin cortar, deliberadamente, para que ella se la diera a Bobby. Sin embargo, ni siquiera eso ha hecho que Hayes cambiara su actitud hacia mí. Algunas veces, creo que es un hábito del que no quiere desprenderse.

—Está tan equivocado...

Minette sonrió.

—Hayes es muy obstinado —dijo Minette, con una sonrisa, jugueteando con el mantel—. Pero yo preferiría que dejara de exponerse a las balas. Para ser un enemigo mortal, tiene clase.

Sarah se rio.

—Es un enemigo noble.

—Absolutamente noble —dijo ella, y miró la hora—. Bueno, tengo que investigar un poco en Internet, así que será mejor que empiece ya. ¿Vas a quedarte aquí, con Hayes? —le preguntó a su tía. No podía evitar sentirse preocupada.

—Zack y Yancy van a venir por la mañana —le recordó Sarah—. Tienen armas. Armas grandes.

—Hayes también tiene armas, pero no le sirvieron de nada en el porche.

Sarah asintió.

—Sí, es cierto. De todos modos, voy a tener las puertas bien cerradas, y tú vas a estar en casa. Podemos llamar por teléfono a la comisaría —dijo, con los ojos brillantes—. Tengo entendido que el sheriff es muy eficiente.

—Y sus ayudantes también. Qué lío —comentó Minette, con un suspiro. Entonces, se pasó la mano por el pelo largo y rubio, e hizo una mueca—. Debería cortarme el pelo. ¡Me lleva tanto tiempo tenerlo bien limpio y liso!

—¡Ni se te ocurra! —exclamó Sarah—. Es una belleza. ¿Cuántos años has tardado en tenerlo tan largo?

—Muchos, supongo —dijo Minette. Se levantó y le dio un beso a su tía en la frente—. Voy al despacho. Llámame si los niños se portan mal. A Julie le está costando dormir, otra vez.

—Tiene algún problema en la escuela —dijo Sarah, y se mordió un labio—. Oh, vaya. No quería decírtelo.

Minette volvió a sentarse.

—¿Qué problema?

—Una de las otras niñas se ríe de ella porque es lenta.

—Es lenta porque es muy metódica cuando hace las cosas —dijo Minette—. Iré a hablar con la señorita Banks.

—Sí, sería lo mejor. La señorita Banks es una mujer muy agradable. Dio clases en primaria durante mucho tiempo, antes de empezar en el jardín de infancia.

—Ya lo sé —dijo Minette—. ¡A mí me dio clase en primaria!

Sarah se echó a reír.

—¿De verdad? ¡Se me había olvidado!

—A mí no. Mañana iré a hablar con ella.

—Buena idea.

—Pobre Julie —dijo Minette—. A mí también me agobiaban en la escuela. Debería haber un lugar especial en el más allá para los acosadores.

—Bueno, muchos de ellos lo hacen porque necesitan que les hagan caso —respondió Sarah—. Algunas veces tienen problemas graves, y actúan de ese modo para llamar la atención. Otros son inseguros y tímidos, y no saben cómo comportarse con los demás. Y otros...

—Otros son malos, sin más —le dijo Minette.

—Bueno, eso también —respondió Sarah, y se rio.

—¿Qué es lo que te hace gracia?

—Me estaba acordando de que tú también tuviste tus momentos en la escuela —dijo Sarah—. Creo que hubo algún incidente con un filete de hígado, unas cebollas, ketchup y arroz...

—Bueno, ella no debería haberme hecho enfadar tanto en la cafetería, ¿no? —preguntó Minette, riéndose—. Fue un gran error.

—Eso le bajó un poco los humos. Después de que la pusieras en su sitio delante de sus amigas, comenzó a ser más agradable contigo.

—Su madre se estaba muriendo de cáncer, y a su hermano acababan de arrestarlo por robar un coche. Yo pensaba que era la chica más desagradable que hubiera conocido nunca, pero su padre era un borracho, y ella no tenía a nadie que la cuidara cuando llegaba a casa. Estaba asustada. Claro que, en aquel momento, yo no sabía nada de esto.

—¿Y cómo te enteraste?

—Hace unos meses, ella también enfermó de cáncer —explicó Minette—. Me envió un correo electrónico disculpándose por su forma de tratarme cuando éramos niñas. Quería que la perdonara —dijo, y se mordió el labio—. Me pasé años odiándola por lo que hizo.

—¿Y qué le dijiste?
—Por supuesto, la perdoné. Ahora se está recuperando, pero tiene un camino largo por delante —respondió Minette, con una sonrisa triste—. Aprendemos muchas cosas con los años, cuando ya no sirven de nada.
—Supongo que nunca llegamos a conocer de verdad a los demás.
Minette asintió.
—Y juzgamos sin saber.
—Nadie es perfecto.
—Y yo menos que nadie —dijo Minette, y volvió a levantarse—. Teniendo todo esto en cuenta, no vendría mal averiguar unas cuantas cosas sobre la enemiga de Julia.
Sarah sonrió.
—Bien pensado. ¿Y si solo es mala?
—Bueno, entonces, hablaré con sus padres, ¿no crees? —preguntó Minette.
Sarah asintió.

Minette no tenía intención de recordar todas aquellas cosas, pero los recuerdos eran incontenibles. Ser niño era algo difícil. Sin la madurez y la experiencia, ¿cómo iba a saber defenderse la víctima de un acoso? Los responsables de las escuelas prometían ayuda, pero algunas personas eran reticentes a la hora de involucrarse en esos conflictos.
Minette se sentó en su escritorio y encendió el ordenador. A menudo, los niños no tenían una infancia tan feliz como la que se describía en tantas novelas. Seguramente, la infancia tenía mucho más que ver con el doloroso mundo de Dickens que con las películas de dibujos animados, que siempre terminaban bien.
Por desgracia, la primera noticia con la que se topó en Internet fue con la del suicidio de un niño que había sufrido

acoso escolar. Minette se mordió el labio. Era algo horrible que las cosas llegaran a ese punto. Sin embargo, muchos niños preferían no decírselo ni a sus padres ni a las personas que los cuidaban.

Su propia experiencia había durado dos años. Lo recordaba todo con amargura, incluso después de haber recibido aquella disculpa inesperada. La situación le había estropeado el paso por la escuela, pese a la bondad de sus nuevas amigas. No recordaba aquellos días con alegría, sino con tristeza.

Sin embargo, esa parte de su vida había pasado. Ahora, ella tenía que hacer por Julie lo que la niña no podía hacer por sí misma.

Buscó en su agenda la dirección de correo de la señorita Banks y comenzó a escribirle un mensaje.

Hayes estaba sentado en la cama, pálido y demacrado, cuando Minette subió a verlo antes de llevarse a los niños al colegio.

—Oh, vaya —dijo, con preocupación.

Él hizo un gesto de dolor.

—Estoy bien —dijo—. Solo me siento un poco mareado.

Minette se acercó a la cama y le puso la mano sobre la frente.

—Tienes fiebre.

Entonces, sacó su teléfono móvil, llamó a Copper Coltrain y le puso al corriente del estado de Hayes. Coltrain dijo que iría a su casa en cuanto dejara a sus niños en el colegio.

—Gracias, Copper —dijo ella.

—Gajes del oficio —respondió él—. Lou me sustituirá hasta que yo llegue a la consulta. No te preocupes por Hayes —añadió—. Algunas veces se producen estas recaídas, pero se pondrá bien. No voy a permitir que se muera.

Minette se rio suavemente.

—Gracias.

—Es un placer —dijo el médico, y colgó.

—No tienes por qué preocuparte tanto —dijo Hayes, cuando ella guardaba el teléfono en el bolso—. Soy más duro de lo que parece.

—Ya lo sé, pero no me gusta perder a los huéspedes.

Él sonrió, pese a su malestar.

—No me voy a morir, solo estoy un poco enfermo. Demonios, me duele.

Ella sacó las medicinas y le dio lo que le habían recetado.

—Copper va a venir a verte.

—Él se ocupará de todo. No te preocupes más.

Minette miró fijamente el frasco de la medicina.

—A mí siempre me funciona este antibiótico.

—Yo tengo una constitución muy particular, y soy raro con los medicamentos —dijo él, cansadamente—. Copper lo remediará. Muchas gracias por llamarlo.

—De nada. Después llamaré a la tía Sarah para preguntarle qué tal estás.

Hayes asintió.

—Ten cuidado. Ha llovido, y ya sabes cómo se ponen las carreteras.

—Sí, ya lo sé —respondió ella con una sonrisa—. Nos vemos luego. Espero que te sientas mejor.

—Gracias. Yo también.

Hayes cerró los ojos. Minette lo dejó allí, pero no sin mucha preocupación.

CAPÍTULO 4

Minette ya tenía el día planificado. Entrevistas por la mañana, recoger a Julie a la una y llevarla a casa y, después, volver al jardín de infancia para hablar con la señorita Banks. Después, a las tres, ir a recoger a Shane a su colegio.

Sin embargo, las cosas no salieron tal y como las había planeado.

Cuando terminó la primera entrevista, con un político local que estaba pensando en presentarse a las elecciones para la alcaldía, tuvo una llamada de teléfono.

—¿Señorita Raynor? —preguntó una voz grave, con un ligero acento.

—¿Sí?

—Tengo un mensaje para su huésped.

—¿Con quién hablo? —preguntó ella, de forma beligerante.

—Mi nombre no tiene importancia. Por favor, dígale al sheriff Carson que hemos contratado a un tirador mucho más preciso.

Su interlocutor colgó.

Minette se quedó mirando el teléfono, pero no colgó. Llamó a Zack con su teléfono móvil, le explicó lo que acababa de ocurrir y le preguntó si podía pedirle a la compañía telefónica que localizara la llamada. Él dijo que iba a intentarlo, y colgó.

Bill Slater asomó la cabeza por la puerta.

—¿Algún problema?

Ella suspiró.

—Creo que el que intentó matar al sheriff Carson acaba de llamarme. Me dio un mensaje para Hayes: que han contratado a un pistolero mucho mejor —dijo, con frialdad.

—Vaya, qué ordinarios —dijo Bill.

Minette asintió. Tenía el estómago encogido. Sabía que era imposible vigilar a Hayes noche y día, y un buen francotirador era invisible.

—Zack es muy bueno —le recordó Bill—. Y Yancy también.

—Me pregunto si conocemos a alguien de la mafia. ¿Para luchar con sus mismas armas?

—No digas eso. Hayes te meterá en la cárcel solo por sugerirlo.

Ella suspiró.

—No tengo ninguna duda. Esto tiene que estar relacionado con las guerras territoriales de los cárteles. Hayes ha interferido, y a ellos eso no les gusta.

—Dímelo a mí. Nuestro último reportero estrella estuvo a punto de conseguir que te mataran y que a nosotros nos quemaran vivos al desenmascarar a los peores elementos del tráfico de drogas —dijo Bill—. Debería haberle dado un buen puñetazo. Pequeño sapo insolente.

—No era tan malo —respondió ella, con una sonrisa de tristeza—. Por lo menos, tuvo las agallas de revelar la realidad del conflicto.

—Y casi consigue que nos maten —repitió Bill—. De no ser porque los bomberos trabajaron rápidamente, y después por Grier, que encontró a ese canalla, estaríamos carbonizados.

—Sí, es cierto. ¿Sabes? Voy a acercarme al departamento de policía para hablar con el jefe Grier —dijo Minette, y se levantó de su escritorio—. Tienes que pedirle a Jerry que hable con la floristería para preguntarles qué tipo de anuncio quieren. No podemos esperar mucho más, o no estará listo a tiempo.

—Le diré a Jerry que les meta prisa.

—Pero no demasiada. Nos hacen falta anunciantes.

—Pues me pondré en las esquinas y venderé grandes ofertas publicitarias —dijo Bill, y se rio.

—No creo que sirviera de mucho, pero es muy amable por tu parte. Volveré cuando pueda. Llámame si me necesitas.

Él asintió.

Cash Grier era un hombre intimidante, incluso para una mujer cuyo trabajo era entrevistar a personalidades como él. Tenía un aspecto muy severo e inaccesible. Era alto y moreno, guapo y con unos ojos negros de mirada inteligente. Se había casado hacía dos años con una antigua estrella de cine, y tenían una niña. El hermano pequeño de Tippy Grier también vivía con ellos.

—¿Qué puedo hacer por ti? —le preguntó Cash, cuando ella se sentó en una silla, delante de su escritorio.

Minette se había quedado mirando los montones de papeles que había apilados desordenadamente a cada lado de la enorme mesa.

Él la miró con altivez.

—Te diré que todos estos documentos están colocados por orden de prioridad. Yo mismo revisé cada uno de ellos, sin ayuda de mi secretaria, ¡que no sabe archivar nada! —añadió, alzando la voz, para que la joven morena que había en el despacho contiguo pudiera oírlo bien.

—Mentira —respondió una voz musical, desde el otro lado.

—¡Ni siquiera encuentro la carta de Barbara's Café! —replicó él.

Una chica morena, esbelta, vestida con unos pantalones vaqueros y una camiseta azul, entró en el despacho con un sonoro suspiro.

—Aquí tiene —dijo, poniéndole la carta delante, en el escritorio, y lo fulminó con la mirada—. Y los expedientes estarían en orden, señor, si me dejara hacer mi trabajo tranquilamente...

—Esos documentos son secretos y muy importantes —dijo él, con su voz grave—. No deben ser tema de conversación por todo el pueblo.

—Yo nunca cotilleo —respondió ella, sin alterarse.

—Sí lo haces —replicó él—. ¡Le dices a la gente del pueblo que llevo un arma bajo la chaqueta del traje!

La secretaria miró a Minette, puso los ojos en blanco y se marchó.

Minette se había distraído. Miró a Cash Grier con curiosidad. Habían tenido pocos encuentros, siempre breves y formales, sobre todo cuando ella lo entrevistaba sobre alguna investigación.

—Me cuesta encontrar buenos empleados —dijo él, con una sonrisa angelical.

—Soy la mejor secretaria que ha tenido nunca, señor, porque sé escribir correctamente a máquina y responder al teléfono.

—Sí, pero no puedes hacer las dos cosas a la vez, ¿no, Carlie? —replicó él.

Hubo un murmullo y, después, se oyó un tecleo.

—¿Qué puedo hacer por ti? —le preguntó Cash Grier, nuevamente, a Minette.

—He venido por el sheriff Carson —respondió Minette.

—Sí. Estamos trabajando con su departamento para averiguar quién lo disparó, aunque, francamente, el asunto está provocando algunos dolores de cabeza.

Ella asintió.

—Acabo de recibir una llamada de un hombre que me dijo que la próxima vez van a enviar a un tirador mejor. Eso es el resumen. He traído la grabación —dijo, y sacó una pequeña cinta de su bolso. La dejó sobre el escritorio, y añadió—: Grabamos todas las conversaciones rutinariamente, porque hemos tenido algunos problemas en el pasado.

—Sí, cuando alguien trató de quemar la redacción de tu revista. Lo recuerdo. Ese tipo está entre rejas y va a cumplir una condena de diez años. Es uno de los pocos incendiarios a los que han condenado los tribunales —comentó Cash.

Entonces, sacó un pequeño aparato de uno de los cajones del escritorio, metió la cinta que le había llevado Minette y la escuchó con los ojos cerrados. Después volvió a hacerlo y, finalmente, abrió los ojos.

—Es del norte de México —murmuró, pensando en voz alta—. Pero tiene un deje de Ciudad de México. Llama desde algún lugar cercano a una autopista.

—¿Cómo puedes sacar toda esa información de unas cuantas palabras? —le preguntó Minette impresionada.

Él asintió.

—Todavía me quedan algunas habilidades de los viejos tiempos, y ya me he enfrentado más veces a amenazas telefónicas de este tipo. Esto es un regodeo puro y duro. Piensa que es demasiado listo como para que lo atrapen —explicó Cash. Después, entrecerró los ojos—. ¿Hayes sigue en tu casa?

—Sí —dijo Minette—. Se está resistiendo a las sesiones de fisioterapia y fingiendo que él no necesita esas tonterías —añadió, con un suspiro—. A este paso, tal vez nunca pueda irse.

Cash se levantó de su silla.

—Voy a ir a verlo y a charlar con él —dijo—. He estado en su situación unas cuantas veces. Tal vez sirva de algo. ¿Te importa que me quede la cinta?

—No. Y, si vuelven a llamarnos, te traeré las demás grabaciones —dijo Minette. Después, titubeó, y siguió hablando—: Tengo a dos niños pequeños viviendo en mi casa, por no mencionar a mi tía abuela.

—Y te preguntas si están seguros —respondió él, y sonrió—. Me ocuparé de eso. No te preocupes.

Minette asintió.

Cash la acompañó a la salida. Carlie alzó la vista desde su escritorio. Tenía los ojos verdes y brillantes.

—Ha llamado el alcalde —le dijo a Cash—. Quería saber si va a ir a la reunión en el ayuntamiento.

—No.

—Se lo diré.

—Yo te diré lo que tienes que decirle... —comenzó Cash, acaloradamente.

Carlie alzó una mano.

—Por favor. Mi padre es reverendo.

Cash hizo una mueca, y acompañó a Minette hacia la puerta de la oficina.

—Veré lo que puedo hacer para motivar a Hayes —dijo, y vaciló—. ¿Todavía tiene a ese enorme reptil?

Minette asintió.

—¿Y también está viviendo en tu casa? —le preguntó él, con una sonrisa.

Ella se echó a reír.

—No, no voy a convertirme en la comida de ningún vestigio de la era de los dinosaurios —le prometió.

Más tarde, en casa de Minette, Cash no tenía tantas ganas de broma. Hayes también había recibido una llamada.

—El cobarde se jactó de su buena puntería, y me dijo que, si no me hubiera movido, ahora estaría muerto —dijo Hayes.

—Pues me alegro de que te movieras —respondió Cash,

y tomó aire profundamente—. Supongo que ya has pedido que rastreen la llamada.

Hayes lo miró con cara de sufrimiento, y Cash se echó a reír.

—Sí. Era un teléfono móvil que ya no da línea. Seguramente era desechable. Localizamos una llamada que hizo una de las mulas del cártel desde nuestra cárcel el día antes de que me dispararan. La misma historia.

Cash asintió.

—Sí, nosotros también hemos tenido unas cuantas de esas —dijo, y se inclinó hacia delante en la silla—. Los agentes del orden se ganan enemigos —añadió—, pero esto es algo excepcional. ¿Tienes alguna idea de qué puede haber detrás de este intento de asesinato?

Hayes asintió.

—Mi investigador averiguó algo muy oscuro el mes pasado, y consiguió relacionar la muerte de un agente fronterizo con uno de los traficantes al que llaman «El Ladrón».

—El Ladrón —dijo Cash, y se echó a reír—. Qué apropiado.

—Sus hombres no lo llaman así. Solo sus enemigos.

—Ojalá tenga suficientes de esos como para que ayuden a hacerle caer.

—Tiene un gran enemigo, uno que está luchando contra él por el control de Cotillo —le dijo Hayes—. Es el líder de un cártel sudamericano, un tipo muy peligroso que lleva una vida recluida. Está intentando abrirse paso en el tráfico de drogas mexicano.

—¿Y se sabe quién es?

Hayes asintió.

—Es hijo de una heredera estadounidense que se escapó con un líder mafioso mexicano, encantador pero mortífero. Él utilizó el dinero de su madre para vengar a su padre, que fue asesinado por hombres de El Ladrón.

—Más y más enredado —musitó Cash.

—Y empeora más aún —dijo Hayes—. Este narcotraficante tiene lazos con nuestro país, de un modo que podría causarnos graves problemas localmente.

—No me digas que tiene relación con el alcalde de Jacobsville —dijo Cash, riéndose.

—Mucho peor —dijo Hayes, y tomó aire—. Ese tipo tiene una hija. Ella no lo sabe.

Cash frunció el ceño.

—Esto es asombroso. ¿Su padre es un conocido capo de la droga y ella no lo sabe?

Hayes asintió, y tuvo una punzada de culpabilidad.

—Él es quien les proporcionaba las drogas a Brent y a Ella Walsh, que fueron quienes le dieron a Rachel Conley la cocaína que le inyectó a mi hermano Bobby con… una dosis fatal de narcóticos.

—Lo siento —dijo Cash, con la voz ronca—. Eso debe de hacerlo todo más difícil, aún.

—Sí —dijo Hayes—. Mi padre, Dallas, fue sheriff aquí durante muchos años, hasta que murió, como seguramente ya sabrás. Él fue quien me puso al tanto de esa conexión, por si acaso yo necesitaba alguna vez la información. Sin embargo, me obligó a prometerle que nunca le diría a esa mujer cuál es la identidad de su padre. Tengo las manos atadas.

—Me lo imagino —respondió Cash, y lo miró con la cara ladeada—. Eso significa que tampoco me lo puedes contar a mí.

—Exacto. No estoy muy seguro de qué hacer —confesó Hayes—. No sé cómo reaccionaría ella. Tampoco sé si su verdadero padre sabe algo de ella, aunque supongo que sí. Y, si lo sabe y se ve acorralado, tal vez intente utilizarla para que le ayude a salir del aprieto.

Cash arqueó las cejas.

—¿Acaso ella es influyente?

—Sí.

—Oh, vaya.

—Nunca pensé que tendría que enfrentarme a una decisión como esta —respondió Hayes—. No me deja dormir por las noches.

—Secretos de familia —murmuró Cash—. Tippy y yo también hemos tenido que enfrentarnos a una situación similar... Ella todavía no sabe quién fue su verdadero padre. Su madre no pudo decírselo, aunque el padre de su hermano es jefe de policía en Georgia.

—Sí, ya lo había oído —dijo Hayes, y frunció el ceño.

—¿Qué vas a hacer?

Hayes se encogió de hombros suavemente.

—No estoy seguro. Depende de las circunstancias —dijo, y miró a Cash a los ojos—. Estoy poniendo en peligro a Minette y a su familia quedándome aquí.

—No, en realidad no. Están pasando cosas que tú no sabes —dijo Cash, y alzó una mano cuando Hayes intentó hablar—. Es mejor que no las sepas.

—Deduzco que están vigilando hasta nuestro último movimiento —contestó Hayes.

—Oh, puedes estar seguro de eso. Y ahora, cambiando de tema, ¿qué ocurre con tus sesiones de fisioterapia?

—No sigas.

—Lo siento, lo prometí, y yo siempre cumplo mis promesas. Sé lo que es que te peguen un tiro, y tengo más experiencia que tú. No querrás perder el uso del brazo, ¿no?

Hayes abrió unos ojos como platos.

—¿Qué quieres decir?

—¿No te ha hablado el médico de cómo se atrofian los músculos?

—Bueno, me habló de algo por el estilo. No estaba muy atento. Estaba intentando que me diera el alta para poder marcharme del hospital. Si me lo hubiera pedido, yo habría estado dispuesto a pintar su casa, con tal de conseguirlo.

Cash se echó a reír.

—Yo también he pasado por eso —dijo, y frunció los labios—. Someterse al tratamiento de terapia y hacer esos ejercicios es solo un pequeño sacrificio. No querrás tener que contratar a alguien para que te lleve el arma y dispare por ti.

—Ya me han disparado más veces —respondió Hayes.

—Sí, pero no tan gravemente —replicó Cash—. ¿Sabes? Se dice que la gente que tiene más de dos heridas de bala va buscando problemas.

Hayes lo fulminó con la mirada.

—No quiero decir que tengas tendencias suicidas, Hayes —continuó Cash—, pero caminas a ciegas. Yo no quiero tener que aprender a trabajar con un nuevo sheriff. Me llevaría mucho tiempo.

Hayes sonrió.

—Eso lo entiendo. No eres el tipo más fácil que conozco.

—Y empeoro con los años. Pero lo importante es que tú eres menos cuidadoso de lo que debieras. Las heridas de bala van dejando mella. Causan problemas más tarde.

—No voy a empezar a mirar a mi alrededor a cada paso que doy.

—No te he pedido que hagas eso, pero tienes que prestar más atención a lo que te rodea, y llamar para pedir refuerzos. Y tienes que ir a la rehabilitación —le advirtió Cash—. Deberías aprovechar bien este descanso, porque creo que, durante las semanas que se avecinan, no vas a tener oportunidad de descansar mucho. Creo que estamos en medio de una guerra de narcotraficantes.

—Has estado hablando con Cy Parks.

—Sí. ¿Te acuerdas de que un antiguo traficante de drogas compró la finca que linda con la suya? —le preguntó Cash, y esperó a que Hayes asintiera—. Pues esa finca nunca volvió a venderse, y Cy ha visto últimamente un poco de actividad por allí. Están levantando edificios, y hay tráileres entrando y saliendo del terreno. Cy ha hecho preguntas, pero no parece que los obreros sepan mucho. Dicen que va a ocuparlo un criador de caballos. Cy piensa que va a ser la tapadera de un negocio de distribución de drogas. Está preocupado.

—Sí, ese hombre adora sus Santa Gertrudis —dijo Hayes, mencionando una raza de ganado nativo de Texas.

—Le dije que indagaría entre unos cuantos conocidos míos, pero, en mi opinión, creo que detrás de todo eso está el enemigo de El Ladrón.

Hayes se irguió.

—No. Él no. ¡Aquí no, por el amor de Dios!

—Eso me temo, si mi teoría es cierta.

—Maldita sea. ¡Maldita sea!

—Tal vez nos beneficie —dijo Cash—. Lo tendríamos en un lugar donde podemos vigilarlo.

Hayes no se atrevió a decir lo que estaba pensando. Sería revelar demasiado.

—¿Y si es él quien envió a un pistolero a matarme, en vez del otro? —se preguntó, en voz alta.

—No creo —dijo Cash—. Tiene demasiada clase para contratar asesinos a sueldo.

—¿Demasiada clase?

—Va a misa. Es un hombre religioso. Cuida de sus trabajadores, les paga el seguro a todos y se ocupa de que sus hijos tengan educación.

—¿Es un jefe mafioso o un santo? —preguntó Hayes con exasperación.

—¿Por qué crees que lo llaman «El Jefe»? Hablan de él con reverencia. Está tan lejos del otro como lo está un santo de un pecador —le dijo Cash, moviendo la cabeza—. No sé cómo terminó metido en el tráfico de drogas. Es rico. No lo necesita.

—Tal vez le guste el riesgo —respondió Hayes.

—Tal vez.

—¿Estás seguro de que no fue él quien envió al francotirador?

—No podemos estar seguros de nada, pero las pruebas señalan al maníaco de México. Minette llevó una grabación de una llamada que le hicieron, en la que amenazaban con enviar a otro francotirador.

—¿Qué?

—Acaba de suceder. Estoy seguro de que ella iba a contártelo más tarde —le dijo Cash—. Pero escuché la grabación, y tengo buen oído para los acentos. Este tipo era un mexicano. Por lo que sabemos de El Jefe, él contrata sobre todo estadounidenses. Fíjate, siente que involucrar a los mexicanos en algo tan oscuro es una forma de explotación, así que utiliza a criminales estadounidenses para mover su producto.

—¡Qué tipo tan interesante!

—¿Interesante? Querrás decir loco.

—Seguramente, ambas cosas.

Cash miró la hora.

—Tengo que ir a comer a casa. Piensa sobre lo que te he dicho. No permitas que el orgullo te impida recibir un tratamiento que necesitas para curarte adecuadamente.

Hayes suspiró.

—Está bien. Y gracias por toda esta información, y el trabajo preliminar.

—Tu detective es muy bueno. Él habría averiguado todo esto, al final. Lo único que sucede es que yo tengo contactos en sitios más difíciles. Sigue recuperándote.

—Haré todo lo que pueda. Gracias.

Cash se encogió de hombros, sonrió y se marchó.

Más tarde, Hayes le dijo a Minette, con elocuencia, lo que pensaba sobre el hecho de que ella no le hubiera hablado de la llamada telefónica que había recibido.

—¡Por el amor de Dios, me llamaron en mitad de la jornada, y tenía que ir a hablar con la profesora de la niña, además de otras cosas que hacer! ¡Y no quería preocuparte con llamadas de teléfono! —exclamó ella, irritada.

—Tu familia corre tanto peligro como yo —replicó él—. En realidad, debería marcharme a mi casa...

—¡No! —lo interrumpió ella—. ¡No, no y no! Cash Grier ha dicho que nos están vigilando, y que no va a ocurrirnos nada. No puedes estar solo, y lo sabes.

Él apretó los labios.

—Además, si intentas marcharte a casa —prosiguió ella—, le diré a tu detective que vaya a buscarte y te traiga otra vez —dijo, con enfado.

Él la fulminó con los ojos. Ella le devolvió la mirada.

—¿Qué pasa? ¿Acaso crees que te voy a envenenar cuando no estés atento? —le preguntó, con sarcasmo.

Él tomó aire.

—Me preocupa más que algún tiro atraviese la pared.

Ella se acercó a la cama.

—Escucha, Hayes, yo quiero a los niños y a mi tía. Nunca los pondría en peligro. Pero, si te vas a casa, hay muchas posibilidades de que esos tipos acaben contigo. No puedo creer que no lo sepas.

—Yo no quiero que nadie resulte herido por mi culpa.

—Yo llevo mucho tiempo cuidándome a mí misma. Dawn estaba enferma, y ni siquiera pudo ocuparse de Julie cuando nació, ni de Shane. Yo lo hice por ella. Dawn era una persona muy buena. Todavía la echo de menos.

—¿Y también echas de menos a tu padre?

—Sí. Era maravilloso. Después de que muriera mi madre, él fue un padre fantástico.

—¿Y cómo se conocieron?

—En una feria. Ella estaba embarazada y sola, y él era guapo y elegante... —respondió Minette. Al ver la expresión de Hayes, le explicó—: Sé que no era mi padre biológico. Mi madre siempre fue sincera conmigo hasta cierto punto. Nunca me dijo quién era mi padre biológico. Yo intenté averiguarlo consultando los antiguos registros, pero ni siquiera pude conseguir que ella me dijera dónde vivía antes de conocer a mi padre. Bueno, al hombre a quien siempre llamé «papá».

—Debió de dolerte.

Minette lo pensó un instante. Después, negó con la cabeza.

—Pensé que mi madre tenía buenos motivos para no querer que yo lo supiera —dijo ella, y sonrió con tristeza—. Lo más seguro es que fuera un hombre casado, y que ella no quisiera meterle en problemas con su familia. No importa. Yo tuve una infancia maravillosa con unos padres afectuosos, aunque mi padre fuera, en realidad, mi padrastro. Hay muchos niños que viven situaciones peores.

Hayes asintió.

—Mis padres se peleaban todo el tiempo —confesó, después de un momento—. No sé por qué. No conseguían llevarse bien ni siquiera durante diez minutos seguidos. Las cosas eran muy difíciles para Bobby y para mí —dijo, y su rostro se ensombreció—. Bobby no podía soportarlo. Tenía una naturaleza muy sensible, y se lo tomaba todo muy a pecho. Comenzó a consumir drogas para evadirse y, al final, eso le costó la vida. Odio a los traficantes de drogas más que a nadie ni nada en el mundo —añadió, con los ojos oscuros llenos de rabia.

—No te culpo —respondió ella, suavemente—. Sé que querías a tu hermano.

Él la miró con frialdad.

Ella alzó una mano.

—Ya hemos hablado de esto. Yo no tengo nada que ver con…

—Y un cuerno que no —respondió él, glacialmente.

—¿Cómo voy a tener algo que ver? ¡Yo nunca he tomado drogas, y no tuve relación con gente que lo hiciera!
Él se mordió el labio con fuerza.
Minette se quedó mirándolo fijamente, y comenzó a encajar las piezas del rompecabezas. El modo en que la odiaba Hayes. Su forma de tratarla durante todos aquellos años, y su empeño en culparla de la muerte de Bobby, cuando ella no sabía nada de drogas.
—Hayes, tienes que decirme lo que sabes sobre mí. ¿Por qué no quieres decírmelo?
Entonces, él puso cara de inocencia.
—No sé a qué te refieres —dijo, y cambió de tema súbitamente—: Cash me ha engatusado para que le prometiera que haré la maldita terapia.
—¿De veras? —preguntó ella, cediendo. Hayes se estaba comportando de una manera muy extraña, pero ya lo pensaría más tarde—. ¡Bien hecho!
Hayes hizo una mueca.
—Supongo que necesito poder usar bien el brazo, aunque no sea para disparar.
—Tienes que usarlo cuando dispares con rifles.
Él suspiró.
—Sí.
—La tía Sarah puede llevarte a las sesiones de fisioterapia —dijo ella—. Ya se ha ofrecido voluntaria.
—Es muy amable.
—No le cuesta nada.
Él la observó con curiosidad.
—Todavía no entiendo por qué me has invitado a quedarme en tu casa —le dijo—. Yo llevo mucho tiempo tratándote mal.
—Para vencer al enemigo con mis buenas acciones —le prometió ella.
Él se echó a reír.

—¿Solo por eso? —le preguntó, sin revelarle que su tía abuela ya se lo había explicado.

Minette asintió con entusiasmo.

—Bueno... pues fue una buena acción.

—También cabe la posibilidad de que yo sea una masoquista encubierta. Me encanta que me incordien.

—No creo.

—¿Necesitas algo antes de que empiece a hacer la cena?

—Creía que iba a cocinar Sarah.

—Sí, pero me apetece muchísimo el pollo con *dumplings*. No me gusta su forma de hacerlo, así que lo hago yo.

—Ese es uno de mis platos favoritos.

—También de los míos.

—Espero que tengas una pistola en el cajón de tu escritorio —dijo él, de repente.

—¿Para poder dispararle al armario?

—No, por si entra alguien con un arma.

—Hace años leí algo que, supuestamente, dijo el presidente John Kennedy. Dijo que, si alguien está dispuesto a sacrificar su vida por acabar con la tuya, no habrá manera de evitar que te maten. Si fue cierto entonces, es cierto ahora también. Además, tengo la firme convicción de que, cuando te llega la hora, te ha llegado.

—Sí, yo también lo creo.

—¿Por eso no dejas de meterte en tiroteos? —le preguntó ella, con sequedad.

—No. En ninguna de las dos ocasiones supe que había un segundo tirador.

—Deberías haberlo sabido.

—Señorita —dijo él, rechinando los dientes—, usted no sabe nada de tiroteos.

—No, es algo más que eso —respondió Minette, sin amedrentarse—. Me culpabas a mí, culpabas a Rachel Conley, culpabas al camello, culpabas a tus padres... Pero, sobre todo, te culpas a ti mismo, ¿no, Hayes? Crees que deberías haberte dado cuenta de lo metido que estaba Bobby en la droga, que deberías haberlo sacado de esa situación.

Hayes no dijo ni una palabra. Su rostro se había vuelto de piedra.

—Es eso, ¿no? Estás buscando la forma de castigarte a ti mismo por la muerte de tu hermano.

—Eso no es asunto tuyo.

—Tú no podías evitar lo que ocurrió —replicó Minette, solemnemente—. Uno de mis amigos del instituto tenía un padre alcohólico, que bebió hasta matarse. Su madre lo intentó todo, absolutamente todo, para rehabilitarlo, los sacerdotes, los psiquiatras, incluso la cárcel. Le dijeron que, si continuaba haciéndolo, moriría. Pero él escondía las botellas por todas partes y, un día, mientras ellos estaban en la iglesia, bebió demasiado y mezcló el alcohol con pastillas. Murió. Su mujer intentó suicidarse, porque se culpaba a sí misma aunque no fuera culpa suya y todo el mundo supiera que lo había intentado todo para salvarlo. Tuvo que recibir terapia psicológica durante años para convencerse de que él tenía la capacidad de cambiar las cosas, pero no había querido hacerlo —le contó. Al ver que él tenía una expresión menos amenazante, dio un paso hacia la cama—. La gente toma malas decisiones. Nosotros podemos intentar protegerlos, pero no siempre lo conseguiremos. Tú hiciste todo lo posible, Hayes. Es todo lo que puede hacer una persona. Y no puedes culparte por la muerte de Bobby más de lo que puedes culparme a mí. Era su hora, y nadie podía cambiar eso.

CAPÍTULO 5

Hayes permaneció en silencio durante un minuto. Se limitó a observar fijamente a Minette.

—Es eso lo que has estado haciendo, ¿verdad? —le preguntó ella, suavemente.

Él respiró profundamente, y asintió.

—No lo he hecho conscientemente —dijo, al final.

Después de eso, se quedó en silencio de nuevo, pero ella supo que, con lo que le había dicho, había conseguido que comenzara a pensar.

—Voy a hacer la cena —dijo, y cerró la puerta al salir.

Un par de horas después, Minette le llevó a Hayes un buen plato de pollo con *dumplings* y ensalada, además de un pedazo de tarta de melocotón de postre.

Él le dio las gracias, pero estaba muy apagado. Cuando Minette volvió a recoger la bandeja, él estaba un poco más comunicativo.

—He estado pensando en lo que me has dicho.

Minette sonrió.

—Tal vez sí me sintiera culpable —dijo, después de un minuto—. Bobby era casi una generación más joven que yo. Yo era lo suficientemente mayor como para darme cuenta de que estaba tomando drogas.

—En aquel momento no vivías en casa —respondió ella, con suavidad.

—Pero venía todos los fines de semana —replicó él.

—No es lo mismo.

Hayes se apoyó contra la almohada. Tenía el pelo rubio, espeso y brillante, y despeinado, cosa que aumentaba su atractivo. Tenía barba de un par de días, y eso le confería un aire como de aventurero. Su camiseta blanca e impecable y los pantalones de pijama color granate le daban un aspecto muy masculino, y marcaban su físico de jinete de rodeos. Minette pensó que era el hombre más guapo del mundo, aunque disimuló sus sentimientos.

—Mi padre era muy inteligente —continuó él—, pero tal vez no quería ver lo que tenía delante. Dijo que Bobby salía con uno de los chicos malos del pueblo, pero Bobby decía que estaba intentando rehabilitar al muchacho. Mi padre era creyente e iba a la iglesia, y estaba convencido de que cualquiera podía abandonar el mal camino y volver al bueno. Bobby lo convenció. Demonios, a mí también me convenció.

—Tu padre y tú siempre veíais lo mejor de la gente, a pesar de trabajar en una profesión que generalmente te enseña lo contrario —comentó ella—. A mí me sucede algo parecido; trabajar en un periódico no te muestra el mejor comportamiento de la gente.

—Cierto.

—Y, para ser sinceros, Hayes, tu padre estaba empezando a acusar la edad.

—Sí, al final tuvo muchos problemas de salud, sobre todo de corazón. No se cuidaba, aunque yo hice todo lo que pude.

—Tú hiciste lo mejor que podías hacer por ellos dos.

—¿De veras? —preguntó él, con una expresión de melancolía—. Estaba tan ocupado con mi trabajo… Y eso que solo era ayudante del sheriff en aquel momento.

—Tienes que ser uno de los agentes del orden más prósperos de todo Texas —dijo ella, riéndose.

Hayes se encogió de hombros.

—Heredé mi riqueza. Eso no significa que vaya a quedarme sentado, de brazos cruzados.

—Yo tampoco —respondió ella, con una sonrisa. Sus padres la habían dejado en una buena situación económica.

—Adictos al trabajo —murmuró él.

—Sí —dijo ella, asintiendo—. Nunca me atrajo la idea de tener ropa lujosa y dar grandes cenas para mis invitados. Prefiero hacer tartas de chocolate con los niños.

—Y las haces, ¿no? —le preguntó él, impresionado.

—Son unos niños muy buenos. Disfruto mucho con ellos.

—Pero es una gran responsabilidad.

—Sí, pero no me importa.

Él la estaba mirando de un modo extraño. Sus ojos oscuros tenían un brillo intenso y estaban clavados en su rostro. Minette se ruborizó.

Hayes advirtió su rubor, y se sintió arrogante. Sonrió lentamente, y le sostuvo la mirada a Minette hasta que ella se quedó azorada.

—Será mejor que me vaya a recoger la cocina. Si necesitas algo, llámanos —le dijo.

—Gracias —respondió Hayes. Mientras ella salía con la bandeja, siguió mirándola de aquel modo tan extraño.

Minette se quedó confundida. Hayes nunca había hablado con ella, en realidad, salvo para echarle la culpa de la muerte de Bobby y hacerle comentarios maliciosos. Sin embargo, había empezado a mirarla de un modo distinto, y eso hacía que se sintiera incómoda cuando estaba con él.

Tampoco era de ayuda el hecho de que se hubiera enamorado de Hayes cuando estaba en el instituto con Bobby.

Hayes siempre había sido como el sol para ella y, por ese motivo, su antagonismo le hacía un gran daño.

Sin embargo, él había cambiado. Era menos desagradable, y parecía dispuesto a mostrarse más amistoso.

A la semana siguiente, Minette tuvo que llevar a Hayes a la sesión de fisioterapia, porque la tía Sarah tenía cita con el médico.

Cuando tenía que llevar a los niños a algún sitio, utilizaba el todoterreno, pero también tenía una camioneta. Era gracioso, porque hubiera podido comprarse un coche deportivo, o el coche que hubiera querido, pero le gustaban las camionetas.

—¿Te gusta? —le preguntó a Hayes, cuando estaban saliendo del patio de la casa—. Tiene todos los extras, pero lo que más me gusta es su robustez.

—Sí, es un vehículo robusto —dijo él, riéndose—. De hecho, yo tengo uno idéntico, salvo por el color. El tuyo es negro, y el mío es blanco.

Ella se echó a reír.

—Qué coincidencia.

—Tienes esta camioneta, y el todoterreno. ¿Es que no te gustan los coches?

—Sí, pero me gustan más los vehículos altos. Tengo el todoterreno por los niños, porque así van seguros. Y también, porque tiene las pantallas para que Shane y Julie puedan ver películas mientras voy conduciendo. Los viajes son mucho más tranquilos.

—¿Por qué tienes tanto empeño en la seguridad?

—La pasada primavera cubrí un accidente. ¿Te acuerdas del hijo de los Dane, que murió en un choque con un viejo todoterreno?

—Sí. Fue un caso trágico.

—Iba en un sedán pequeño. El todoterreno era una mole de metal. No puedo quitarme la imagen de la cabeza.

—Entonces compraste la camioneta y el todoterreno.

Ella asintió mientras se detenía en un semáforo en rojo.

—Sí. Me gusta esta camioneta porque es potente, pero no tengo que preocuparme por si alguien me da un golpe mientras voy conduciendo. Tiene todo tipo de extras de seguridad.

—Seguramente, podrías encontrar un coche con las mismas prestaciones.

—Sí, pero seguramente sería un coche lujoso y caro.

—¿Y por qué te importa eso?

El semáforo se puso en verde, y Minette siguió su camino.

—Lo cierto es que no quiero que los niños piensen que el tener lujos los convierte en alguien mejor que los demás. Tengo coches seguros para ellos, pero no son coches deportivos ni llamativos. Les compro ropa normal, y no les hago regalos caros ni siquiera en Navidad. Les doy las cosas que les darían unos padres de clase media. La riqueza no es indicativa de lo que vale una persona.

—Estoy de acuerdo.

—Mis padres también lo estarían. Ellos me criaron así. Nunca me hicieron regalos excesivos.

—Vamos. Debe de haber algo frívolo que te gustaría mucho tener.

Ella sonrió.

—No, en realidad no. Bueno, hay una cosa que…

—¿Qué es?

—Me encantan los camafeos. Son esos colgantes anticuados que se ponían las mujeres como broche, o en un collar. Podría ponérmelo con los trajes que llevo a la iglesia y que me pongo en las ocasiones especiales. Sin embargo, siempre me ha resultado un gasto innecesario —explicó Minette—. No es algo que me vaya a comprar, ni siquiera en Navidad —dijo, y lo miró de reojo—. ¿Y tú?

—Bueno, yo soy bastante fácil. Me gustan las corbatas.

Ella lo miró con los ojos muy abiertos, hasta que se dio cuenta de que él estaba conteniendo la risa.

—Me vendría bien que me gustaran, porque es lo único que me regalan —dijo Hayes.

—Alguien debería hablar con tus ayudantes.

—Con sus esposas —respondió él—. ¿Qué le regalas a un tipo que tiene de todo? Una corbata. Pero, bueno, de todos modos, lo que importa es la intención.

—¿Y qué es lo que te gustaría de verdad?

—Un buen carrete para la caña. Me encanta pescar.

—¿De veras?

A Minette le sorprendió. Nunca le había oído mencionar que tuviera alguna afición.

—También me gusta cazar, pero nunca tengo tiempo libre. Pescar es más fácil. Tengo una caña en el maletero del coche, y voy al río durante la hora de la comida, cuando tengo algo de tiempo libre. No pesco mucho, pero alguna vez pesco alguna lubina o alguna brema.

Ella se echó a reír.

—A mí me encanta pescar.

—¿A ti?

—Sí, de verdad. Mi padre me llevaba a menudo. Aprendí a estar en silencio. Él se lo tomaba muy en serio, y nos sentábamos a la orilla del río durante dos horas sin decir ni una palabra. Aunque nunca pescábamos mucho. A él le gustaba utilizar señuelos. Yo quería pescar con gusanos, pero él decía que era un mal cebo.

—Los gusanos son un buen cebo.

—Ya lo sé, pero es difícil discutir cuando tienes diez años.

—Sí, supongo que sí —dijo Hayes. Entonces, al ver que estaban junto al hospital, hizo una mueca—. No quiero hacer esto —murmuró.

—Pero quieres seguir utilizando el brazo, ¿no?

Él la miró con cara de pocos amigos.

—Bueno —dijo ella—, entonces, volvamos a casa. Puedes aprender a pescar con un solo brazo...

—¡Y un jamón!

Ella se quedó mirándolo boquiabierta.

Él puso cara de incomodidad.

—Doy charlas sobre drogas a los niños pequeños. No puedo decir palabrotas en un colegio.

—Seguramente, esos niños saben más palabrotas que tú, Hayes —dijo ella.

—Puede ser, pero yo no voy a decirlas.

Minette sonrió.

—No te disculpes. Me gusta eso.

—¿De veras? —preguntó él, con una sonrisa.

Por fin, ella detuvo el coche delante de la entrada del hospital, y se inclinó para desabrocharle el cinturón de seguridad.

—Si me llamas, vendré a buscarte en cinco minutos —le prometió.

Tuvo que inclinarse un poco más y, cuando le quitó el cinturón y comenzó a incorporarse, su cara quedó muy cerca de la de él, tan cerca que ella notó su respiración, y eso le aceleró el corazón.

—Te pones muy nerviosa cuando estás conmigo —dijo él, con su tono grave y suave—. ¿Por qué?

—No estoy... ne-nerviosa —respondió ella, tartamudeando, y se ruborizó—. ¡Vas a llegar tarde!

—¿De veras? —preguntó Hayes, y entrecerró los párpados. La observó fijamente, durante tanto tiempo, que ella pensó que se le iba a parar el corazón.

—Sí.

—Entonces, hasta luego, Minette —respondió él.

El modo en que Hayes dijo su nombre la aturulló aún más. Fue un alivio que, por fin, él bajara del coche y cerrara la puerta. Sin embargo, justo antes de cerrar, volvió a sonreírle, y de una manera que la tuvo distraída durante todo el trayecto de vuelta al trabajo.

Regresó, durante su hora de comer, a recoger a Hayes al hospital. Pese a sus protestas, lo llevaron hasta la acera en una silla de ruedas.

—Se trata de mi hombro, no de mi pierna —murmuró.

—Tenemos normas —dijo la enfermera—. Además, me gusta llevarlo en silla de ruedas. Así controlo la situación.

Él musitó algo.

—¿Cómo? —preguntó la enfermera.

—Digo que no voy a permitir que me consideren un flete.

Ella se rio.

Minette salió de su camioneta y le abrió la puerta del pasajero.

—No soy un inválido —dijo él, con enfado.

Empezó a entrar en el coche. Cuando Minette se acercó a ayudarle, se le enganchó el zapato en la acera, y se cayó.

—¡Demonios! —exclamó Hayes, todavía más enfadado, y se inclinó para recogerla del suelo.

—¡No! —exclamó ella, y la enfermera también—. ¡No me levantes con el brazo en esas condiciones!

Él estaba diciendo algo entre dientes, y no era precisamente «y un jamón».

—Estoy bien —dijo Minette. Sin embargo, al mover el pie, hizo un gesto de dolor—. ¡Qué torpe!

—Podemos hacerle una radiografía —dijo la enfermera con preocupación.

—No es necesario, muchas gracias. Solo me he torcido el tobillo —le aseguró Minette—. Me suceden cosas como esta todo el tiempo. Siendo una mujer adulta, debería ser capaz de caminar sola, ¿verdad? —comentó, riéndose forzadamente.

—¿Está segura de que no quiere que la vea un médico?

Minette la miró fijamente.

—No he demandado a nadie en toda mi vida —le dijo a la enfermera.

La enfermera se rio.

—Supongo que todos estamos un poco temerosos de los accidentes hoy en día. Me alegro de que esté bien, pero si más tarde empieza a inflamársele el tobillo, vuelva, por favor —añadió, con firmeza.

—Sí, lo haré —dijo Minette.

Después, esperó a que Hayes se hubiera puesto el cinturón de seguridad y rodeó el coche, lentamente, para ponerse al volante. La enfermera seguía en la acera cuando se alejaron.

—Si no tienes mejor el tobillo, vendrás a ver al médico esta misma tarde —le dijo Hayes.

—No empieces tú también.

—Sí. Los pequeños accidentes pueden tener consecuencias muy grandes.

—Sí, supongo que sí. Pero a mí no me pasa nada. Solo tengo un poco de dolor.

—Ya veremos.

Mientras conducía, Minette lo miró.

—¿No vas a quejarte de fisioterapia de hoy?

Él se encogió de hombros, pero hizo un gesto de dolor.

—No, no tengo muchas quejas. Ahí dentro saben lo que se hacen. Y el tratamiento con calor es estupendo.

Minette se echó a reír.

—Sí, eso es lo que tenía entendido.

De repente, sonó el teléfono móvil de Hayes.

—¿Diga? Aquí Carson —respondió, en tono profesional. Después, frunció el ceño—. ¿Seguro? Sí, está bien, ven. Estamos... estamos a unos cinco minutos de casa de Minette. Espera un segundo, por favor —dijo, y se volvió hacia Minette—. ¿Puede pasar mi investigador por tu casa para hablar de mi caso?

Ella se quedó sorprendida, y también se sintió muy complacida, por su cortesía.

—Por supuesto que sí.

Hayes asintió.

—Dice que vengas, Yancy. Te esperaré en el salón. Claro, claro. Gracias.

Entonces, colgó el teléfono pensativamente.

—Creen que tienen algo.

—Qué rápido —respondió ella, y lo miró—. Cuando resuelvas el caso, tendré la exclusiva, porque el tiroteo se está investigando en mi propiedad.

Él se rio.

—No dejas pasar una, ¿eh, niña?

—No soy precisamente una niña. Voy a cumplir veintiséis años en Navidad.

—Tampoco estás muy lejos de la niñez —dijo él, con un suspiro—. Supongo que comenzarás a decorar la casa en Acción de Gracias, ¿no?

Minette asintió.

—Cuando ponemos el árbol, los niños se entusiasman. Encendemos las luces la noche de Acción de Gracias.

—Hace años que yo no pongo el árbol de Navidad. No tiene sentido, porque en mi casa solo vivo yo.

—¿Y la señora Mallard?

—Bueno, ella viene a limpiar tres veces a la semana. Si pusiera el árbol, pensaría que me he vuelto loco y dejaría el trabajo —dijo Hayes, y frunció el ceño—. ¿Sabes lo difícil que es convencer a una mujer de que limpie una casa en la que vive una iguana de dos metros?

—Seguramente, mucho —dijo ella.

—Tardé meses en conseguirlo —explicó Hayes—, y no quiero pasar por eso otra vez.

—Seguro que ella pone el árbol de Navidad en su casa.

Hayes no dijo una palabra.

—Tiene seis nietos, y algunos van a cenar a casa con sus padres en Navidad. Claro que pone árbol —insistió Minette.
—Bueno, pues yo no voy a ponerlo.
—De acuerdo. En tu casa puedes hacer lo que quieras, pero, en la mía, ponemos el árbol.
Él gruñó.
—¡Vaya! Acabo de darme cuenta de que Acción de Gracias es el jueves que viene —exclamó, al parar el coche frente a su enorme casa victoriana—. Tengo que empezar a prepararlo todo —dijo, y miró a Hayes con los ojos brillantes—. Tendré que comprar el árbol dentro de poco.
—Yo no pienso ayudarte a ponerlo.
—No te lo he pedido —respondió ella, altivamente—. Seguramente se te caerían todos los adornos y se te romperían.
—Ponle una guirnalda alrededor. Eso es decorativo.
—Tenemos adornos de cuando yo era niña. Algunos eran de mi abuela. La tía Sarah los conserva en una caja forrada de algodón.
—Me pica la piel. Soy alérgico a las celebraciones.
Minette se rio.
—Bueno, todavía no puedes volver a tu casa —dijo—, así que vas a tener que aguantarte.
—Me quedaré en mi habitación. Puedes pasarme las tostadas por debajo de la puerta —dijo él.
Minette sonrió.
—Ni lo sueñes, Hayes. Sobrevivirás. Puede que incluso empieces a pasártelo bien.
—No me gusta el pavo.
—También vamos a tomar jamón.
Él vaciló.
—Suflé de patata. Manzanas asadas. Salsa y guarnición. Panecillos caseros…
—Basta —gruñó él—. Me muero de hambre.
Minette sonrió.

—¿Todavía quieres que te pase una tostada por debajo de la puerta?

—Tal vez me sacrifique por un panecillo casero. No me acuerdo de la última vez que tomé uno.

Ella se rio.

Llegaron a casa, y Minette le abrió la puerta. Sin embargo, ella cojeaba.

—Sabía que tenía que haberte visto el médico.

—Solo me lo he torcido un poco.

—Vamos, apóyate en mí. No me vas a hacer daño, porque el brazo herido es el otro. Vamos, vamos.

Minette cedió. Hayes era cálido y muy fuerte, y ella se sintió muy bien al notar su brazo alrededor de la cintura. Su masculinidad excitante le produjo un cosquilleo en la piel, incluso a través de la ropa. Él la ayudó a subir los escalones.

—¿Qué ha pasado? —preguntó Sarah, que fue a recibirlos al vestíbulo.

—Se tropezó con el bordillo de la acera del hospital —dijo Hayes.

—¿Te has torcido el tobillo? —le preguntó Sarah a Minette—. Vamos, ven. Tienes que meterlo en agua antes de que se te hinche más. Hayes, ¿necesitas que te ayude a subir las escaleras?

—No, gracias, Sarah. Va a venir mi detective dentro de cinco minutos. Le pregunté a Minette si podía ser. Debería habértelo preguntado a ti también...

—Estás en tu casa —dijo Sarah—. La familia no tiene que preguntar si puede recibir visitas. Y usted, señorita, venga conmigo —le dijo a Minette, y se dio la vuelta antes de poder ver la expresión de Hayes.

Él no había vuelto a formar parte de una familia desde la muerte de su padre. Se sentía extraño al ser considerado parte de la de Minette. Fue lentamente hacia el salón y se sentó en una butaca. Estaba cansado del ejercicio poco habitual de la sesión de fisioterapia, y todavía estaba débil por la herida de bala. No obstante, no le gustaba admitirlo; él era un agente de la ley fuerte, duro, grande.

Sarah ayudó a Minette a meter el pie en una palangana llena de agua con sal.
—Te bajará la hinchazón —le dijo.
—Me siento como un saco de arena —dijo Minette, con un suspiro—. ¡Soy tan torpe!
—Es de familia. Tu pobre madre, que en paz descanse, era igual. ¿No te acuerdas de aquella vez que se le enganchó la manga en el pomo de la puerta y se rompió el vestido?
Minette se rio.
—Se me había olvidado.
—Has heredado ese don.
—¿Vas a ir a la compra antes de recoger a los niños? —le preguntó Minette a su tía.
—Sí. ¿Necesitas algo?
—El jueves que viene es Acción de Gracias.
—Sí, ya lo sé. Voy a comprar la salsa de arándanos, la harina y la levadura hoy mismo. Seguramente, lo mejor será comprar el pavo y el jamón el lunes, para que se descongelen un par de días en la nevera —dijo Sarah, mientras pensaba en voz alta.
—Nunca conseguiríamos guardarlo en el congelador —comentó Minette—. Los congeladores deberían estar diseñados por mujeres.
—Dímelo a mí.

Poco después, un coche se detuvo frente a la casa.
—Seguro que es el detective de Hayes —le dijo Minette a Sarah—. ¿Podrías ir a abrir la puerta?

—Yo abriré —dijo Hayes, desde el pasillo—. Solo estoy malo del brazo, no de las piernas.

Minette le hizo burla desde el baño. Él le devolvió la mueca.

Yancy era rubio y guapo, muy casado y con un hijo de seis años. Sonrió a Hayes.

—Tiene mejor aspecto aquí, jefe —comentó.

—Ojalá pudiera volver a la comisaría —respondió Hayes—. Vamos, pasa.

—¿Quieres un café, Yancy? —preguntó Sarah.

—No me vendría mal una taza, Sarah, gracias —dijo el detective.

—Será un minuto. Hayes, ¿Minette ya te ha hecho adicto a ese café europeo tan sofisticado?

Hayes se echó a reír.

—Sí. Lo siento.

—No hay problema, te prepararé una taza. Y tú, Yancy, ¿cómo lo quieres?

—Café normal, solo, gracias —dijo Yancy—. A mí no me van esos cafés especiales.

—Pues no sabe lo que se pierde, ¿verdad, Hayes? —preguntó Minette.

—No, no lo sabe.

—Hola, Minette —dijo Yancy

Frunció al ceño al verla sentada en la cocina, con el pie en un barreño lleno de agua.

—¿Qué te ha pasado?

—Estaba haciéndome la superhéroe, y me caí —respondió Minette—. Creo que voy a tener que devolver la capa.

Yancy estalló en carcajadas.

—Me he torcido un poco el tobillo —explicó Minette—, pero ya me siento mejor. La tía Sarah es hechicera.

—Practiqué con tu madre, querida —le dijo Sarah a su sobrina, con una sonrisa.

—Bueno, que te mejores —le deseó Yancy a Minette.
—Gracias.

Yancy acompañó a Hayes al salón. Cuando estuvieron a solas, su rostro se ensombreció.

—Vamos a tener compañía —le dijo a Hayes en voz baja—. Cy Parks me ha dicho que están mudándose a la finca que limita con la suya.

—No será otro falso distribuidor de miel —respondió Hayes, malhumoradamente, refiriéndose al propietario anterior, que fingía vender miel mientras tenía el granero lleno de balas de marihuana.

—No. Parece una operación legítima. Se trata de cría de caballos purasangre. El dueño los hace correr en el derby de Kentucky. Va a montar un establo en el que los caballos vivirán mejor que muchas personas.

Hayes frunció el ceño.

—Un negocio legítimo.

—Bueno, al menos, los caballos son legítimos. El dueño ha sido acusado dos veces de tráfico de drogas, pero, en ambas ocasiones, salió absuelto del juicio.

—¡Maldita sea! Es El Jefe, ¿no?

—El mismo.

—Mejor será que me haga un seguro de vida y me compre un chaleco antibalas.

—Estamos casi seguros de que no fue él quien ordenó que lo mataran, sheriff. Fue el otro, Méndez. El Ladrón. Ese tipo tiene un problema de personalidad. Cuando alguien le enfada o le causa algún problema, manda que lo liquiden. Es mucho peor que López.

—Cy Parks podría escribir un libro sobre ese tipo.

—Él y la mitad de los policías de la ciudad, por no mencionar a un par de agentes de la DEA. López murió en la misteriosa explosión de un yate, muy cerca de la casa del doctor Micah Steele de las Bahamas, según recuerdo.

—Micah nunca fue acusado oficialmente.

A Yancy le brillaban los ojos.

—Eso dicen. Sin embargo, parece todo una coincidencia muy afortunada, ¿no?

—En realidad...

—En realidad, todo el mundo piensa que Micah estaba metido hasta las orejas —dijo Minette, acercándose a la puerta del salón—. A una buena reportera no se le escapa nada.

—Si dices eso en público, te pondrán unos zapatos de cemento —le dijo Yancy irónicamente.

—Nunca diré todo lo que sé. Caerían imperios enteros.

Hayes la estaba observando con mucho interés. Aquel pelo suyo estaba invadiendo sus sueños todas las noches. Era la melena dorada más bella que hubiera visto nunca. Con sus ojos negros, y su tez rosada, era una mujer preciosa. No era una belleza convencional, pero, cuando sonreía, resplandecía. Hayes sonrió distraídamente al mirarla. Ella llevaba unos pantalones vaqueros azules y un jersey de cuello alto.

—¿Tengo torcida la nariz? —le preguntó Minette.

Él se rio.

—No. Solo estaba pensando que te sienta bien el amarillo claro —respondió, refiriéndose al jersey—. Y que tu pelo es increíble.

Minette se ruborizó.

—Gracias. Creo.

—Era un cumplido, por si no te habías dado cuenta —añadió Hayes, y después miró a Yancy—. Cocina muy bien. Incluso se hace su pan. Cuando vuelva a casa voy a echar de menos la comida —dijo, estremeciéndose—. Tendré que comer otra vez mis propias galletas duras y mis huevos revueltos quemados.

—¿Por qué no contrata a una cocinera? —le preguntó Yancy—. Su estómago se lo agradecerá.

—Andy —dijo Minette.

Hayes suspiró.

—Tiene razón. Si intentara contratar a una cocinera, la cocinera entraría en el salón y, al encontrarse a Andy en el sofá, viendo la televisión, se marcharía rápidamente. Una vez vino un electricista a reparar el ventilador del techo. Andy estaba repantigado sobre la mesa de centro de mármol. Era verano, y tenía calor. Bueno, el electricista pensó que era una figura de cerámica; ya sabes cómo puede ser Andy —explicó, y Yancy asintió—. Así que el electricista se subió a su escalera y comenzó a inspeccionar cables, cuando Andy se fijó en que la escalera era más alta que la mesa de centro.

—Ya veo lo que ocurrió —dijo Minette, riéndose.

Hayes asintió.

—Andy empezó a subir por los peldaños. Os juro que el electricista se tiró de lo más alto de la escalera y aterrizó en el sofá. Se puso a gritar como un histérico.

—¿Y terminó de arreglar el ventilador?

—No. Tuve que hacer diez llamadas de teléfono, pero al final di con un hombre que no tenía miedo a los reptiles y que estaba dispuesto a terminar el trabajo. Vino desde San Antonio —dijo Hayes, haciendo un gesto de exasperación con las manos—. El electricista se lo contó a todo el mundo, así que ahora ya ni siquiera consigo que venga un fontanero si se me rompe alguna tubería.

—La mayoría de la gente a la que conozco le tendría miedo a un reptil de dos metros de largo —observó Minette.

—Sí, pero Andy es como una vaca. Solo come verdura —dijo Hayes, gimoteando.

Yancy frunció los labios.

—Es como una vaca verde con escamas. Eh...

—Cállate —dijo Hayes—. Tenemos problemas más graves que mi mascota.

—Sí, eso no es broma —convino Yancy—. Un narcotraficante de los gordos se va a venir a vivir al lado de Cy Parks.

Minette abrió mucho los ojos.

—Entonces, ¿los rumores son ciertos?

—Sí.

—Pero ¿y si es el que te disparó? —le preguntó Minette a Hayes.

Hayes la miró, y sintió un extraño cosquilleo en el cuerpo. Realmente, ella estaba preocupada por él. Siguió mirándola a los ojos, y tuvo la sensación de que el resto del mundo desaparecía durante unos segundos.

CAPÍTULO 6

Minette tuvo la sensación de que le iban a fallar las rodillas al mirar los ojos oscuros de Hayes. Se quedó como hipnotizada.

—Fue el otro —dijo Yancy.

Entonces, los dos se volvieron hacia él sin comprenderlo.

—El otro narco —dijo el detective—. El Ladrón. Estamos casi seguros de que El Jefe no tiene nada que ver. Él no contrata a asesinos a sueldo.

—¿Un narcotraficante con ética? —preguntó Minette, riéndose con nerviosismo. Evitó la mirada de Hayes, porque tenía el corazón acelerado.

—Eso parece —dijo él—. Incluso va a misa.

—Creo que necesito una copa —bromeó Minette.

—Ah, no. Si empiezas a beber, la comida será peor, y tendré que volver al hospital a rogar que me den esa gelatina verde repugnante. Entonces, la seguridad del condado se vería muy afectada. Nada de alcohol.

Yancy y ella se echaron a reír.

—De acuerdo, pero tienes que admitir que parece un jefe de la droga muy raro.

—Y se complica aún más —dijo Yancy—, porque el tipo cría purasangres.

—Sí, es verdaderamente raro —comentó Minette, frunciendo el ceño—. Mi madre hablaba mucho de la cría de los purasangres. Conocía a alguien que tenía ese tipo de negocio. Se me había olvidado eso.

—Tú también crías caballos —observó Hayes.

—Solo palominos —respondió ella—. El primero fue Archibald. Me enamoré de esa raza por él. Iban a sacrificarlo. Había matado a un hombre.

—¿Y lo trajiste aquí?

Ella alzó una mano.

—Ese hombre le estaba golpeando con un taburete —dijo ella—. Archibald estaba lleno de heridas y ensangrentado, pero aguantaba los golpes. Sin embargo, aquel tipo tenía un hijastro pequeño y, cuando el niño protestó por el maltrato que le estaba dando al animal, el hombre lo golpeó a él también. Entonces, Archibald le coceó con las patas traseras en la cabeza. Todo fue muy rápido.

—¿Y cómo lo compraste? —le preguntó Yancy con curiosidad.

—Conozco a un vendedor de caballos que me habló de él. Le daba mucha pena que sacrificaran al animal por defender a un niño. Así que intervine.

Minette no añadió que había intervenido con un abogado, un amigo que trabajaba en televisión participando en reportajes, y con varios defensores de los derechos de los animales. Al final, ella había conseguido la custodia de Archibald.

—Me imagino que es una larga historia —comentó Hayes, leyendo entre líneas.

—Sí, y no es nada bonita —dijo ella—. Sin embargo, yo no iba a permitir que un caballo tuviera que pagar por lo que había hecho un humano.

—¿Y el niño?

—Volvió a vivir con su madre. Se descubrió que el niño había ido varias veces a urgencias desde que tenía que vivir con su padrastro, debido a los malos tratos del hombre. El padrastro había acusado falsamente a la madre de maltrato para conseguir la custodia del niño, solo por herir a la mujer por abandonarlo. Una historia trágica.

—Así que ahora Archibald tiene una vida maravillosa con muchas potrillas que le hacen compañía.

—Sí. Es un caballo muy bueno —dijo ella—. No deja de asombrarme que ciertas personas crean que los animales no tienen sentimientos, y que se puede maltratarlos a placer. Este mundo en el que vivimos...

—Va mejorando —respondió Hayes—. El aprendizaje requiere tiempo, pequeño saltamontes.

Ella sonrió, y volvió a ruborizarse.

—Bueno, tengo que irme —dijo Yancy, y se puso en pie.

—Pero... si traigo el café —protestó Sarah, mientras entraba en el salón con una bandeja, y fulminó a Yancy con la mirada—. Siéntate ahora mismo, tómate el café y un pedazo de este bizcocho de limón que ha hecho Minette —le ordenó.

Yancy se echó a reír.

—Es la primera vez que me obligan a tomar café y comer bizcocho, pero no voy a quejarme. Tengo a mi jefe de testigo —añadió, señalando a Hayes con la cabeza.

Todos se rieron.

Después de que Yancy se marchara, Minette volvió a su trabajo, aunque Hayes protestó diciendo que tenía que dejar reposar el pie. Hayes se quedó solo en el salón, dándole vueltas a todo.

—Deberías ir a descansar —le dijo Sarah, desde la puerta.

—Sí, es cierto —dijo él, con un suspiro. Después, preguntó—: Sarah, ¿cuánto sabes tú de la madre de Minette?

Sarah entró en el salón y se sentó en el sofá.

—Sé que el padre con el que se casó no es el padre biológico de Minette. Ella también lo sabe.

—Sí, pero ¿sabes algo más?

—No. Ella nunca habló mucho sobre él. Era muy reticente a hacerlo. Yo pensé que, tal vez, él fuera un hombre casado —dijo Sarah, y sonrió con tristeza—. Mi sobrina era una mujer muy ingenua. Era dulce, pero muy inocente. Deseaba con todas sus fuerzas tener a Minette. No creo que deseara tanto tener a esa hija si no hubiera estado enamorada de ese hombre, ¿sabes?

Él asintió.

—Una vez le pregunté si el padre sabía de la existencia de Minette, pero ella no me respondió.

A Hayes se le encogió el estómago. Eso sería una complicación, una complicación que le inquietaba muchísimo.

Sarah era muy aguda. Rápidamente, entrecerró los ojos.

—Tú sabes mucho más de lo que dices sobre este tema, Hayes.

—Tal vez.

—Creo que le has prometido a alguien que nunca ibas a hablar de ello, ¡no?

Él sonrió.

—Supongo que mi reputación me precede.

—Sabemos que, si has hecho una promesa, vas a cumplirla. Pero ¿cómo afectaría a Minette el hecho de que su padre resultara ser alguien malo y se presentara aquí?

Hayes se sintió muy tenso.

—Eso es descabellado, Sarah.

—¿De veras? ¿No sería mejor decirle la verdad, aunque tuvieras que incumplir tu promesa, antes de que ella lo averigüe todo de un modo público y humillante?

Él estaba muy angustiado, y se le notó.

—Tienes que pensarlo bien —le dijo Sarah, y se levantó del sofá—. No voy a volver a decir nada al respecto.

—Eres muy inteligente —dijo él, y sonrió.

Sarah arrugó la nariz.

—Solo tengo la capacidad de comprender bien a la gente. Incluso a los sheriffs que saben poner cara de inocencia —respondió ella, con un gesto irónico.

Hayes no sabía qué hacer. Se sentía atado de pies y manos por la promesa que había hecho, pero por otra parte sabía que Minette podía estar en peligro. Su verdadero padre, El Jefe, podía usarla como moneda de cambio para evitar que lo arrestaran y lo juzgaran por tráfico de drogas. Su enemigo, el otro capo de la droga, Méndez, podía pensar en secuestrarla o, peor aún, en utilizarla para vengarse de la invasión del otro hombre de su territorio de acción.

De cualquiera de las dos formas, tener a El Jefe como residente en Jacobsville no contribuía a la recuperación de Hayes. Ojalá pudiera averiguar, de algún modo, qué era lo que se proponía aquel narcotraficante.

El deseo de Hayes se hizo realidad de un modo inesperado. Dos días más tarde, Zack pasó a visitarlo con un semblante muy serio.

—Bueno, creo que tenemos algunas respuestas —le dijo a Hayes, cuando estuvieron a solas en su habitación—. Y creo que no te van a gustar.

—Adelante.

—Parece que El Jefe tiene un contacto en Houston. El tipo tiene un amigo que trabaja para uno de los detectives privados más conocidos del negocio, Dane Lassiter.

—Sí, he oído hablar de él —dijo Hayes—. Estaba en la policía antes de resultar gravemente herido en un tiroteo.

—Exacto. Tiene oficinas abiertas en todas las principales

ciudades del país, y su reputación es muy sólida. Hace pocas semanas, El Jefe hizo que su contacto contratara a la firma de Lassiter para un asunto privado.

—Pero, si Lassiter averigua quién es, tendrá que buscar ayuda en otra parte.

—Eso es —dijo Zack, con una sonrisa—. Lassiter hizo sus deberes y, como resultado, El Jefe tuvo que buscarse otro detective.

—¿Y sabemos qué está buscando?

—Está buscando a alguien, en realidad. Dicen que El Jefe tiene un hijo por alguna parte, y que está intentando encontrarlo —dijo Zack, y suspiró. No advirtió la tensión repentina de Hayes—. En mi opinión, él ya tiene la información que quería. Si no, ¿por qué iba un capo de la droga a colocarse delante de las narices de las autoridades mudándose de repente a Texas?

—Tú crees que El Jefe tiene relación con alguien de esta zona.

—Sí.

—¿Y se te ocurre quién puede ser? —preguntó Hayes, disimulando su nerviosismo.

—Ni idea, pero se dice que El Ladrón también ha contratado a algunos detectives privados, sin duda para averiguar lo mismo —dijo Zack—. Así que tal vez nos veamos en medio de una lucha territorial entre dos capos de la droga, y protegiendo a alguien que se va a ver en un grave peligro muy pronto.

—Sí, tienes razón.

—Así que estaba pensando que, si los narcos pueden contratar a detectives privados, ¿por qué no podemos hacerlo nosotros?

—Las autoridades del condado se pondrían eufóricas si fuera a pedirles el dinero —comentó Hayes, intentando ocultar el miedo que tenía por Minette.

—Podría mandar a Yancy —le sugirió Zack—. El viejo

Ben Yates le teme. Seguramente, nos concedería el dinero al segundo.

Hayes frunció el ceño.

—¿Y por qué le tiene miedo a Yancy?

—Hace varios años, la cámara de comercio plantó una fila de robles en la carretera principal del condado, y hubo un desacuerdo... —le recordó Zack—. Ben decidió que los habían plantado sin los permisos necesarios, e intentó aprobar una moción para cortarlos.

—Eso no tiene sentido.

—Sí lo tiene, si uno sabe que Ben vive en esa carretera, y que acababa de instalar una enorme estufa de leña en su casa, y que la leña es cara. Sugirió que él mismo podía realizar la tala de los árboles a cambio de quedarse con la leña —explicó Zack, y frunció los labios—. El roble arde despacio.

—Y él podría ser arrestado si lo pillo cortando un solo árbol —dijo Hayes con enojo.

—Bueno, eso es exactamente lo que le dijo Yancy, además de unas cuantas cosas más. ¿Sabes? Yancy resulta muy intimidatorio cuando pierde los estribos. Jura en algún dialecto español antiguo que nadie entiende en todo el condado. Así que Ben no entendió lo que le estaba diciendo, pero salió apresuradamente de la ferretería donde estaban manteniendo la discusión y se marchó a casa. Desde entonces, si mencionas el nombre de Yancy, se pone muy nervioso y dice que él ni siquiera tiene hacha —explicó Zack, y se echó a reír—. A mí me resulta gracioso.

—Y la gente, pensando que los políticos son honrados —dijo Hayes, cabeceando.

—Bueno, seguramente hay algunos que sí lo son —comentó Zack.

Hayes se mordió el labio.

—Tiene que haber algún detective privado que podamos contratar en algún sitio más cercano que Houston.

—Lo miraré. Pero no sé si el condado pagará o no pagará los gastos...

—Se me acaba de ocurrir una idea —dijo Hayes—. El marido de Winnie Kilraven es un federal, y el secuestro es un delito federal. Todavía no tenemos ningún secuestro entre manos, pero, si el enemigo de El Jefe está investigando sobre la identidad de su hijo, eso puede ser un secuestro en ciernes. Así que tal vez podamos conseguir que Kilraven ponga a un detective privado a investigar este asunto.

—Qué idea tan brillante —dijo Zack, con admiración.

—Oh, soy bien conocido por mi brillantez —dijo Hayes—. De hecho, le digo a la gente, todo el tiempo, lo inteligente que soy —añadió con una sonrisa.

—Debe de ser que no te escuchan —respondió Zack—. Nadie me ha comentado nunca nada parecido sobre ti... ¡Me voy! —exclamó, riéndose, con las manos arriba.

Hayes sonrió.

—Te avisaré si consigo algo.

—Gracias, jefe.

Sin embargo, cuando Zack se marchó, Hayes se quedó muy preocupado. Tenía un mal presentimiento en cuanto al futuro. No podía hacer nada hasta que no supiera lo que se proponían los narcotraficantes; esperaba que Kilraven estuviera dispuesto a ayudar, y que tuviera un pequeño presupuesto para hacerlo.

—¿Quieres que contrate a un detective privado para averiguar si un capo de la droga está planeando secuestrar a alguien en Jacobsville? —le preguntó Kilraven con asombro, cuando Hayes lo llamó—. Hayes, he oído decir que te han tiroteado. ¿Te alcanzaron en la cabeza?

Hayes se rio.

—No, en el hombro. Mira, sé que esto parece una locura, pero estoy seguro de que El Jefe tiene a un hijo a quien no conoce por esta zona. Y, si los hombres de El Ladrón están intentando encontrarla... a él, o a ella... ¿Qué mejor forma de paralizar a un rival que secuestrando a su hijo?

—Has dicho «encontrarla». Tú no necesitas un detective privado. Ya sabes quién es.

—Demonios.

—No te preocupes, esta línea de teléfono es segura, y yo nunca abro la boca.

—Está bien —dijo Hayes, después de exhalar un suspiro—. Sí, sé quién es. Pero no puedo admitir que lo sé. Se lo prometí a mi padre.

—¿Y lo sabe la hija de ese narcotraficante?

—No. Y no sé cómo decírselo. Está en peligro.

—Habla con tu padre y prométele que no lo harías si no estuvieras convencido de que no es lo correcto.

—Mi padre murió hace años, Kilraven.

—Eso ya lo sé. Habla con él de todos modos. Escucha, yo hablo con mi padre, y no estoy loco, a pesar de lo que te diga Cash Grier.

—Oh, Grier no cree que estés loco porque hables con familiares muertos. Cree que estás loco porque, en cuanto puedes, te pones a contarle a quien esté contigo la historia de la política escocesa del siglo XVI.

—No hay nada más emocionante ni interesante que la historia de la política escocesa del siglo XVI. Bueno, salvo la historia de la política británica del siglo XVI.

—A mí me gusta la historia como los anuncios de la televisión. Sin volumen.

—Voy a fingir que no has dicho eso.

Hayes suspiró.

—De acuerdo. Después, puedes fingir que contrataste a

un detective privado y que él te dijo quién es la hija de El Jefe, para que puedas decírmelo y así yo no tenga que romper la promesa que le hice a mi padre.

—Ese razonamiento es muy enrevesado —dijo Kilraven.

—Tú hazlo, ¿de acuerdo? Por favor.

—Está bien. El Jefe tiene una hija. Se ha mudado a Jacobs County para averiguar más sobre ella. El Ladrón lo sabe, y tal vez intente secuestrar a esa mujer. ¿Sirve eso?

—Perfectamente. Te dejaré una buena parte de mis tierras en mi testamento —le prometió Hayes—. Tengo una parcela de cuatro metros por cuatro llena de ortigas que... ¿Hola?

Hubo una carcajada al otro lado de la línea, justo antes de que se cortara la comunicación.

Hayes miró al techo.

—Lo siento, papá. Lo sé. Pero es por su propio bien. Tiene que saberlo.

No sabía cómo decírselo. Se dio una ducha para aclararse la cabeza, y se puso el pantalón del pijama, pero tuvo que sentarse en el inodoro, porque se había mareado. No estaba recuperándose tan rápidamente como esperaba, y le dolía mucho el brazo. Ni Coltrain, ni la enfermera de la rehabilitación, le daban ninguna respuesta. Ella se limitaba a sonreír y a decirle que estaba progresando mucho.

Vaya progreso, pensó. Si seguía a aquel ritmo, tal vez para el verano siguiente pudiera ducharse sin correr el peligro de desmayarse.

Unos minutos después, se levantó y se miró al espejo. Estaba muy pálido y demacrado, y necesitaba un corte de pelo. Tenía unas ojeras muy marcadas.

Al mirarse el pecho, se estremeció. La nueva herida de bala era perfectamente visible junto a las dos antiguas, entre el vello rubio que cubría su pecho. La herida se estaba curando, pero era desagradable, y tenía una salida por la espalda. Bajo el brazo, en un costado, tenía la cicatriz del agujero por el que habían metido el tubo para drenarle el pulmón justo después de que le dispararan.

Pensó que a ninguna mujer le iba a parecer atractivo aquel cuerpo. Ojalá le apeteciera ponerse la camiseta blanca, pero le dolía el brazo. Tendría que hablar con el doctor Coltrain sobre aquella falta de progresos.

Con la toalla sobre el hombro y la camiseta en la mano, salió del baño, y estuvo a punto de chocarse con Minette, que iba por el pasillo.

Sin pensarlo, Hayes se tapó el pecho con la toalla para ocultar las heridas que le desagradaban tanto.

Minette se quedó mirándolo boquiabierta, y se ruborizó. Se mordió el labio.

—¿Qué? —preguntó él, a la defensiva.

—¿Estás intentando taparte el pecho? Hayes, ¿es que llevas sujetador, o algo así? —preguntó ella, y se echó a reír con ganas.

Él apretó los labios y arrojó la camiseta al suelo.

—¡Demonios!

Minette se puso seria al instante. Hayes estaba muy enfadado, y ella lo miró sin comprender por qué.

Entonces, él también dejó caer la toalla, y se quedó inmóvil, fulminándola con la mirada.

—Ah. Entiendo... —dijo ella, en tono de disculpa—. Lo siento. Es decir, que... debe de ser muy doloroso.

Aquello era lo último que él se esperaba oír. Eso calmó un poco su ira.

—Pensaba que ibas a decirme lo desagradable que es.

—¿Desagradable?

La sorpresa que mostró Minette hizo que Hayes se sintiera aún más incómodo con sus heridas. Se pasó una mano por el pecho, junto al hombro.

—No me había dado cuenta del mal aspecto que tiene hasta que me he visto en el espejo —dijo, apartando la mirada.

—No tiene mal aspecto en absoluto —le aseguró Minette.

Él pensó que ella estaba mintiendo, y la miró. Sin embargo, no parecía que solo estuviera intentando ser amable.

—¿No? —preguntó Hayes.

Minette negó con la cabeza.

—No.

Él encogió un hombro.

—Supongo que me siento más incómodo con la situación de lo que pensaba.

Ella sonrió.

—No tienes por qué —dijo.

Se inclinó y recogió la camiseta y la toalla, y se las entregó a Hayes. Al ver su pecho ancho y musculoso, se ruborizó un poco.

—No estoy acostumbrada a encontrarme con hombres a medio vestir por el pasillo de mi casa.

Él sonrió.

—Ah.

Minette volvió a mirarle la herida.

—Está un poco enrojecida. ¿Eso es normal?

—No lo sé. Iba a llamar a Coltrain —respondió Hayes con un suspiro—. No estoy mejorando tan rápidamente como pensaba.

—¿Tienes prisa por marcharte?

—Claro. Estoy deseando volver a casa para comer galletas gomosas y tostadas con beicon quemado.

Minette se rio.

—Lo que pasa es que no quiero incordiar más aquí —dijo él.

—No estás incordiando. Los niños están en la gloria viendo películas contigo —le confió Minette—. Ahora obedecen en todo, sin protestar, cuando les digo que les dejaré darte la lata otra noche más con otra película de dibujos animados.

—No me importa en absoluto —respondió Hayes, riéndose también—. Son unos niños estupendos.
—Gracias.
Él tomó aire, y dijo:
—Escúchame, Minette. Tenemos que hablar. Tengo que decirte una cosa.
Ella enarcó las cejas.
—¿De qué se trata?
Él la miró a los ojos lentamente. No quería decírselo. Iba a causarle dolor.
Dio un paso hacia ella y posó una mano en su mejilla. Era una chica alta, pero solo le llegaba por la nariz. Él siguió mirándola a los ojos oscuros con fascinación.
Minette sintió agudamente todos los latidos del corazón. Notaba el calor de la respiración de Hayes en la nariz. Notaba el calor que irradiaba su cuerpo poderoso. Sin querer, posó las manos frías en su pecho, y le acarició el suave vello.
—Eres... muy alto —balbuceó, sin saber qué decir.
—Es de familia —murmuró él.
Le había tomado la cara con ambas manos y había hecho que inclinara la cabeza hacia él. Minette tenía una preciosa boca, en forma de arco, rosada, separada. Los dientes blancos asomaban ligeramente.
Ella contrajo los dedos sobre su pecho y le clavó las uñas, y él gruñó, aunque no de dolor.
—Disculpa —dijo Minette, y comenzó a apartar las manos.
—Hazlo otra vez —le pidió él, sin apartar sus ojos de los de ella.
—¿Qué?
—He dicho que lo hagas otra vez —susurró Hayes.
Ella puso las manos sobre su pecho y le arañó suavemente mientras él acercaba la boca a sus labios. Ella saboreó su respiración y notó el calor, cada vez más intenso, de su cuerpo.

Los únicos sonidos eran sus respiraciones y el tictac del reloj de pared que había en la habitación de Hayes.

—Tienes las manos frías —susurró él, contra sus labios.

—Sí.

Minette solo podía mirarle la boca. Casi podía sentirla, saborearla, tocarla. Había soñado con estar entre sus brazos durante muchos años. Había soñado con que él la deseara, la necesitara y la quisiera. Y, de un modo completamente inesperado, estaba exactamente donde siempre había querido estar, desde que había sabido con certeza que lo que sentía por Hayes era algo más que un capricho.

Él le acarició la nariz con la suya e inhaló su olor a rosas. Cerró los ojos, y acarició con delicadeza sus labios, y ella permaneció inmóvil, esperando, esperando...

Entonces, Hayes la besó.

Minette se estremeció de puro deleite. Sin pensar en las consecuencias, lo rodeó con los brazos y se aferró a él mientras se besaban. Se estrechó contra Hayes, dándose cuenta de que él se estaba excitando mucho, y de que a ella no le importaba en absoluto.

Sin embargo, Hayes no se acercó más. En realidad, puso espacio entre ellos, para que Minette no se sintiera amenazada por su masculinidad.

El placer de aquel beso y de aquel contacto casi consiguió neutralizar el dolor, pero no lo suficiente. Hayes gruñó de nuevo, pero, en aquella ocasión, sí fue de dolor. Alzó la cabeza con una expresión de angustia.

—Maldito... hombro —murmuró.

—Oh, vaya —musitó ella.

Pero ninguno de los dos se movió. Se miraron a los ojos durante un momento.

—Es como comer palomitas.

Ella pestañeó.

—¿Umm?

Hayes sonrió lentamente.

—No importa. Ven aquí.

Se inclinó y volvió a besarla, y lo hizo con menos contención y más apetito. Aplastó sus labios contra los de ella hasta que Minette gimió suavemente.

Ella notó que él enredaba las manos en su melena, que acariciaba los mechones largos y suaves, mientras seguía besándola apasionadamente.

Minette le pasó las manos por la espalda musculosa y se deleitó con su calor y su fuerza. Estaba tan absorta en aquel beso que ni siquiera protestó cuando él la tomó por las caderas y la estrechó contra los contornos de su cuerpo. Él gruñó, y ella también. Minette sintió que le ardía la piel, experimentó una necesidad desesperante que ni siquiera entendía.

—Hayes...

—Shhh —susurró él—. No luches contra ello. Relájate...

Aquella pasión hizo que Minette obedeciera sin pensarlo. Nunca había sentido tanto placer, nunca en toda su vida. Quería seguir besándolo hasta que se terminara el mundo, y se aferró a él, temblando. ¡Esperaba que Hayes la metiera en el dormitorio, cerrara la puerta y le quitara toda la ropa!

—¡Minette!

Se separaron de repente al oír que alguien la llamaba desde el piso de abajo, y se miraron con incredulidad y asombro.

—¿Minette? —repitió la tía Sarah—. Cariño, ¿podrías bajar a ayudarme a cambiar la bombilla del horno? ¡No consigo sacar la que se ha fundido! —exclamó.

—¡Claro, tía! —respondió Minette—. ¡Ahora mismo bajo!

Entonces, miró a Hayes. Él no sabía si alegrarse o entristecerse por aquella interrupción. Las cosas estaban empezando a complicarse mucho. A él le dolía el cuerpo de pies a cabeza, no solo el hombro herido.

Entonces, se separó de Minette, con la esperanza de que ella no mirara hacia abajo. Su cuerpo estaba proclamando sus secretos para todo aquel que se fijara. Sintió ganas de gruñir de nuevo al verse tan incapaz de disimular su deseo.

—Tu pobre hombro —dijo ella, con la voz ronca, e hizo una mueca de consternación al ver la expresión del rostro de Hayes.

Él tuvo ganas de decirle que no era su pobre hombro, sino su pobre... Sin embargo, se contuvo y se echó a reír.

—No pasa nada —dijo, y frunció los labios, que se le habían hinchado ligeramente de aquel contacto largo y dulce con los de Minette—. Y ha merecido la pena —susurró, con los ojos muy brillantes.

Ella se ruborizó.

—Sí. Es cierto.

—¿Minette?

—¡Ya voy! —respondió ella.

Se dio la vuelta para bajar, pero volvió a mirar a Hayes.

—Ibas a decirme una cosa.

—Después —respondió él—. No te preocupes por eso. Ve a ayudar a Sarah.

—De acuerdo.

Y Minette se marchó, con una sonrisa secreta.

CAPÍTULO 7

Hayes se había puesto la camiseta blanca y estaba bajo las mantas cuando Minette le llevó la bandeja de la cena.

—Debería bajar al comedor para las comidas —dijo él, disculpándose.

—La semana que viene —respondió ella—. Ahora es mejor que te concentres en recuperarte. Sé que es lento, pero el doctor Coltrain te dijo que no iba a ocurrir todo en un abrir y cerrar de ojos.

Él hizo una mueca.

—No estoy trabajando. Es la primera vez que ocurre. No había tenido vacaciones desde hace cinco años.

—Entonces, ya era hora —dijo ella, y sonrió de una manera distinta. Entre ellos había una intimidad nueva y excitante. Minette se sentía posesiva.

Él se dio cuenta, y sintió un cosquilleo placentero. Sonrió.

Ella se ruborizó, y después se echó a reír.

—¿Qué ibas a decirme antes? —le preguntó.

—¡Hayes!

Julie entró corriendo en el dormitorio, seguida por Shane.

—¡No saltéis sobre la cama! —les dijo Minette—. ¡Hayes está intentando comer, niños!

—Oh, perdón —dijo Julie, y se detuvo junto a la cama—.

Queríamos saber si podemos ver la película de dragones contigo, después de cenar. Por favor.

—Habéis visto esa película unas diez veces —refunfuñó Minette.

—Seis —dijo Julie—. ¡Solo seis veces, Minette!

Minette puso los ojos en blanco.

Hayes se rio.

—Yo solo la he visto dos, así que tengo que ponerme al día. Podemos verla, si a Minette no le importa —les dijo a los niños, con indulgencia.

—No, a Minette no le importa —dijo Minette—. De todos modos, no conseguiría nada, porque estoy en minoría.

—Puedes verla con nosotros —le dijo Julie.

—Claro —añadió Hayes, con un brillo en los ojos, y dio unas palmaditas en la cama, a su lado—. Hay mucho sitio.

—Eh… Hoy tengo que hacer unas cuantas llamadas de teléfono —dijo ella, sonriendo con azoramiento—. En otra ocasión.

—Está bien —dijo él.

—Después, vuelvo a traerte el postre. Es tarta de manzana —añadió, mientras salía por la puerta, llevándose a los niños.

Minette estaba en mitad de una conversación con la periodista de un diario local, hablando sobre un rumor que corría por la zona.

—Este hombre, El Jefe —le dijo a Ginny Ryan, una colega de profesión—, dicen que va a venir a vivir a Jacobsville, a un rancho de caballos, pero no encuentro a nadie que sepa nada definitivo.

—Yo tampoco —contestó Ginny—. Es raro, ¿verdad? En México estaba a salvo, relativamente, pero aquí, en Estados Unidos, lo está investigando la DEA. ¿No conoce Cy Parks a algunos agentes de la DEA personalmente? Tal vez puedas sonsacarle información.

—No lo conozco lo suficientemente bien como para atreverme —dijo Minette—. Ojalá.

—El sheriff Carson está viviendo en tu casa, y él conoce a Cy —insistió Ginny—. ¿No puedes pedírselo?

Minette titubeó.

—Sí, supongo que sí.

—Y después, por favor, comparte la información conmigo. Vosotros, los reporteros de revistas semanales, sabéis mucho más que nosotros, los de un diario.

—No, no es cierto.

—Claro que sí. Vivís en comunidades pequeñas donde la gente lo sabe todo. Aquí, en San Antonio, a mí solo me llegan habladurías.

—Te diré lo que averigüe —respondió Minette, riéndose.

—Eres una buena compañera. Si yo descubro algo, también te lo contaré.

—¡Trato hecho! Te llamaré cuando pueda. Oh, ahora tengo otra llamada. Lo siento.

—No te preocupes. Buenas noches —dijo Ginny, y colgó.

Minette respondió la segunda llamada.

—¿Diga? Aquí Minette Raynor —dijo.

—Minette.

Era la voz de un hombre. Era una voz grave, lenta, con cierto acento español.

—Ella siempre dijo que Minette era su nombre favorito, si tenía una hija.

A Minette se le detuvo el corazón.

—¿Con quién hablo?

—Soy tu padre.

Ella no supo qué decir. Su madre solo le había hablado vagamente de su padre, y había muerto antes de que Minette pudiera pedirle más información.

—¿Sigues ahí? —preguntó él.
Ella tragó saliva.
—Sí.
—Sé que esto debe de ser una gran impresión para ti —dijo él—. Y, en circunstancias normales, nunca habría irrumpido así en tu vida. Sin embargo, hay ciertas complicaciones que pueden ponerte en un grave peligro.
—Complicaciones —repitió ella, como si fuera un loro. Casi no podía pensar.
—Sí. Tengo un gran enemigo. Hizo que un tirador profesional tratara de matar a tu sheriff, porque él se atrevió a arrestar a uno de sus hombres. Mi enemigo cree que, si mata a la gente suficiente, conseguirá ponerse a salvo incluso de la policía de todo un país. Es un estúpido.
—¿Quién eres tú? —preguntó Minette.
—Mi verdadero nombre es Diego Sánchez. Sin embargo, la mayoría de la gente me llama «El Jefe».
A ella se le cortó la respiración.
—Eres el narcotraficante que...
—Ah, *hija mía*, por favor, nada de estereotipos —gruñó él, diciendo el apelativo en español.
—No me llames así.
Él se rio.
—Es demasiado pronto, ¿no? De acuerdo. Entonces, Minette.
Ella tragó saliva. Le temblaba la mano con la que sujetaba el auricular.
—Has comprado la finca colindante a la de Cy Parks...
—Sí, el infame mercenario —respondió él, y se rio—. Allí me sentiré a salvo, porque la mayoría de sus hombres también son veteranos en muchos conflictos extranjeros.
—A él no le gustan los narcos —respondió ella.
—Ah... Estereotipos, otra vez. Yo soy un proveedor de sustancias ilegales, no un potentado. Pero a Cy Parks le caeré

bien —prometió El Jefe—. Porque soy el peor enemigo que haya tenido El Ladrón. Él solo es Pedro Méndez, pero se llama a sí mismo «el rey de las drogas». Todo el mundo lo odia, y le llaman «El Ladrón». Les quita la vida a muchos hombres con tal de conseguir riquezas. Lleva siempre una pistola con las cachas de oro y diamantes, en una funda forrada de oro. ¿Te lo imaginas?

Ella estaba escuchándolo, pero la vida se estaba derrumbando a su alrededor. Era la hija de uno de los peores criminales del mundo. Hayes iba a odiarla. ¡Cuando las cosas habían empezado a ir tan bien entre ellos!

—Ah, me doy cuenta de que no te gustan las armas. ¿Sabes? Hace muy poco tiempo que sé de tu existencia. Mi esposa... Disculpa, mi exmujer, recibió órdenes estrictas de no ponerse nunca en contacto conmigo. Yo nunca envié a ningún detective para que la buscara. Era la única protección que podía darle. Ya en aquellos momentos, El Ladrón era peligroso para mí y para los que me rodeaban; los dos estábamos intentando ascender en el negocio que compartimos. Yo quería a tu madre más que a mi vida —añadió, en voz baja—. Nunca ha habido otra mujer para mí. Sufrí mucho por su muerte. No sabía que estaba embarazada cuando vino a Estados Unidos.

Minette había empezado a escuchar con suma atención.

—¿Tú querías a mi madre?

—Por supuesto, igual que ella me quería a mí. Me enteré de su muerte, pero ni siquiera me atreví a enviar flores para su funeral. También me enteré de que volvió a casarse y tuvo una hija con su nuevo marido. No sabía que esa hija era mía, y no lo supe hasta que mi enemigo comenzó a interesarse mucho por una mujer del otro lado de la frontera que dirige un periódico. Al principio, pensé que su interés se debía a que ella publicaba noticias sobre crímenes relacionados con el tráfico de drogas.

—¿Por qué contrataste a un detective privado para buscarme? —preguntó ella.

—Porque mi hombre de confianza descubrió que tú eras hija mía y no del marido de tu madre. El Ladrón había descubierto la verdad antes que yo. Quiere matarte para vengarse de mí. Pero, antes, te secuestraría y te haría cosas espantosas, y me enviaría la grabación —explicó El Jefe—. Lamento haberme enterado tan tarde de tu existencia. Si lo hubiera sabido, habría hecho las cosas de forma muy distinta. Corres un grave peligro, y todo por mi culpa.

Ella tragó saliva.

—¿Sabes que tengo un periódico? En mi trabajo, nada es seguro.

—Averigüé eso, además de tu identidad y del atentado que sufristeis en la redacción cuando intentaste informar sobre el tráfico de drogas de El Ladrón en tu condado. Eso fue muy peligroso. Ese hombre está completamente loco, y no es solo mi opinión. Yo trafico con sustancias ilegales, es cierto, pero él está obsesionado con convertirse en el único traficante de México, y ha decidido eliminar a todos los demás. Su principal objetivo soy yo, porque soy el segundo después de él.

—Quiere que mueras.

—Por supuesto. Como yo quiero que muera él. Pero mis razones son, digamos, ligeramente más nobles que las suyas, porque yo no mato a la gente.

—Hace muy poco tirotearon a un agente fronterizo —dijo ella.

—Sí. Se topó con dos mulas de El Ladrón, que iban en un todoterreno lleno de cocaína. El resultado era predecible. El Ladrón no vacila a la hora de disparar a cualquiera que se interponga en su camino, y, si no lo crees, mira a tu huésped.

A ella se le escapó un jadeo.

—¿Lo sabes todo?

—Por supuesto. Uno de mis hombres es experto en recopilar información. Su antiguo jefe, en Oriente Medio, murió a manos de algunos de tus compatriotas. Bueno, así yo salí ganando.

—Entonces, ¿por qué contrataste a un detective privado?

—Los métodos de mi hombre de confianza no son precisamente sofisticados.

—¿No sabe utilizar un teléfono?

El Jefe se echó a reír.

—Normalmente, se vale de un cuchillo.

—Pero si has dicho que tú no matas a la gente.

—Sí, pero nunca he dicho que no hiera a la gente —replicó él—. No debes preocuparte por esto... Yo nunca desfiguro a la gente, ni les hago heridas graves. La mayoría da la información que tienen con muy poca persuasión, aunque después describan la experiencia como una horrible tortura para justificarse.

—Entiendo.

—*Niña* —continuó él, suavemente—, voy a misa todos los domingos, contribuyo con organizaciones benéficas, adopto familias en Navidad y les hago regalos, incluso tengo una capilla en mis tierras, para mis trabajadores. Tal vez sea un hombre malo, pero soy decente.

—No respetas la ley —repuso ella.

—Bueno, claro que no. Tengo que ganarme la vida para poder permitirme ser tan caritativo —respondió él, y se echó a reír.

Minette suspiró.

—Sé que esto debe de ser muy duro para ti —dijo él—. Perder a tu madre ha sido lo peor que me ha ocurrido en la vida. Tú eres mi única hija, lo único bueno que he hecho de verdad. Yo... —él vaciló—. Me gustaría conocerte, aunque solo sea un poco, y protegerte lo mejor posible hasta que encuentre el modo de sacar a El Ladrón de nuestras vidas.

—Te refieres a asesinarlo.

—No necesariamente. Puedo proporcionar a las autoridades pruebas suficientes como para que lo encarcelen de por vida, si consigo que alguien de las agencias del abecedario me ayude.

—¿Las agencias del abecedario?

Él volvió a reírse.

—CIA, FBI, DEA, NSA, DHS —dijo él—. A todos esos organismos los llamamos «las agencias del abecedario» porque sus nombres son siglas.

—Tú podrás reunir toda esa información contra El Ladrón, pero él no está en este país —dijo ella—. Vive en México, por lo que tengo entendido... Justo al otro lado de la frontera, en Cotillo.

—Sí, pero ahora que yo he venido aquí, él también vendrá —respondió El Jefe, y añadió—: No puedo permitir que te mate, así que habrá gente vigilándote, siempre. Serán muy discretos —dijo, interrumpiéndola cuando Minette intentó protestar—. Sé que tu huésped hará lo que pueda, y sus amigos también, pero no es suficiente. El sicario a quien envió El Ladrón para matar a tu huésped recibió un castigo atroz por fallar. Y solo falló porque el sheriff hizo un movimiento inesperado que le salvó la vida. De no ser así, ahora estaría muerto. El sicario era uno de los mejores en su oficio.

—Oh, Dios mío —murmuró Minette. Sentía mucho más miedo por Hayes que por sí misma—. Dijo que iba a enviar a otro.

El Jefe se rio.

—Sí, es cierto. De hecho, ya ha ingresado una cantidad de dinero importante en la cuenta que el sicario tiene en un banco suizo.

—No tiene gracia —le espetó ella con ira.

—Sí la tiene, si sabes a quién ha contratado en realidad —le dijo El Jefe a Minette, con afecto—. Es uno de mis propios hombres, que se ha hecho pasar por el mejor asesino de Europa. Así pues, no tienes por qué preocuparte. Tu invitado está a salvo por el momento. Y, si encontramos la manera de encargarnos de El Ladrón antes de que sospeche cuál es la verdad, estará a salvo para siempre. Al menos, de él.

Ella se quedó callada. Todo aquello era demasiado para asimilarlo en tan poco tiempo.

—Tu sheriff sabe la verdad sobre mí —le dijo El Jefe, de repente.

—¿Qué? ¿Y cómo lo sabes tú? —estalló Minette.

—Tengo mecanismos de escucha en lugares muy extraños —dijo él—. Hace poco habló con alguien acerca de mí. Estaba muy disgustado por no poder decirte la verdad, porque le hizo una promesa a su propio padre. Este sheriff es bien conocido por cumplir siempre sus promesas. Aunque para alguna gente eso pueda ser un inconveniente pasado de moda, yo lo considero honorable. Yo tampoco falto nunca a mi palabra cuando la doy.

—Él lo sabe —murmuró ella, y se estremeció.

—Sí. Me sorprende que tenga relación contigo, porque me culpa de la muerte de su hermano. Y tú, por supuesto, eres mi hija. Mi hija —añadió El Jefe, suavemente—. Qué dulce suena esa palabra, ahora que puedo ponerle cara.

—Hayes me odia —dijo Minette—. Siempre me ha odiado, desde que murió Bobby. Yo nunca entendí por qué. Creía que él pensaba que yo estaba relacionada con los traficantes de drogas de esta zona, pero yo no tengo nada que ver con ellos. Era demasiado joven y demasiado ingenua como para relacionarme con gente como esa cuando Bobby y yo íbamos juntos al instituto. ¡Nunca lo supe!

—Lo lamento mucho —dijo él—. Cuando elegimos nuestro camino en la vida, no tenemos en cuenta que cada guijarro que tiramos a un lago provoca ondas que, al final, tocan todo lo que las rodea. Yo elegí ponerme al margen de la ley y, aunque tú no supieras absolutamente nada, influí en la gente que te rodea de un modo lamentable. Lo siento.

Minette se mordió el labio.

—Bueno, por lo menos ahora sé cuál es el motivo de su odio.

—Tú... sientes algo por él —dijo El Jefe, y Minette oyó un suspiro muy largo al otro lado de la línea—. Lo siento, una vez más. Pero siempre es bueno saber la verdad, incluso cuando es dolorosa. No les hacemos ningún favor a los demás mintiendo.

—Eres un traficante de drogas muy extraño —dijo Minette.

Él se rio.

—Solo soy un hombre —dijo. Entonces, se oyó una voz amortiguada al fondo. Él puso la mano sobre el auricular y respondió algo—. Ahora tengo que dejarte. Ha llegado una visita —explicó, riéndose—. Creo que es mi vecino. Esta conversación va a ser muy interesante.

—¿Cy Parks? —preguntó ella, con horror.

—El mismo. No te preocupes. Nunca he matado a un invitado.

—Prométemelo.

—Ah, ya me conoces bien. Te lo prometo. Y te prometo que El Ladrón nunca te hará daño. De todos modos, ten cuidado. Y no pierdas de vista a tus hermanos pequeños porque, créeme, él no va a dudar ni un instante en hacerles daño si puede. Considera que todos los miembros de la familia de su enemigo son un blanco legítimo.

—Lo haré. Gracias por advertírmelo.

—No ha sido ningún placer, salvo el que me produce el hecho de tener una hija. Volveremos a hablar. Adiós.

El Jefe colgó.

Minette colgó también. Distraídamente, se fijó en que había una mancha de café en el escritorio, y la limpió con un pañuelo de papel. Su padre era un narcotraficante...

—¡Minette! ¿Podemos ver otra película, por favor? —le preguntó Julie, desde la escalera.

Ella salió al pasillo.

—No, cariño. Mañana hay colegio. Shane y tú tenéis que acostaros ya.

—¡Noooo! —gimió Julie.

—Sí. Vamos, díselo a Shane y poneos el pijama. Yo voy a calentar un poco de café en el microondas, y después subiré para daros un beso.

—¡Está bien!

Julie subió la escalera corriendo, y Minette fue a la cocina a calentar el café. Quería irse a llorar al hombro de Sarah, pero la pobre mujer se había acostado temprano porque tenía dolor de cabeza, y Minette no quería despertarla.

Así pues, subió a la habitación de los niños y se tomó el café mientras les contaba un cuento para que se durmieran.

Después, salió al pasillo y llamó a la puerta de Hayes.

—¿Desde cuándo tienes que llamar a la puerta de los cuartos en tu propia casa? —le preguntó él, con una sonrisa.

Ella entró en el dormitorio y cerró la puerta. Al ver su palidez, Hayes se preocupó.

—¿Qué ocurre?

Ella encogió un hombro.

—Acaban de llamarme por teléfono.

—Y te han dicho que saben que estoy aquí y que van a intentarlo de nuevo.

Ella negó con la cabeza.

—No, en realidad… Quien me ha llamado era mi padre.

Hayes se incorporó en la cama.

—Tu padre.

—Sí. El Jefe. ¿No es así como lo llaman? Mi padre, uno de los narcotraficantes más famosos del país. Tal vez, de varios países.

Hayes se estremeció. Él le había prometido a su padre que nunca le diría la verdad a Minette. Siempre la había culpado porque El Jefe, su padre biológico, era quien había proporcionado las drogas que habían matado a su hermano. Sin embargo, desde que habían intimado, sus sentimientos eran muy contradictorios. Ya no la odiaba, por supuesto. Y, en aquel momento, se sentía muy culpable por haber permitido que ella conociera aquella terrible verdad por sí misma, sin previo aviso.

—Tenía que habértelo dicho. Lo siento.

Minette arqueó las cejas.

—Él me dijo que lo sabías, pero que le prometiste a tu padre que no me lo ibas a decir nunca.

—Sí, es cierto. Pero ¿cómo sabe él todo eso?

—Tiene pinchados los teléfonos. Uno de sus hombres trabajaba para un líder de Oriente Medio que fue asesinado.

—Seguro que sé quién es —respondió él—. Ese tipo está licenciado por el Instituto Técnico de Massachusetts y es el hombre más peligroso con un arma automática. Dicen que es guapo y agradable, y que, si te lo encontraras por la calle, nunca adivinarías cómo se gana la vida.

—Vaya combinación.

—Sí. Y está aquí, con tu padre, a punto de comenzar una guerra entre narcotraficantes.

—Es mucho peor que eso —dijo ella, con angustia.

Él le tendió el brazo.

—Ven aquí, cariño —le dijo Hayes, con tanta ternura que la hizo llorar.

Minette ni siquiera lo dudó. Se tendió en la cama, junto a él, se acurrucó contra su cuerpo y lloró como si se le estuviera rompiendo el corazón.

—A mí ni siquiera me han puesto multas de tráfico —dijo, entre sollozos—, ¡y mi padre es el peor criminal del país!

—Vamos, vamos —dijo él, acariciándole la espalda con la mano—. No es el peor. Ni siquiera nuestros mejores agentes pueden acusarlo de ningún asesinato. Aunque —añadió, pensativamente—, sí podrían atribuirles asesinatos a algunos de los hombres que han trabajado para él, y mucha gente ha perdido la vida por sobredosis de drogas ilegales.

—Restriégamelo más por la cara.

Él la abrazó. Sintió sus senos firmes contra el pecho, y se excitó. Entonces, se movió un poco bajo la manta para que ella no lo notara. Quería proporcionarle consuelo, no sexo. Al menos, en aquel momento.

—No estoy haciendo tal cosa —protestó, y le besó el pelo rubio y pálido, justo al borde de la frente—. Mira, la conducta criminal puede adoptar muchas formas. Algunos delincuentes son como el resto de la gente: pagan los impuestos, quieren a su familia e incluso van a misa. Salvo que hacen dinero ilegalmente.

Ella apretó el puño contra su pecho.

—No, él no es normal. ¡Y yo soy su hija! —gruñó Minette—. ¿Y si yo tengo esas características? ¿Y si acabo convirtiéndome en una criminal?

—Tonterías —dijo él—. El entorno y la educación tienen mucho que ver en esto.

—Y la genética.

Hayes se encogió de hombros.

—Podríamos seguir discutiendo eternamente, pero las cosas no iban a cambiar. Tú no eres una criminal.

—Mi padre sí.

—¿Y por qué te ha llamado?

Ella suspiró y se enjugó los ojos con el dorso de la mano.

—Dice que su peor enemigo quiere hacerme daño. Por eso se mudó aquí. Dice que va a mantenerme vigilada para protegerme.

Hayes se rio.

—Vaya, pues ya son dos. Sé de buena tinta que Cy Parks también tiene a sus hombres vigilándote. Y Zack, aunque se supone que tú no debes saber eso.

—Estupendo. ¡Iré en cabeza de un gran desfile!

—Pero será un desfile invisible.
—Cuando mi padre colgó, Cy Parks acababa de ir a verlo.
—¡Dios Santo, qué agallas tiene! —exclamó Hayes—. Bueno, teniendo en cuenta su pasado, no me sorprende. ¿Sabes lo que hizo en África?
—No.
—Un niño que vivía en el país en el que él estaba trabajando con su grupo fue asesinado. Los tipos que lo hicieron comenzaron a disparar con metralletas. Cy caminó entre las balas y llegó hasta ellos. Vengó al niño.
—¿Y cómo pudo sobrevivir?
—Ni idea. Supuestamente, Wyatt Earp hizo lo mismo durante un tiroteo con algunos de los de la banda de los Clanton, después del enfrentamiento en el O.K. Corral. Un tipo estaba disparando un rifle; Earp fue directamente hacia él, sin sufrir un solo rasguño. De hecho, no hay pruebas de que sufriera una herida de bala durante todo el tiempo que trabajó de sheriff. Vivió hasta los ochenta años.
—Dios Santo. ¿No era amigo de Doc Holliday?
Hayes se rio.
—¿No has visto esa película, *Tombstone*, con Kurt Russell y Val Kilmer?
—No, creo que no.
—Deberías. Salvo por los fajines rojos que llevan los cuatreros, es muy fiel a los hechos históricos. Y el personaje de Val Kilmer, Doc Holliday, está retratado con exactitud, desde la palidez a los ataques de tos, pasando por la bebida. Se dice que los niños harapientos seguían a Holliday por todas las ciudades a las que iba, porque él les daba de comer. Una vez, le preguntaron si no tenía remordimientos de conciencia por todos los hombres a quienes había matado. ¿Sabes qué respondió?
—No —dijo Minette, que estaba fascinada.
—Que los había echado al toser, junto a los pulmones,

hacía mucho tiempo. Solo tenía treinta y seis años cuando murió de tuberculosis en Colorado. Dos años más que yo.

Aquello le dio una buena perspectiva de las cosas a Minette. Se acurrucó contra Hayes, cuidadosamente, para no incomodarlo.

—Muy joven.

Él la estrechó contra sí.

—Lo siento mucho —dijo ella, después de un minuto.

—¿El qué?

—Lo que hizo mi padre. Lo de Bobby...

Hayes se estremeció. También él sentía dolor por lo que le había hecho a Minette todos aquellos años: odiarla, acosarla por algo de lo que ella no sabía nada en absoluto. En aquel momento, todo lo que había hecho le parecía gratuito, inútil.

—No, Minette —dijo, en voz baja—. Yo soy el que debe sentirlo. Siento haberte culpado, cuando tú no tuviste nada que ver.

—¿Ya no me odias?

Él se movió, y la cabeza de Minette cayó suavemente desde su hombro a la almohada. Entonces, Hayes la miró fijamente a los ojos negros.

—No, no te odio —le dijo, y deslizó la vista hasta sus labios—. No sé si alguna vez te he odiado de verdad.

A Minette se le aceleró el corazón. Al oír sus palabras, se quedó mirándolo con alegría, admirando sus rasgos fuertes y su piel bronceada, y su pelo rubio y espeso. Deseaba acariciarlo...

—¿Estás buscando problemas? —le preguntó él, con la voz ronca.

—¿Disculpa?

Hayes se rio.

—Yo miro así a un filete cuando tengo hambre —respondió.

—¡Oh!

Ella se ruborizó y apartó la mirada.

—No, no hagas eso. Me gusta —dijo él, e hizo que lo mirara de nuevo—. Me gusta mucho.

—¿De verdad?

Asintió, y se inclinó para acariciarle la boca con los labios, suave y lentamente, separándoselos para poder atrapar el superior entre los dientes y mordisqueárselo.

Ella no tenía experiencia en aquellas cosas. Había dedicado su vida a los dos niños que había heredado de sus padrastros, y al periódico. Sin embargo, no parecía que a Hayes le importara que ella ya tuviera una familia. Él sonrió contra su boca y volvió a besarla, con deseo, pero también con contención.

Minette se relajó. No se había dado cuenta de lo tensa que estaba. Esperaba que Hayes no le pidiera más de lo que podía darle. Ella era una persona de fe; creía que ciertas cosas estaban bien y que ciertas cosas estaban mal, y no iba a cambiar sus creencias por la opinión de otra persona.

—Crees que solo quiero pasármelo bien, ¿verdad? —le preguntó él, en un susurro, mientras la besaba.

—Yo... no lo sé.

Hayes alzó la cabeza y la miró a los ojos.

—Vivimos en una pecera. Yo sé disimular, pero tú no. Si tenemos una relación, todo el mundo se va a enterar.

—Entonces, ¿no es buena idea?

Él frunció los labios y la observó con una sonrisa.

—Oh, yo no he dicho eso. Tengo treinta y cuatro años. Vivo con una iguana gigante. Las mujeres no quieren salir conmigo porque piensan que Andy se las va a comer. Por otra parte —observó— tú tienes a dos pequeños que dependen de ti, y no vas a abandonarlos solo porque algún tipo piense que eres más atractiva sin ellos.

—Buen análisis de la situación.

—A mí me gustan los niños.

Ella sonrió.

—A mí me gustan las iguanas.

Hayes abrió unos ojos como platos.

—¿Qué?

—Que me gustan las iguanas. Tuve una a los dieciséis años. Estuvo conmigo dos años, pero, una mañana, me la encontré muerta en la jaula. Le rogué a mi padre que mandara que le hicieran una autopsia, porque tenía miedo de haber hecho algo mal. Sin embargo, lo que ocurrió era que el animal tenía un defecto congénito. Yo nunca llegué a entender de qué se trataba, pero el veterinario me dijo que los animales, en el entorno salvaje, intentan ocultar sus defectos porque puede ser mortal para ellos mostrar debilidad. El hecho es que el metabolismo de una iguana es tan lento que, cuando te das cuenta de que le ocurre algo, es demasiado tarde para salvarla —le contó Minette, y suspiró—. Yo nunca vi que le pasara nada malo. Me parecía que estaba perfectamente bien. Comía y bebía...

—Y, algunas veces, los animales mueren sin más. Así que te gustan las iguanas. ¿Qué te parece?

—Pero a Andy no le gustan las mujeres —le recordó ella.

—No le gustan la mayoría de las mujeres.

—Entonces, ¿hay esperanza?

Él se rio y la besó de nuevo.

—Siempre hay esperanza. La esperanza es lo último que se pierde.

Ella le acarició la mejilla y deslizó la mano por su pelo.

—La esperanza es buena.

Él la besó aún más fuerte.

—Sí.

—¿Qué vamos a hacer? —le preguntó Minette, contra sus labios.

—Se me ocurren unas cuantas cosas...

—Con respecto a mi padre —aclaró ella.

Entonces, Hayes levantó la cabeza con un suspiro.

—Respecto a tu padre no se me ocurre nada. Pero trabajaré en ello —dijo.

Se inclinó y comenzó a besarla de nuevo, y ella se abandonó a sus caricias.

—¡Minette! ¡Tengo sed! ¿Puedo beber un vaso de agua? —oyó, a través de una nube de pasión.

Hayes alzó la cabeza y la miró aturdido.

—¡Ahora mismo voy! —respondió Minette, y suspiró—. Lo siento.

Él consiguió sonreír.

—No te preocupes. Considéralo un método anticonceptivo verbal —dijo.

—¡Hayes!

—Lo siento. No he podido resistirme.

Minette sonrió. Se elevó un poco y lo besó suavemente.

—Tengo que irme.

—Ya lo sé. Hablaremos otra vez mañana por la mañana y veremos qué decisiones podemos tomar —respondió él. Su expresión se endureció—. Creo que voy a tener una conversación con tu padre yo mismo, cara a cara.

—Pero primero se lo preguntarás a Coltrain —dijo ella, con firmeza, mientras se ponía en pie.

—Sí, mamá.

Ella agitó el dedo índice con gesto severo.

—Yo no soy tu madre.

—No, desde luego que no —dijo Hayes, y la miró detenidamente, de pies a cabeza—. Bonita. Muy bonita. Si alguna vez te cortas esa melena, me pondré de luto durante un año —añadió suavemente—. Me encanta acariciarla y sentirla en las manos.

Ella se ruborizó.

—Me da mucho trabajo...

—Estoy espantoso de negro.

Minette se echó a reír.

—Está bien —dijo, y se marchó hacia la puerta—. Si vas a verlo, iré contigo. Quiero saber cómo es.

—En la oficina de correos había un cartel de «Se busca»…

—Ya basta.

Entonces, Minette salió de la habitación y cerró la puerta.

CAPÍTULO 8

Al día siguiente, durante el desayuno, Minette le contó a Sarah quién era su padre biológico.

Sarah hizo una mueca de consternación.

—Tenía el presentimiento de que era alguien que estaba al margen de la ley. Por tu madre solo supe algunos detalles vagos, pero fui atando cabos poco a poco. Yo le tenía mucho cariño, ¿sabes? Ella me dio un hogar cuando yo no tenía adónde ir, después de que muriera mi marido. Lo perdí todo; él era jugador. Se jugó todo lo que teníamos y, al darse cuenta de lo que había hecho, se mató bebiendo. Era un buen hombre, pero tenía una enfermedad de la que no podía curarse.

—¡Qué pena!

—Sí. No conseguí llevarlo a un psicólogo para que hablara con él. Dijo que la gente iba a pensar que estaba loco. De qué forma más horrible se trataba a la gente con problemas mentales... —añadió—. Ahora hay tratamiento para casi todo; las cosas ya no son iguales que hace veinte años.

—Lo sé. Lo siento muchísimo. Pero tenerte aquí es maravilloso para mí —dijo Minette—. No podría haber conseguido todo esto sin ti.

—Gracias, cariño. Me encanta formar parte de tu familia —le dijo Sarah. Después, titubeó—. ¿Has hablado con Hayes?

—Sí.
—Esta mañana, cuando tú has ido a llevar a los niños al colegio, yo le llevé el desayuno, y lo encontré muy callado.
—Sabe lo de mi padre.
—Lo siento. Si yo lo hubiera sabido, te lo habría dicho.
—Sí, ya lo sé. Gracias —respondió Minette, y sonrió—. Hayes me dijo que le prometió a su padre que nunca me lo iba a contar, pero lo sabía. Por eso me ha culpado durante todos estos años de la muerte de Bobby. No era por lo que yo había hecho, sino por lo que había hecho mi padre: proporcionar la droga que mató a su hermano.
—Creo que Hayes también se culpa a sí mismo —dijo Sarah—. Yo recuerdo que me culpé cuando murió mi marido. Pensé que, tal vez, si hubiera hecho las cosas de otro modo, él no habría jugado tanto.
—No podemos cambiar el pasado —dijo Minette—. Por mucho que queramos. Tenemos que seguir viviendo.
—Sí. Tienes razón.
Minette terminó su café.
—Tengo que llamar a Bill a la oficina y pedirle que me sustituya. Voy a estar muy ocupada.
—¿Haciendo qué?
Minette sonrió.
—Una locura, y no se te ocurra decírselo a Hayes. Voy a ver a mi padre...
—No. Sin mí, no —le dijo Hayes, que entró en la habitación completamente vestido. Llevaba su uniforme. Todavía estaba pálido, y se tambaleaba un poco, pero parecía casi normal. Se había peinado cuidadosamente y olía a loción de afeitar.
—No me parece una buena idea —dijo Minette.
—Copper me ha dicho que podía ir. No cree que vaya a hacerme ningún mal moverme un poco y respirar aire puro.
—¿Le has dicho adónde piensas ir a moverte un poco?

—Lo que no sabe no me va a hacer ningún daño —dijo él, con una sonrisa.

Ella se echó a reír.

—Eres incorregible.

—Completamente. ¿Vamos? —preguntó él. Al ver que Minette vacilaba, la miró fijamente—. No te creas que te vas a escapar allí tú sola. Y debería darte vergüenza, después de que anoche te dijera que iría contigo.

Ella se ruborizó y apartó la mirada al recordar lo que habían estado haciendo la noche anterior. Hayes se dio cuenta y se echó a reír suavemente.

Minette se levantó de la mesa.

—Un segundo. Tengo que llamar a Bill.

—Está bien. Te espero.

Entonces, Minette hizo la llamada y, después de darle las instrucciones a Bill, colgó.

—¿Ves? No he tardado nada.

—Muy bien. A mí también me gusta delegar —dijo él—. Ahorra tiempo.

—Bill puede hacer exactamente lo mismo que yo. Solo tiene que enviar a Jerry a conseguir contratos publicitarios y decirle a Andy que asigne a nuestros dos reporteros a las noticias más importantes —explicó ella, e hizo una mueca—. Son noticias sobre los deportes del instituto. Yo odio la mayoría de los deportes, pero a la gente le encantan.

—A mí me gusta el fútbol —dijo Hayes.

A ella se le iluminó la mirada

—¡A mí también!

Él sonrió.

Sarah los miraba con los labios fruncidos. Seguramente, ellos no se daban cuenta, pero, a ella, sus expresiones le estaban diciendo muchas cosas.

—Deberíamos irnos ya —dijo Minette—. ¿Le avisamos de que vamos a ir?

Hayes miró a su alrededor por la habitación.
—Seguro que ya lo sabe. Vamos. ¿Quién conduce?
—Yo. Tú te caerías a la cuneta, con ese hombro tal y como lo tienes.
—Eres una aguafiestas. ¿Dónde está tu sentido de la aventura?
—Después lo buscaré. Yo conduzco.

De camino, Minette se detuvo en casa de Cy Parks, porque Hayes quería hablar con él. La mujer de Cy, Lisa, los recibió con una gran sonrisa. Era rubia, como Minette, con los ojos claros, y llevaba gafas. Era muy guapa. Los Park tenían dos hijos que, en aquel momento, estaban en el colegio.

—La casa está hecha un desastre —dijo Lisa, disculpándose—. Está todo lleno de juguetes, porque ayer hubo un corte de electricidad, y teníamos que entretener a los niños de algún modo.

—En nuestra casa no hubo cortes —comentó Minette.

—Sí, bueno, porque uno de los empleados de vuestro rancho no se emborrachó y se chocó contra uno de los postes, ¿verdad? —preguntó Cy, irónicamente, mientras se acercaba.

Era un hombre alto, moreno, de ojos verdes. Tenía cicatrices de quemaduras en una mano. Casi todo el mundo sabía que había entrado en su casa ardiendo, en otro estado, en un intento vano de rescatar a su mujer y a su hijo. Un narcotraficante ya muerto, López, había enviado a un asesino. Cy tenía muchos motivos para odiar a los capos de la droga.

Rodeó con un brazo a Lisa y le besó la coronilla.

—Ese vaquero va a tener que buscarse otro trabajo hoy mismo. No tolero el alcohol aquí.

—Pensaba que todo el mundo lo sabía en el estado de Texas —dijo Hayes, riéndose.

—Pues parece que había un hombre que no —dijo Cy, y les hizo un gesto para que entraran en el salón.

—¿Os apetece un café? —preguntó Lisa.
—Sí, gracias —dijo Hayes.
—Me encantaría —dijo Minette—. Esta mañana no he podido tomarme mi segunda taza en casa porque alguien estaba muy impaciente por salir —comentó, mirando a Hayes.
—Yo siempre tengo prisa —respondió él, sonriendo.
—Había oído decir que te alojabas en casa de ella —comentó Cy, mientras Lisa iba a hacer el café—. Me quedé asombrado.
Hayes miró a Minette con una expresión de disculpa.
—Fue culpa mía. He estado intentando arreglar las cosas.
Minette apartó los ojos.
—Hemos tenido... he tenido —dijo, corrigiéndose a sí misma— una noticia horrible.
—Sí, El Jefe es tu padre —dijo Cy, con una expresión sombría.
—¿Es que lo sabe todo el mundo? —preguntó Minette, alzando las manos.
—No exactamente —dijo él, sonriendo suavemente—. Mi trabajo es saber cosas. Y el de Eb Scott, también. Te hemos rodeado de algunas medidas de seguridad de alta tecnología. El Jefe lo aprueba. También se sabe que Hayes tiene a uno de sus hombres vigilándote. Espero que todos ellos no se tropiecen una noche y se líen a tiros.
—Yo también —convino Hayes—, pero tenemos que hacer todo lo necesario para garantizar la seguridad de Minette. Más gente significa más seguridad.
—Sí, estoy de acuerdo.
—¿Por qué fuiste a visitar a El Jefe? —le preguntó Hayes.
Cy se encogió de hombros.
—Quería que supiera que yo sé quién es.
—Y él también sabe quién eres tú —replicó Minette—. Me lo dijo cuando me llamó anoche, para decirme que es mi padre.

Cy hizo una mueca.

—Me imagino que te quedarías impresionada.

—Bueno, eso es quedarse corto.

—No me extraña. Bueno, yo quería que él supiera lo que pienso del tráfico de drogas y de que ocurra al lado de mi adorado ganado Santa Gertrudis. Se quedó horrorizado por el hecho de que yo pensara que él iba a exponer a sus purasangres a tales peligros.

—¿Cómo? —preguntó Hayes, con incredulidad.

—Dijo que sus negocios y su vida privada van por separado. Él no ha violado las leyes de Estados Unidos y no tiene intención de hacer negocios aquí. Dice que tiene a gente a su servicio al otro lado de la frontera que le hace todo el trabajo. No quiere tener complicaciones con la DEA; parece que le tiene mucho respeto a la agencia que se ocupa del cumplimiento de las leyes antidroga.

—Yo también —respondió Hayes—. Conozco a varios de sus agentes. Son muy buenos.

Cy asintió.

Lisa apareció en el salón con la bandeja del café.

—No os peleéis por él —dijo, riéndose—. Puedo hacer más.

—Yo nunca me peleo por el café. Bueno, a menos que sea un *latte* —le dijo Minette—. Y me hago unos *lattes* buenísimos en casa.

Hayes se quedó mirándola.

—Me siento herido. Sabes que a mí me encanta el *latte*, y nunca me has ofrecido una taza.

—Mentira —replicó ella—. Te di una taza, e incluso intenté que Zack se lo tomara también, cuando vino a casa a hablar contigo.

—Es cierto, se me había olvidado. Lo siento. Te absuelvo de cualquier culpa.

—¡Eso espero! Trato muy bien a mis invitados, y tú deberías saberlo.

Se sonrieron el uno al otro. Lisa y Cy también. La atracción que había entre Minette y Hayes era más que evidente.

—Ejem —dijo Hayes, al darse cuenta de que Cy lo estaba mirando con suma atención—. Vamos a concentrarnos de nuevo en El Jefe.

—Bueno, me dio cierta información sobre los contactos de El Ladrón. Te la transmitiré gustosamente.

—¿Te importaría transmitírsela a Rodrigo Ramírez y Alexander Cobb?

—Nuestros agentes locales de la DEA —dijo Cy, asintiendo—. Por supuesto.

Después, miró a Minette.

—Seguro que esto ha tenido que ser traumático para ti.

—Mucho —respondió ella, y respiró profundamente—. Me ha perturbado mucho.

—Nosotros no tenemos la culpa de lo que hace la gente con la que tenemos lazos —le dijo Cy.

Ella puso cara de tristeza.

—La mala sangre es la mala sangre.

—Hay criminales mucho peores que tu padre —replicó Cy—. En cierto modo, él es un príncipe entre los ladrones.

Ella sonrió débilmente.

—Gracias.

—Me imagino que ya sabrá que vais a verlo —dijo Cy, con un suspiro.

Minette terminó su café y se puso en pie.

—En ese caso, espero que sepa que me gusta el café *latte* —dijo, subrayando la última palabra, y mirando a su alrededor por la habitación, en busca de micrófonos ocultos.

Los hombres se echaron a reír.

Se detuvieron ante la puerta principal de la casa, a la que estaban dando los últimos retoques.

Era una edificación con estructura de acero, y se había levantado en un tiempo récord con materiales prefabricados. Era grande y magnífica, de color arena, con arcos elegantes y una enorme fuente en el patio delantero, con un camino de entrada circular a su alrededor.

—Nada de balancín en el porche —murmuró Hayes—. ¿Cómo puede la gente construirse una casa y no poner balancín en el porche?

De repente, de la casa salió un hombre alto, de pelo negro y canoso, con los ojos negros, bigote y una gran sonrisa.

—El balancín está en el porche trasero, amigo —dijo, con una carcajada—, para que, si viene un asesino a sueldo, le cueste más dar conmigo. Soy Diego Sánchez, El Jefe —añadió, y le tendió la mano a Hayes. Hayes se la estrechó—. Me alegro de conocerlo, sheriff.

—Ojalá pudiera decir lo mismo —musitó Hayes.

Diego miró a Minette con una expresión de sobrecogimiento, y los ojos se le empañaron.

—Eres la viva imagen de tu madre —dijo, con la voz ronca—. Eres exactamente igual que ella cuando tenía tu edad, salvo que tienes mis ojos, en vez de los suyos. Era bella. Pero, de toda su belleza, lo que más me gustaba era su pelo, además de su corazón. Tenía el pelo de una princesa de cuento de hadas. Como el tuyo.

Minette se quedó asombrada. No había esperado aquella reacción.

—Yo soy tu padre —continuó él—, y me siento honrado de conocerte en persona.

Ella no supo qué decir.

—Yo también... me alegro de conocerte.

Él suspiró, y sonrió.

—Por favor, mi casa es tu casa —dijo, haciéndoles un gesto para que entraran—. Además —susurró—, tengo café *latte*.

Ella se echó a reír.

Se sentaron en el elegante salón de la casa, decorado en tonos claros, y en el que había un piano de cola.

—¿Sabes tocar? —le preguntó Minette, con admiración.

El Jefe asintió.

—Sí. Soy muy aficionado al blues y a la música clásica. La música es mi pasión. A tu madre también le gustaba mucho la música.

—¿Sí? —preguntó Minette.

—Claro que sí. Ponía muchísimo la radio —dijo él, sonriendo.

Minette volvió a reírse. Su madre no era capaz de tararear una melodía, por fácil que fuera. Al menos, ella recordaba aquello.

El Jefe observó a Hayes.

—¿Qué tal va la herida? ¿Se cura?

Hayes asintió. Se apoyó en el respaldo del asiento.

—Pero la recuperación es lenta. Parece que la edad tiene un papel muy importante en el ritmo de la recuperación de este tipo de heridas.

—Ah, pero usted todavía es joven.

—Solo con respecto a las montañas —dijo Hayes, con un suspiro—. Soy joven para una montaña, pero viejo para una mosca. Tengo treinta y cuatro años.

Su interlocutor sonrió.

—La edad es parte del proceso. Todos aprendemos a adaptarnos —dijo, y se señaló a sí mismo—. Yo ya no puedo ganar a mis hombres en un partido de fútbol, pero he aprendido a ser un buen árbitro. Y ellos han aprendido a soltar mejores juramentos.

Se rieron.

Minette observó a su padre, buscando parecidos. Tenían la misma nariz, y los mismos ojos. Ella era alta, como él.

Él se dio cuenta, y sonrió con verdadero afecto.

—Nos parecemos, ¿verdad? Eso me agrada mucho. Pero

tú sigues siendo la imagen de tu madre. La echo de menos todos los días. Era mi corazón.

—También yo la quería mucho —respondió Minette, con tristeza.

—Y ahora, tienes dos hermanos pequeños a quienes cuidas como si fueran tuyos —dijo él.

—Mi madrastra, Dawn, era una mujer fantástica y muy cariñosa. Después de que muriera mi madre, mi padrastro y yo nos quedamos solos. Él fue muy bueno conmigo. Yo siempre supe que no era mi verdadero padre, pero él me dijo que, cuando crías a un niño, se convierte en tu hijo, aunque no lleve tu sangre.

El Jefe asintió.

—Le agradezco mucho el buen trabajo que hizo cuidando de ti —dijo, con sinceridad—. Me enteré de que tu madre tuvo un hijo con su nuevo marido, pero ella no me había dicho que estuviera embarazada cuando la saqué de México. Estábamos en un momento horrible. La envié lejos y lo organicé todo para que tuviera protección y un buen lugar para vivir. También me aseguré de que no volviera a tener contacto conmigo —explicó, y agitó la cabeza—. Lo más difícil para mí fue que tuve que divorciarme en México, donde vivíamos en aquel momento. Soy católico y, en aquel tiempo, el divorcio era todo un escándalo allí. Ni siquiera hoy día se acepta bien.

A Minette se le aceleró el corazón.

—¿Estabas legalmente casado con ella?

—Soy un hombre decente —respondió El Jefe—. El honor lo es todo para mí. Yo nunca habría comprometido a una chica inocente sin ofrecerle la santidad del matrimonio. Va contra mis creencias.

Ella sonrió.

—Vaya, ahora sé que lo de ser un dinosaurio se hereda.

—¿Eh? —preguntó El Jefe con desconcierto.

Minette se echó a reír.

—Soy muy anticuada —le explicó—. No soy precisamente una mujer de mi tiempo.

—Ah, entiendo —dijo él, sonriendo—. No eres como esas mujeres modernas, que piensan que está bien disfrutar de muchos hombres sin pasar por el altar —añadió—. En mi juventud, aquello era una tendencia que acababa de empezar en California, con los hippies.

—Mi madre hablaba de ellos a veces. No le gustaba su moralidad, pero sí el respeto que tenían por la naturaleza. Cuando vivía, teníamos un jardín, y plantaba todo tipo de flores. Después de que muriera, mi padrastro continuó con esa tradición. Y, ahora, yo hago lo mismo en su memoria. Ella adoraba los girasoles, así que yo los planto por todas partes.

La tristeza se reflejó en la mirada de El Jefe.

—Sí. Girasoles. Yo se los llevaba a menudo cuando iba a casa. Ella decía que olían a felicidad.

—¡Sí! —exclamó Minette, riéndose. Era un recuerdo maravilloso.

—Cuando tuve que separarme de ella, se me rompió el corazón. Pero, si se quedaba conmigo, habría muerto. Yo no sabía que estaba embarazada; no me lo dijo. Seguramente, lo hizo para protegerme. Me resultó tan doloroso el no poder verla más... No me atreví a ponerme en contacto con ella, ni a enviar detectives para que la encontraran, ni siquiera después de que pasara el peligro. Para entonces, yo ya estaba sumido en el mercado internacional, y en el tráfico en Sudamérica, que es donde me fui a vivir. Las pesquisas provocan comentarios que, a su vez, pueden provocar actos. Cualquiera que esté cerca de mí corre peligro —explicó El Jefe, y miró a Minette con los ojos entrecerrados—. Y, por desgracia, eso incluye a la hija cuya existencia ignoraba hasta hace muy poco tiempo. Mi peor enemigo envió investigadores para que te encontraran, y por eso yo hice lo mismo. Ya ves lo que hubiera ocurrido con tu madre si yo hubiera tratado de encontrarla después de que se marchara. Un solo investigador puede causar muchos problemas, porque ahora siempre estoy vigilado.

Ella miró a su alrededor nerviosamente.

El Jefe se rio.

—No, aquí no. Tengo un jefe de seguridad increíble —dijo. Miró hacia la puerta y comenzó a hablar, en español, con una mujer mayor que acababa de entrar, y que iba ataviada con un vestido blanco, bordado con colores fuertes. Era el vestido más bonito que Minette hubiera visto en su vida, y no pudo evitar quedarse mirándolo.

La mujer tenía el pelo canoso, largo y suelto por la espalda. Le caía hasta la cintura como una cortina espesa. Ella notó el interés de Minette y sonrió. Le dijo algo a El Jefe. Él se echó a reír.

—Lucinda dice que te gusta el vestido. ¿Es cierto?

—Oh, sí, es precioso. Perdón, no quería quedarme mirando de esa forma —dijo Minette, algo azorada.

—Es el traje tradicional de mi pueblo. Yo soy maya. Nací en Cancún, en Quintana Roo. Quintana Roo es un estado de la península de Yucatán, en México —explicó Lucinda, en un inglés muy preciso. Sonrió, y giró sobre sí misma para que Minette pudiera ver bien su ropa—. Estoy muy orgullosa de mi herencia. Me agrada mucho que le guste mi vestido. Lo bordé yo misma.

—Debe de haber tardado varias semanas.

—Oh, sí, pero lo hice con mucho cariño.

Lucinda se acercó a ella, y Minette pudo admirar los detalles exquisitos de los bordados de flores, casi todas rojas, acompañadas por hojas y enredaderas.

—Nunca había visto nada igual —dijo Minette—. ¡Es precioso!

—Gracias.

El Jefe estaba observando a su hija con afecto.

—Mucha gente de tu país, en estos tiempos difíciles, es hostil a nuestra cultura. Tú no.

—Mi madre me enseñó, hace mucho tiempo, que debemos juzgar a la gente por su carácter y su bondad, no por su color ni por sus creencias. Ella decía que la tierra es como un jardín enorme, y que nosotros somos las flores. Tenemos todos los colores, todos los tamaños, todas las formas, y Dios nos ama a todos —dijo Minette, y se rio—. Yo opino lo mismo.

—Yo también. Te pareces mucho a tu padre —dijo Lucinda, y miró a Diego—. Iré a buscar al señor Lassiter.

Minette arqueó las cejas.

—¿A Lassiter?

—Sí. Es norteamericano, de un pequeño pueblo de Wyoming, creo que me dijo —explicó Diego, y miró a Minette con asombro—. Hace dos semanas, solo era un viejo soltero. Ahora soy padre. Es un cambio magnífico.

Minette sonrió. Estaba empezando a acostumbrarse a la idea. Al menos, un poco.

Se oyeron voces amortiguadas en el vestíbulo. Lucinda entró en primer lugar, ligeramente ruborizada, riéndose.

Iba seguida por un hombre alto, de hombros anchos, con el pelo liso y negro. Tenía la piel oscura y los ojos negros, como Diego Sánchez. Los pómulos eran altos y los labios, carnosos y sensuales. Llevaba unos pantalones vaqueros y una camiseta roja con un símbolo extraño y una leyenda que decía *¡Alianza, Cuidado!*

Minette se fijó más en la camiseta que en el hombre.

—¿Alianza?

Él la miró y sonrió.

—Soy de Horda.

Minette miró a Hayes Carson que, a su vez, puso los ojos en blanco.

—Otro fanático de *World of Warcraft* —dijo, con un suspiro—. Los conozco bien porque trabajo con uno.

—¿Cómo? —preguntó Minette con desconcierto.

—Es un juego de PC, que se juega con varios jugadores online —le explicó Hayes—. Hay dos bandos; uno es Alianza, los buenos, y Horda, los malos.

—Eh, nosotros no somos malos —dijo Lassiter con altivez—. Solo incomprendidos.

—Perdón —dijo Hayes, y se rio.

—Juega a ese juego en su tiempo libre —dijo Diego con una sonrisa—. Aunque tiene muy poco.

—Mi ayudante, Zack, es toda una autoridad en el juego —dijo Hayes—. Desde que salió la última parte, *Mists of Pandaria*, llega a trabajar todos los días como un zombi, debido a la falta de sueño.

—Lo entiendo —dijo Lassiter.

—Te presento a mi hija —dijo Diego, para presentarle a Minette.

—Sí, ya lo sé, tengo un expediente dedicado a su vida —respondió él, y se acercó a ella con una sonrisa—. Me alegro mucho de conocerte.

—Gracias —dijo ella—. ¿Has estudiando en el Instituto Tecnológico de Massachusetts?

—Sí, en el MIT. Estudié Física y Lengua Árabe.

—Me alegro de conocerte —dijo Hayes—. ¿Tienes tiempo para explicarme la definición matemática de los vórtices y la interacción espacial de la materia oscura y los agujeros negros?

Lassiter lo miró con seriedad.

—No tiene gracia.

Hayes sonrió.

—Lo siento. No he podido evitarlo. No conozco con frecuencia a un maníaco de las ciencias, de la tecnología y de los juegos online.

—Yo juego a *Animal Farm* en Facebook —intervino Minette.

Lassiter puso los ojos en blanco.

—Cuando Julie y Shane crezcan, seguramente sabrás mucho más de juegos de PC de lo que te hubiera gustado —le dijo Hayes.

—Eso espero —dijo ella—. La mejor amiga de Julie tiene la PlayStation, y ella va a menudo a su casa para jugar a los juegos de niños. Le voy a regalar una consola en Navidad, para que pueda jugar en casa. Shane tiene una Xbox 360, pero solo juega a juegos de lucha libre. Esos son demasiado violentos para ella. Además, la deja jugar, pero de mala gana.

—Yo siempre estoy disponible para dar consejos sobre los sistemas de juegos, e incluso puedo ayudar a instalarlos —dijo Lassiter—. Si él promete no pegarme un tiro, te conectaré todo el sistema —añadió, señalando a Hayes con la cabeza.

De repente, la actitud de Hayes se había vuelto hostil.

—¿Y por qué iba a importarle a Hayes? —preguntó Minette.

Lassiter se echó a reír. Hayes no.

—Bueno, ahora vamos a hablar de lo importante —dijo Diego, y disolvió la tensión enseguida—. Lassiter está vigilando tu casa para detectar cualquier señal de actividad encubierta —añadió, y miró a Hayes—. Creo que tú también tienes a un hombre en el terreno, ¿no es así?

—Sí —dijo Hayes, que se había calmado un poco.

No quería que Lassiter se acercara a su chica. Su chica. Sintió aquellas palabras hasta el fondo del corazón, mientras miraba a Minette con un sentimiento de pura posesión. Sí. Ella le pertenecía, y no iba a compartirla con nadie. Y menos con un tipo tan inteligente.

El maníaco de los juegos lo estaba mirando con diversión.

—Y Cy Parks también tiene a un hombre vigilando tu rancho por las noches —le dijo Lassiter a Minette—. No sería mala idea coordinar todos estos esfuerzos para mejorar la seguridad —sugirió, y su sonrisa se desvaneció—. Yo tiendo a disparar primero y preguntar después, y me imagino que tu ayudante y el hombre de Parks pensarán lo mismo.

Hayes asintió.

—Sí. Deberíamos evitar cualquier posibilidad de enfrentamiento.

—De acuerdo —dijo Lassiter, y miró a su jefe—. Tengo vigilancia electrónica por todas partes, pero nada puede sustituir a los ojos y los oídos humanos. Soy cazador —le dijo a Hayes—, y puedo oír a un ratón caminar sobre un cartón a cincuenta metros en la oscuridad. También sé seguir rastros.

—Y Zack —dijo Hayes—. Caza venados.

Lassiter sonrió.

—Yo también.

—Zack dice que le enseñó su padre. Ellos todavía salen a cazar juntos.

A Lassiter se le borró la sonrisa de la cara.

—Mi padre y yo no tenemos relación en este momento. Él no está de acuerdo con mi profesión.

—¿Profesión?

Lassiter apartó la mirada.

—Es una larga historia.

—Teniendo en cuenta para quién trabajabas —comentó Hayes—, entiendo la posición de tu padre.

—No me interesa la opinión de los demás —respondió Lassiter con frialdad.

Hayes arqueó una ceja.

—He tocado una fibra sensible, ¿eh? —preguntó, pero no se disculpó.

—Hace unos años —respondió Lassiter, en voz baja—, te habría colgado de un edificio por el dedo pulgar por hacer ese comentario. Sin embargo, me he ablandado mucho desde que perdí a mi antiguo jefe. Ahora te colgaría de las manos —dijo, sonriendo.

Hayes lo fulminó con la mirada.

—Inténtalo cuando quieras.

—Yo nunca ataco a un hombre herido. Va contra mi honor.

—Podemos tener otra vez esta conversación cuando me haya recuperado —respondió Hayes.

—¿No podríais intentar llevaros bien? —preguntó Minette con exasperación—. Lo digo porque el motivo de esta colaboración es El Ladrón, un hombre que, según tengo entendido, metió a su tío en un tanque de ácido en un ataque de rabia.

Hayes y Lassiter trataron de seguir mirándose de una forma intimidante, pero no resultó. Finalmente, se encogieron de hombros y volvieron a mirar a Minette y a su padre.

—Sí, eso es cierto —dijo Diego—. Es violento, y no le importa matar a la gente, ni siquiera a sus familiares —añadió, con preocupación—. Desearía impedir que te sucediera algo parecido. Y eso nos lleva al asunto que quiero tratar.

—¿Cuál es? —preguntó Hayes.

Diego se recostó contra el respaldo del sofá.

—Tengo un pequeño diario. Lo obtuve, con un gran coste, de uno de los hombres de confianza de El Ladrón. Está escrito en un código que no puedo descifrar.

—No es cierto —dijo Lassiter con una sonrisa, mientras se sentaba elegantemente en una butaca, junto al sofá—. Yo podría descifrar ese código si tuviera tiempo suficiente.

—Sí, pero no disponemos de ese tiempo —respondió Diego, y se giró hacia Hayes—. Estoy dispuesto a entregarle esa información a la DEA. Creo que tú conoces a dos de sus agentes personalmente.

—Sí —respondió Hayes—. Y le agradecerían mucho toda esa información. Pero eso no impedirá que sigan intentando arrestarlo a usted.

Diego se encogió de hombros y sonrió.

—Si pueden encontrar alguna prueba de algún delito por mi parte en este país, iré voluntariamente a la cárcel —dijo—. Tienen que hallar la manera de acabar con Méndez antes de que él vaya por mi hija. Para conseguirlo, yo haré cualquier cosa por ayudarlos.

Hayes se quedó impresionado.

—Ese es todo un ofrecimiento.

—¿Le harás llegar este mensaje a la gente apropiada?

—Hoy mismo.

—Entonces, estoy en deuda contigo.

—Yo también. Por lo menos, en esto —dijo Lassiter. Estaba mirando a Minette de nuevo, y Hayes tuvo que apretar los dientes.

—Deberíamos irnos —le dijo a Minette.

Ella hizo una mueca de consternación. No quería marcharse, en realidad.

Diego lo vio y sonrió.

—Me alegra mucho que quieras quedarte —le dijo, mientras se levantaba—, pero el sheriff tiene razón. Estarás más segura lejos de aquí. Espera —tomó un papel y un bolígrafo y escribió un número. Se lo entregó a Minette—. Esto es un número de móvil privado. Nadie lo tiene. Es un móvil desechable.

—Me imagino que tendrá una caja llena —le dijo Hayes, riéndose—. Son imposibles de localizar —le explicó a Minette.

—Negocios —respondió Diego—. Solo para los negocios.

Después, tomó a su hija por los hombros y le besó las dos mejillas.

—Es un honor, y un gran placer, tenerte en mi vida. Pero deseo salvar la tuya. Deberíamos limitar al mínimo encuentros como este. Sin embargo, puedes llamarme cuando quieras —añadió, sonriendo—. Preferiría que lo hicieras a menudo, porque me gustaría llegar a conocerte.

—A mí también —dijo ella.

Se dirigió hacia la puerta, seguida por los tres hombres. Fuera, vieron a un hombre que llevaba a un magnífico purasangre hacia el flamante establo. El caballo era negro y tenía un pelaje brillante, con calcetines blancos en las cuatro patas.

—¡Qué preciosidad! —exclamó Minette.

—Mis niños —dijo Diego, señalando a un corral que había junto al establo, en que pastaban tranquilamente otros tres animales—. Una de las yeguas va a parir en primavera. Tengo muchas esperanzas de poder continuar con esta raza. Hemos ganado la Preakness de Kentucky esta pasada temporada.

—Lo leí en la prensa —comentó Hayes—. Sus caballos son magníficos.

—Sí, es cierto. Yo crío palominos —dijo Minette—, pero los míos no son purasangres. Son solo mascotas. Los quiero mucho a todos.

—Vaya, eso es una cuestión de genética —dijo Diego—. ¿Lo ves? Los caballos son una cosa de familia.

Todos se echaron a reír.

CAPÍTULO 9

—No me gusta ese tipo —dijo Hayes, mientras salían de la finca.

—¿Mi padre? —preguntó Minette con asombro, y se dio cuenta de que Hayes estaba irritado.

—No. Su hombre, Lassiter.

—Ah. A mí me ha parecido encantador —comentó ella.

—Sí, encantador. Como una serpiente con un corte de pelo.

A Minette se le escapó una carcajada.

—¡Hayes!

Él suspiró.

—Bueno, tal vez no sea la mejor descripción, pero es un tipo muy resbaladizo.

—Puede ser, pero no es el único —dijo ella—. ¿Agujeros negros? ¿Definición matemática de los vórtices?

—Estoy suscrito a dos revistas de ciencia —confesó Hayes—. No tengo la licenciatura de Física, pero me encanta ese tema. Bueno, eso y la mecánica cuántica.

—Demasiado para mí —respondió ella—. Se me da mejor la mecánica de los coches. Aunque solo compruebo el nivel de aceite y le doy patadas a los neumáticos.

Él se rio.

—Más o menos como yo. Aunque sé hacer que las cosas sigan funcionando en el rancho. No tengo mucho tiempo para hacer ajustes en las máquinas, ni juguetear con ellas. Seguro que el hombre de confianza de tu padre tiene un poco de tiempo libre, cuando no esté matando a nadie, para dedicarse a sus habilidades mecánicas —añadió, con ira.

—Ese tipo te cae realmente mal. ¿Por qué?

Hayes entrecerró los ojos.

—No me gusta cómo te mira.

A Minette se le escapó el volante, y el vehículo giró hacia la cuneta, pero ella lo corrigió al instante.

—Lo siento, se me fue la mano —mintió.

Hayes no se lo creyó, y le brillaron los ojos.

—Ummm...

Minette se concentró en frenar en un semáforo, sin mirar a Hayes. Estaba un poco ruborizada, y tal vez su color revelara más de lo que ella quería transmitirle a Hayes. Se sentía halagada por el hecho de que a él le importara que un hombre tan atractivo la mirara. Era algo casi posesivo. Le gustaba mucho, pero no quería que su deleite fuera tan obvio.

—¿Tienes fisioterapia hoy? —le preguntó, de repente.

—Mañana —dijo él.

—Ah. De acuerdo. Iba a ofrecerme para llevarte.

—Creo que debería ir conduciendo yo mismo.

—El doctor Coltrain dijo que no condujeras hasta que estuvieras bien —replicó ella—. No querrás tener una recaída.

—No, supongo que no —dijo él, y suspiró—. Me parece que me estoy agobiando un poco de estar tan inmovilizado.

—No te gusta tener que quedarte en una habitación —tradujo ella.

—Es una jaula muy bonita, con comida estupenda y compañía —respondió él—, pero echo de menos a Andy.

—¿Quieres pasar a verlo? —le preguntó ella—. Me pilla de camino.

Él se animó.

—Me encantaría, si a ti no te importa.

—No, en absoluto —dijo ella—. ¿Tenemos que ir a ver a Zack para que nos dé la llave de tu casa?

—No. Tengo una llave escondida, por si acaso.

—Bien pensado.

Él sonrió.

—Intento estar bien preparado para las emergencias.

—Ya me he dado cuenta.

Minette se detuvo junto al porche delantero de la casa de Hayes, y ambos bajaron del coche. Hayes dio la vuelta al edificio y volvió con una llave.

Abrió la puerta y la invitó a pasar primero.

—¡Eh, Andy! —dijo, y silbó.

—¿Viene cuando le silbas? —preguntó Minette con asombro.

—Normalmente sí. No sé… ¡Andy! —exclamó, al ver a su mascota salir correteando de la cocina—. ¡Hola, amigo! —dijo alegremente—. ¿Ya te habías olvidado de mí?

El gran reptil movió los ojos y agitó la cabeza con entusiasmo.

—Eso es lo que hacen cuando se ponen contentos, o cuando están cortejando a una hembra.

—Ah, entiendo. Entonces, tú le gustas mucho —dijo ella, en broma.

Hayes se rio.

—Bueno, no te acerques mucho por si acaso. Andy tiene problemas con las mujeres.

—Ya lo había oído.

El gran reptil ladeó la cabeza y miró a Minette. Pero, extrañamente, no la atacó. Tan solo la observó.

—Dios, es precioso —dijo Minette, con la voz llena de

admiración—. No me acordaba de que tuvieran tanto color. Hay algunos sitios en los que casi es turquesa.

Hayes sonrió.

—Cambian un poco de color, dependiendo de la luz, del calor, de cosas así.

—¿Qué come?

—Fruta y verdura —dijo Hayes—, pero lo que más le gusta son las zanahorias rayadas y la ensalada —explicó. Después, se agachó y tomó en brazos a la iguana. Andy le puso las patas sobre el pecho—. No, no, amigo. Me temo que hoy no puedes trepar —le dijo Hayes, riéndose, y lo giró un poco—. Vamos a ver si te quedan zanahorias.

Se colocó el estómago del reptil sobre la mano y lo llevó, con cuidado, hasta la cocina.

—No puedo creer que te haya permitido tomarlo en brazos —dijo Minette.

—Te voy a contar un secreto —le dijo él, con una sonrisa—. Son de sangre fría. Yo despido calor. ¿Ves la relación?

—Sí, pero también está moviendo los ojos y agitando la cabeza —repuso ella, entre risas—. Así que estoy segura de que le caes muy bien.

Hayes dejó a Andy en el suelo y abrió la nevera.

—Que Dios bendiga a Zack. Un cuenco entero de zanahorias rayadas.

Sacó las verduras y le preparó a Andy una ensalada. Luego, la depositó en el suelo, en un cuenco de cartón.

—Así hay menos que limpiar —le dijo a Minette.

—¡Mira cómo come! —exclamó ella, riéndose.

El animal enterró la cara en el cuenco de ensalada.

—Es un chico muy grande, así que tiene que comer mucho. Mira esto —le dijo, y la llevó a la habitación contigua, que parecía un despacho, porque tenía un escritorio. Sin embargo, en un rincón había un árbol muerto sobre un estrado, una estantería a su lado y una lámpara de calor suspendida sobre la estantería. En la repisa también había un objeto largo y plano, que tenía aspecto de piedra, pero que podía enchufarse en la pared.

—Aquí vive Andy. Tiene vistas —dijo Hayes, señalando hacia la ventana— y una lámpara de calor, e, incluso, una roca caliente. Como son de sangre fría, necesitan una fuente de calor externa para calentarse y poder hacer la digestión. De lo contrario, enferman del estómago y se mueren.

—Vaya, cuántas cosas tengo que aprender.

Él asintió.

—Es más o menos como el terrario que usaba Cag Hart para su serpiente. Yo intenté meter a Andy en un acuario, pero se deprimió mucho. Así que lo enseñé a hacer sus necesidades en un sitio concreto, y permití que corriera por toda la casa.

—Es increíble.

Hayes sonrió con calidez.

—Vaya, tú sí que sabes hacer amigos.

Minette se rio.

—No, no estoy intentando halagarte. De veras, me gusta Andy —dijo, y observó atentamente a la iguana. Era un precioso animal—. Hayes, ¿por qué no tienes una iguana hembra?

—Las hembras tienden a ser más agresivas. No todo el tiempo, pero las que yo he conocido sí lo han sido en alguna ocasión. El dueño de la pajarería de Jacobsville tenía una y, cada vez que algún hombre se acercaba a su jaula, soltaba un latigazo con la cola y comenzaba a silbar con el buche inflado. Al final, tuvo que dársela a un criador. No pudo venderla.

—¡Dios mío!

—Sucede lo mismo con los anolis, un pequeño lagarto verde —dijo él, riéndose—. Los machos son muy dóciles, y no les importa que los acaricien.

Minette frunció los labios.

—¿Tú también eres muy dócil, y no te importa que te acaricien? —le preguntó, en tono de broma. Sin embargo, al instante soltó un jadeo y se ruborizó por haber dicho algo tan atrevido—. Dios Santo, perdona. No sé de dónde ha salido eso.

Hayes se acercó a ella, la tomó suavemente por la cintura y la estrechó contra sí.

—No, no siempre soy dócil —susurró—, pero no me importa que me acaricien. En absoluto —dijo. Inclinó la cabeza y rozó su boca con los labios.

Fue como prender una llama. A él se le cortó la respiración, la estrechó con fuerza contra su pecho y empezó a besarla con vehemencia.

Minette ni siquiera protestó. Lo rodeó con los brazos y le acarició la espalda, estremeciéndose.

Él susurró algo, pero ella no lo oyó. Se había quedado ciega y sorda. Solo sentía desesperación por conservar su boca cálida en los labios. Gimió sin poder evitarlo y se puso de puntillas para estar más cerca de la fuente de aquel placer increíble.

Él deslizó las manos por su espalda y se frotó contra ella.

—Oh, Dios, esto ha sido un error —murmuró contra su boca—. Minette, tenemos que parar... ¡ahora mismo!

—De acuerdo —respondió ella, y lo besó aún con más fuerza.

—Escucha...

Ella abrió la boca.

—Oh, demonios...

Hayes la levantó contra sí, y gruñó, porque se hizo daño en el hombro. Sin embargo, había algo que le dolía aún más. La agarró por la parte posterior de la cabeza y metió la lengua entre sus labios, profundamente.

Minette pensó que iba a desmayarse de placer, y se estremeció contra el cuerpo poderoso de Hayes. Estaba abandonándose al deseo, que no dejaba de crecer, cuando oyó el sonido de un cristal que se hacía añicos contra el suelo.

Hayes alzó la cabeza. Andy estaba sobre el escritorio, con la papada expandida por completo. Había tirado un vaso al suelo con un latigazo de la cola. En aquel momento, volvió a moverla, y tiró un bote de bolígrafos.

—¿Estás seguro de que es un macho? —le preguntó Minette, mientras miraba al enorme reptil. Seguía abrazada a Hayes, y todo su cuerpo estaba vibrando.

—Bueno, no… —admitió Hayes—. El tipo que me la vendió me prometió que lo habían examinado y que lo habían castrado, y que era un macho. Por eso le puse «Andy» de nombre.

Minette miró a Hayes.

—Pues a mí me parece que ese tipo te mintió.

Hayes miró al lagarto.

—¿Andy?

Andy tiró una foto del padre de Hayes con la cola.

Lentamente, Hayes soltó a Minette. Andy contrajo la papada y relajó la postura. Se quedó mirando fijamente a Hayes.

Hayes miró a Minette.

—Me parece que va a haber problemas.

Él asintió.

—No tengo intención de dejar de besarte.

Ella sonrió.

—Me alegro de que hayas dicho eso, porque a mí me gusta mucho.

Él asintió de nuevo.

—Parece adictivo.

—Sí. Tendré que aprender a hacer ensaladas. Tal vez Andy se acostumbre a mí.

—Como última alternativa, lo llevaré al veterinario y, si es una hembra, le traeré un novio.

Minette se rio.

—Vaya alternativa.

Él inclinó la cabeza.

—Vamos a tentar a la suerte una vez más.

Entonces, volvieron a besarse. Era absolutamente delicioso besar a Hayes. Su boca era firme y muy experta. Ella no quería preguntarse cómo había aprendido a besar así. Era suficiente con saber que la deseaba. Ella lo deseaba con todas sus fuerzas, y se lo estaba diciendo con su cuerpo.

Se oyó otro estruendo, y miraron hacia el escritorio. El teléfono había caído al suelo. Andy había extendido de nuevo la papada.

—O nos vamos a otra habitación y cerramos la puerta, o lo dejamos por el momento —dijo Hayes, con un suspiro—. Creo que, tal vez, lo mejor sea dejarlo. En realidad, no estoy en condiciones para hacer lo que se supone que viene ahora.

Ella se echó a reír. No era que no estuviera dispuesta a llegar más lejos con él a no ser que tuvieran un compromiso, aunque él ya debería saber que ella era un poco chapada a la antigua en aquel sentido. Sin embargo, los hombres podían ser muy astutos cuando llevaban una temporada de abstinencia y, por lo que ella sabía de Hayes, hacía varios años que no había ninguna mujer especial en su vida.

Él la soltó lentamente. Ella se apartó y miró a Andy. El lagarto se había calmado de nuevo. Tenía la papada relajada y los ojos fijos, y observaba a Hayes.

—Andy —dijo Hayes, inspirando profundamente—. Eres un lagarto malo. ¡Muy malo!

Andy siguió mirándolo.

—No se puede razonar con un lagarto —murmuró Hayes.

—Es su casa, y tú eres su humano. Tal vez, su novio —le explicó Minette.

—Una iguana celosa —dijo él, y agitó la cabeza con resignación—. Ahora ya sí que puedo decir que lo he visto todo.

Minette lo miró con adoración.

—De todos modos, me gusta tu iguana. Es un animal precioso.

—Gracias —dijo él. Se acercó al escritorio y acarició a Andy—. Bueno, amigo, te has salido con la tuya por el momento. Ahora quiero que recojas todo lo que has tirado y que te comportes como es debido. ¡Iguana mala!

Andy ladeó la cabeza.

—No hay ninguna posibilidad, ¿eh?

Hayes se inclinó, recogió el teléfono e hizo ademán de ponerlo sobre el escritorio. Sin embargo, se fijó en que había un arañazo en el aparato. Miró a Minette y se puso un dedo sobre los labios. Sacó una pequeña herramienta de un cajón del escritorio y abrió el teléfono. Entre los cables había un objeto extraño. Hayes lo sacó y volvió a cerrar el teléfono. Después, aplastó el pequeño micrófono contra el suelo con el tacón de la bota, violentamente.

—Espero que te exploten los tímpanos con esto —murmuró, mientras recogía las diminutas piezas—. Mierda, debería habérselo entregado a mi detective.

—Ese genio —comentó Minette, moviendo el dedo índice—. ¿Y palabrotas, encima? Tienes que controlarte, Hayes.

Él la miró e hizo una mueca.

—Eso parece, sí.

Ella se le acercó.

—¿Crees que ha sido El Ladrón quien lo ha colocado ahí?

—No lo sé, pero creo que lo mejor será que nos vayamos —dijo, y acarició a Andy de nuevo—. Tú pórtate bien. Y cómete a todos los que entren en casa sin estar invitados. ¿Entendido?

Andy parpadeó.

—¿Un ataque de iguana? —preguntó Minette.

—¿Por qué no? Tiene un aspecto aterrador.

Minette miró al lagarto y sonrió.

—A mí me parece precioso.

De repente, Andy extendió la papada y comenzó a cabecear.

—¡Vaya! —exclamó Hayes.

—Eso no me parece amenazante en absoluto. ¿Tú crees que me dejaría que lo acariciara? —preguntó Minette.

—No sé...

—¿Puedo intentarlo?

—Pero ten cuidado. Su cola es como un látigo, y te puede hacer un corte.

—De acuerdo —dijo ella, y se acercó un poco a la iguana—. Bonito —le canturreó—. ¡Qué guapísimo eres!

Andy tenía las pupilas contraídas, como una línea.

Muy lentamente, Minette movió la mano hacia su cabeza. Andy la observó. Sin embargo, cuando ella estiró la mano hacia su lomo, él se arqueó por completo, alzó la cola y la miró fijamente.

—Apártate —le dijo Hayes.

Ella obedeció al instante. La actitud de Andy era muy hostil.

—Todavía es demasiado pronto —dijo Hayes.

Esperó a que la iguana se relajara y la tomó cuidadosamente para colocarla sobre su roca caliente, en la estantería. Al instante, Andy se estiró plácidamente.

Minette se echó a reír.

—¡Mira! ¡Se ha repantigado!

Hayes sonrió.

—Tiene sus estados de ánimo. Pero creo que tú has tenido un buen comienzo con él.

—Seguiré intentándolo —prometió Minette.

Él la tomó de la mano y entrelazó sus dedos con los de ella.

—Se acostumbrará a ti.

—Ya lo sé.

Después, salieron de la casa, y Hayes cerró la puerta con llave.

—Deberías llamar a alguien para contarle lo del micrófono

—le dijo Minette, con preocupación, cuando ya estaban en el todoterreno, alejándose del rancho de Hayes.

—Sí, tienes razón. Lo haré en cuanto lleguemos a casa.

Minette sintió una agradable calidez en el pecho al oír lo que él había dicho. Le agradó mucho que pensara así de su casa, y sonrió disimuladamente.

Después, lo miró, y volvió a sentir preocupación.

—Hayes... ¿no te importa que mi padre haya resultado ser un traficante de drogas?

Él le tomó la mano izquierda, mientras ella seguía controlando el volante con la derecha, y entrelazó sus dedos.

—Nadie puede elegir a sus padres —dijo—. Tu padre proporcionó las drogas que acabaron con la vida de mi hermano, pero él no quería matar a Bobby. En la ley, la intención lo es todo. Yo no apruebo su forma de ganarse la vida. Él favorece las adicciones de la gente, y eso no es bueno, pero él no obligó a mi hermano a tomar una sobredosis.

Se quedó en silencio unos instantes. Exhaló un suspiro, y continuó.

—He pensado mucho en lo que me dijiste sobre el sentimiento de culpabilidad, y creo que tienes razón. Es como ser el único superviviente de un accidente de avión y sentirse culpable por haber sobrevivido cuando todos han muerto. Pero es Dios el que tiene el control de lo que nos sucede, y yo creo que todas las cosas malas tienen un motivo.

—Así que te he contagiado mis ideas —musitó ella.

Él se rio.

—No, no tanto. Mi padre era religioso, y me llevaba a misa todos los domingos cuando yo era niño. Sin embargo, al llegar a la adolescencia, yo ya no quería ir, y él no me obligó a hacerlo. Pero yo ya tenía la base de mi educación religiosa. Cuando me ocurren cosas malas, cuando me va mal, puedo aferrarme a mi fe. Me ayuda a superar los desastres diarios.

Ella asintió.

—En realidad, los dos estamos en una profesión que nos muestra lo peor de la humanidad, pero incluso en esa oscuridad hay rayos de luz de vez en cuando —dijo Hayes.

—Supongo —respondió Minette—. Yo odio la frialdad de nuestra sociedad, la mezquindad, la falta de respeto.

—El respeto ya no se enseña —dijo Hayes—. Tal vez nuestro problema sea la sobrecarga de información. Ya no se puede ver tranquilamente un programa de televisión, por ejemplo, porque todo el tiempo están apareciendo anuncios en la pantalla, y no puedes concentrarte en lo que quieres ver. ¡Creo que toda la humanidad va a tener algún síntoma de déficit de atención, y todos se preguntarán por qué!

—Es verdad. Creo que yo me siento culpable por enviar tantos mensajes de texto. Por supuesto, no lo hago mientras conduzco; me parece una locura que la gente se distraiga así al volante. Sin embargo, me resulta muy fácil enviarle un mensaje a la tía Sarah si voy a llegar más tarde de lo normal, o si tengo que hacer alguna parada por el camino. Ella no siempre está junto al teléfono, pero comprueba constantemente si tiene mensajes.

—Eh, hay una cosa que se llama contestador —dijo él, en broma.

Ella hizo una mueca.

—No sé cómo activarlo, así que envío mensajes.

—Yo puedo enseñarte.

Minette sonrió.

—De acuerdo.

Él se echó a reír y le apretó los dedos.

Acción de Gracias fue una celebración muy bulliciosa.

Los niños no tenían colegio, y Sarah y Minette se pasaron cocinando todo el desfile de Navidad televisado.

—¿Sabes? Nunca había visto este desfile —comentó Minette, en el hueco de la puerta, con el delantal puesto y una cuchara de madera en la mano—. Siempre estoy cocinando. ¿Ya han actuado las Rockettes?

—Hace diez minutos, lo siento —respondió Hayes, y sonrió.

Estaba sentado en una gran butaca, con el regazo lleno de niños. Tenía a Shane en una rodilla y a Julie en la otra. Parecía que acababa de tocarle la lotería.

Minette sonrió con calidez. Su familia. Sus hermanos pequeños, y su... Bueno, todavía no estaba segura de lo que era Hayes para ella. Pero su sitio estaba allí. Ella lo sabía.

—¿Qué estáis cocinando?

—De todo —respondió Minette, con una sonrisa—. Y será mejor que vuelva a la cocina antes de que se me quemen los boniatos en el horno.

—Todos nosotros te lo agradecemos mucho —dijo Hayes—. Además, antes de que digas que no estoy colaborando nada en todo este trabajo, «También le sirve el que está quieto y espera». O algo así. «El que está sentado y espera», tal vez —recitó, y sonrió, mostrando sus dientes perfectos y blancos.

A Minette le encantaba su aspecto. Llevaba vaqueros y botas, y una camisa roja de franela. Estaba elegante incluso así.

Ella también llevaba unos pantalones vaqueros, con una camisa roja que tenía dibujado un reno tratando de empujar a un Santa Claus gordo hacia un tejado. El dibujo estaba tapado por el delantal con hojas de muérdago y acebo.

—Bien, acepto que estás cooperando. Pero avisadme cuando llegue Santa Claus. ¡Eso no me lo pierdo nunca!

—Iremos a buscarte, Minette —le prometió Julie.

Minette volvió a la cocina y, poco después, oyó que la llamaban.

—¡Santa Claus! ¡Santa Claus está en la tele!

—¡Ya voy! —dijo Minette.

Ella dejó el cuchillo con el que estaba trinchando el pavo, cubrió el ave con papel de aluminio y fue al salón.

—¡Mira, es Santa Claus! —exclamó Shane.

Se levantó de la butaca y se reunió con su hermana en el suelo, para poder acercarse un poco más a la pantalla.

Minette se echó a reír.

—La estrella del desfile —murmuró.

—Has estado de pie toda la mañana —dijo Hayes, con una sonrisa llena de picardía—. Es hora de sentarse, cariño.

Mientras ella estaba asimilando aquello, él la agarró y tiró de ella suavemente, y se la sentó en el regazo. Hizo un gesto de dolor; el hombro todavía se le resentía. La movió, para que Minette se apoyara en su hombro bueno.

Ella casi se derritió entre sus brazos. Se sentía segura, envuelta en toda aquella fuerza y todo aquel calor. Apoyó la cabeza en su barbilla y miró la televisión, con un cosquilleo por todo el cuerpo.

Hayes la estrechó contra sí e inhaló profundamente.

—Hueles a pavo y a salsa de arándanos. Ten cuidado, no te vaya a dar un mordisco. Tengo hambre.

Los niños pensaron que estaba hablando de comida y se rieron. Minette, sin embargo, lo miró a los ojos y se dio cuenta de que no era así. Él deslizó una mano por su costado y le rozó el lado del pecho. Era muy excitante y, sin querer, ella se inclinó hacia él, solo un poco, invitándolo a que explorara un poco más...

—Minette, ¿pongo el pavo en la bandeja? —le preguntó la tía Sarah desde la cocina.

A Minette se le escapó un jadeo y se irguió en el regazo de Hayes. Miró hacia la cocina, pero su tía no estaba a la vista.

—No... yo... ahora mismo voy, tía.

La tía Sarah se asomó a la puerta del salón, se quedó sin aliento y sonrió.

—Lo siento, lo siento —dijo, y, riéndose suavemente, volvió a la cocina.

—Pillados —le susurró Hayes al oído a Minette, y le besó la oreja.

Ella se rio.

—Más o menos, sí —dijo, con un suspiro, y miró la maravillosa cara de Hayes—. Tengo que irme.

Él cabeceó.

—Me dejas hundido.

—¿De veras?

—Sí, de veras.

Ella suspiró otra vez, y sonrió aún más.

—Tengo que irme —repitió.

—Sí, ya me lo has dicho —respondió él—. Bueno, que tengas un buen viaje.

Ella estalló en carcajadas mientras se ponía en pie. Hayes estaba sonriendo.

—¡Vaya, Minette, estás muy colorada! ¿Te encuentras bien? —le preguntó Julie de repente.

Minette carraspeó.

—No, no. Es que aquí hace mucho calor —dijo.

—Ah. Bueno. ¡Mira los renos de Santa Claus! —exclamó la niña—. Minette, ¿Santa Claus tiene renos de verdad donde vive?

—Pues claro, cariño.

—¿Y vuelan?

—Eso es lo que dicen.

—Hay un niño en la guardería que dice que Santa Claus no existe, que es una mentira —murmuró Julie.

Minette se arrodilló a su lado.

—¡Bueno, pues dile que en nuestra casa hay un Santa Claus, y que te va a traer todo tipo de regalos la mañana de Navidad!

Julie sonrió encantada.

—¡De acuerdo!

Minette se puso en pie y miró a Hayes con el ceño fruncido.

—Me harto de la gente que cree que tiene que imponer su opinión sobre la de los demás.

—Dímelo a mí —respondió él.

—Voy a terminar de trinchar el pavo —dijo ella, con expresión sombría.

—Bueno, pero ten cuidado con el cuchillo —le advirtió Hayes.

Ella hizo una mueca burlona.

—Solo voy a desahogarme de mis frustraciones. Recuerda que el pavo ya ha fallecido.

—Sí, ya lo sé. Pero mira dónde cortas, ¿eh? No quiero que te hagas daño —respondió él, mirándola con suavidad.

Ella estuvo a punto de derretirse.

—¿No?

—Por supuesto que no. ¡Vaya pregunta!

Minette sonrió lentamente.

—Tendré mucho cuidado.

—Sí, hazlo.

Y ella volvió a la cocina, con una sensación cálida en el pecho.

CAPÍTULO 10

La comida fue deliciosa. Minette se sintió orgullosa de lo bien que había quedado. Cocinar para las festividades era algo especial, y ella había intentado guisar los platos cuyas recetas llevaban varias generaciones en su familia. Tenía el libro de cocina de su bisabuela, con todas sus recetas, e incluso algunas de su tatarabuela.

Su tía abuela Sarah recordaba algunas recetas de memoria, y se las había enseñado a Minette. En resumen, aquella comida fue una de las mejores que hubiera hecho Minette en toda su vida. Disfrutó mucho viendo comer a los niños y a Hayes.

—Este relleno es único —comentó él, agitando la cabeza—. Yo compro uno precocinado y sigo las instrucciones. Y, con respecto a la salsa de menudillos, olvídalo. No creo que ni siquiera la vendan enlatada en el supermercado.

—No, que yo sepa —dijo Minette, riéndose—. Tienes que tener menudillos para hacerla. Mucha gente los tira, nunca los cocinan.

—Y los panecillos... —dijo él, estudiando uno atentamente—. ¡Panecillos hechos en casa, con mantequilla de verdad! El único sitio donde los he visto en es Barbara's Café. Normalmente compro de más para tenerlos congelados.

—Puedo hacértelos cuando quieras —respondió Minette—. Me encanta hacer pan.

—A mí me gusta el pavo —dijo Shane, sonriendo.

—¡Y a mí también! —exclamó Julie.

Minette sonrió. A ella no le gustaba demasiado el pavo, salvo en sándwiches. Le gustaban mucho más las verduras que la carne.

—Tú no estás comiendo mucho —dijo Hayes, en voz baja.

Ella suspiró.

—Después de pasarte tanto tiempo cocinando, pierdes mucho entusiasmo por comértelo —dijo.

—Entiendo.

Hayes y Minette se miraron durante un largo instante, y a ella se le extendió un cosquilleo por todo el cuerpo.

La tía Sarah se echó a reír suavemente.

Ellos apartaron la mirada y fingieron un gran interés en la comida.

Minette terminó un poco de boniato y dijo:

—Hayes, tienes que hablar con alguien sobre el micrófono que encontraste —le dijo, inesperadamente.

Sarah hizo un gesto de preocupación.

—¿Han puesto un micrófono en tu casa? —le preguntó a Hayes.

—Sí, eso parece. Voy a llamar a Zack después de comer.

—Deberíamos haberle invitado a cenar —dijo Minette—. Está solo.

—Barbara le ha preparado la comida y se la ha llevado —dijo Hayes—. Ella piensa que necesita mimos.

—¡Bien hecho! Barbara es una gran cocinera —afirmó Minette, y frunció el ceño—. ¿Va a casarse con el padre de su nuera? ¿Qué crees tú?

Hayes negó con la cabeza.

—Creo que el general Cassaway le gusta mucho, y él es el director de la CIA, pero ella ha dicho que ningún hombre podría compararse nunca con el marido que perdió —dijo—. Y tú no eres la única persona que ha descubierto que tiene un padre conocido... Acuérdate de que el hijo adoptado de Barbara, Rick, resultó ser hijo de Emilio Machado, el que ahora es presidente de Barrera, la nación sudamericana, y que estuvo involucrado en actividades ilegales al otro lado de la frontera.

—Eso se me había olvidado —dijo ella—. En realidad, nunca sabemos mucho de nuestros padres.

—Cierto.

Hayes terminó su tarta de calabaza y suspiró.

—Oh, todo estaba delicioso, cariño.

Minette sonrió y se ruborizó. Tuvo la sensación de que él ni siquiera se había dado cuenta de que usaba aquella expresión de cariño, lo cual era interesante, porque Hayes nunca las usaba.

—Gracias —respondió.

—Si me quedara mucho más tiempo aquí, tendría que ponerme a régimen. Te juro que esta es la mejor comida que he tomado en mi vida. Ni siquiera mi madre cocinaba tan bien.

—Me siento halagada.

—Yo nunca hago halagos falsos —dijo él, con sinceridad—. Digo lo que pienso. Aunque, de vez en cuando, no es bueno —añadió, con una sonrisa.

—A mí me gusta la sinceridad —respondió Minette—. A la larga, siempre es mejor decir la verdad.

—Totalmente de acuerdo.

—Todo estaba delicioso, querida —le dijo Sarah a Minette.

—Tú has tenido algo que ver —dijo Minette—. Así que felicítate a ti misma también. Yo no podría hacer nada si tú no me ayudaras.

Sarah se ruborizó.

—Lo dices por decir.

—No, no es verdad.

Sarah se levantó, rodeó la mesa y la abrazó.

—Bueno, yo no podría hacer nada sin ti —dijo, y carraspeó—. Y, ahora, antes de que las dos empecemos a llorar y hagamos que Hayes se azore, voy a meter los platos en el lavaplatos.

—Es muy difícil que me azore —dijo Hayes, con una sonrisa.

Sarah se echó a reír y comenzó a recoger los platos para llevarlos a la cocina.

—¿Podemos ver una película? —preguntó Shane, mirando a Hayes.

—La de dragones otra vez, no —gruñó Minette.

—¿Qué tiene de malo la de dragones? A mí me encanta —preguntó Hayes.

—¡A mí también! —exclamó Shane—. Por favor, Minette, por favor.

—Sí, por favor —intervino Julie, mirando a Hayes con sus grandes ojos azules.

Hayes, a su vez, miró a Minette.

—¿Eres capaz de decirles que no?

Ella movió la mano.

—¡Adelante!

—¡Voy a buscar la película, Hayes! —exclamó Shane, y subió corriendo por las escaleras.

—Antes de poner la película, por favor, llama a Zack —le dijo Minette a Hayes, en voz baja.

—Sí, supongo que es lo mejor.

Entonces, Hayes fue a sentarse al salón y llamó con su teléfono móvil.

—Hola, Zack. ¿Te llamo en buen momento?

Zack refunfuñó.

—Estoy solo, comiendo pavo frío. Claro que es buen momento.

—¿Pavo frío? ¿Por qué?
—Porque mi maldito microondas ha muerto justo cuando he metido el plato para calentarlo.

—Pero tienes cocina, ¿no?
—Sí, pero no sé utilizarla.
—Oh, Dios Santo.
Minette asomó la cabeza.
—¿Qué ocurre? —susurró.
—El microondas de Zack ha muerto. Está comiendo pavo frío.
Ella se acercó a Hayes y le pidió el teléfono.
—¿Zack? Hola, soy Minette. Por favor, ven a casa. Hayes necesita hablar contigo, y yo tengo la cocina llena de comida que deseo compartir.
—¿Lo dices en serio? —preguntó Zack con asombro.
—Pues claro. Ven ahora.
—Oh, muchísimas gracias —dijo él—. Voy a meter la comida que me ha dado Barbara en el frigorífico y mañana compraré un microondas nuevo. No creo que encuentre una tienda de electrodomésticos abierta en Acción de Gracias.
—Nos vemos dentro de un rato, entonces —dijo ella, y le devolvió el teléfono a Hayes.
—Bueno, ya hablaremos cuando estés aquí —le dijo Hayes—. Vas a comer una comida magnífica. Te espera todo un lujo.
—Ya lo sé. Es un encanto , ¿eh?
—Sí, es cierto, pero ya está ocupada, así que no te hagas ilusiones —le respondió Hayes, y en tono de antagonismo.
Minette se quedó mirándolo con los ojos muy abiertos, y él le devolvió una mirada de afecto y de algo más; algo como posesión.
—¿Qué? Ah, sí —dijo Hayes, riéndose una vez más—. Está bien, misógino, ven para acá. Hasta ahora.

—¿Qué ha dicho? —preguntó Minette.

Hayes sonrió.

—Que odia a las mujeres.

—No creo que me odie.

—No parece que odie a las mujeres en general —explicó Hayes, y cabeceó—. Acaba de decirme que tiene algunas cicatrices de una relación que tuvo hace años.

—Pobre. Parece un tipo tan majo, que...

—Yo no entendía por qué nunca salía con mujeres, pero uno no les pregunta esas cosas a sus empleados. No es políticamente correcto.

—No sabes cuánto detesto esas palabras.

—Sí, pero es el tiempo en que vivimos.

—Me paso la vida intentando no ofender a nadie cuando escribo en el periódico —dijo Minette, y entrecerró los ojos—. Hay demasiada gente que vive demasiado junta, y que mete las narices en los asuntos de los demás.

—Bueno, el único remedio para ese problema sería catastrófico y políticamente incorrecto.

Ella le lanzó una mirada de advertencia.

Él se echó a reír.

Minette arrugó la nariz y se echó a reír también.

—Eres un sheriff muy agradable. No creo que seas políticamente incorrecto con nadie. Ni siquiera dices palabrotas. Bueno, casi nunca.

—Hago lo que puedo.

Ella suspiró. Le encantaba mirarlo. Él la miró también; en sus ojos se reflejaba el deseo. En aquel momento, Shane entró corriendo en salón con un DVD.

—¿Hayes? —dijo el niño, tirándole de la pernera del pantalón—. ¡La película de dragones!

—Muy bien. Voy a ponerla en el reproductor.

—No —le dijo Minette—. Yo lo haré. Tú estás recuperándote.

Puso la película en el reproductor y sonrió.

—Que os divirtáis. Yo voy a preparar un plato para Zack. Pero —añadió, mirando a Hayes— quiero enterarme de lo que dice sobre ese micrófono.

—¿Acaso yo tendría secretos para ti, aunque seas una periodista espía y metomentodo?

—Será mejor que no.

—Nunca más, te lo prometo.

Ella suspiró y volvió a la cocina.

Zack todavía estaba irritado cuando llegó. Realmente, era un hombre muy guapo, de pelo y ojos negros y piel morena. Su físico era muy parecido al de Hayes, fuerte y delgado. Era muy atractivo.

—Por aquí, Zack —le dijo Minette, desde la puerta de la cocina. Allí, le entregó un plato lleno y una taza de café humeante—. Sin leche ni azúcar, ¿verdad?

Él se rio, y su malhumor desapareció.

—Sin leche ni azúcar. Gracias, Minette.

—Tiene un precio. Tendrás que ver la película de dragones mientras comes.

—¿Eh? —preguntó él.

Ella lo llevó al salón y le ofreció un sitio en el sofá, desde el que Zack podía dejar la taza y el plato en la mesa de centro. La película estaba a todo volumen. Los niños estaban tumbados sobre el estómago en la alfombra, absortos en la pantalla. Hayes, que estaba tomando su segunda taza de café, sonrió.

—Lo siento —le dijo, en voz baja—. Es su película favorita.

Zack se echó a reír.

—No pasa nada. He sobrevivido a *El ataque de los tomates asesinos*. Supongo que podré soportar esta.

Hayes frunció los labios, miró a Minette y le guiñó un ojo. Ella se ruborizó, se rio y volvió a la cocina.

Zack no se aburrió, sino que vio la película con gran interés, y estaba riéndose cuando acabó.
—Vaya, no ha estado nada mal —dijo, con entusiasmo.
—Ya te dije las películas de dibujos animados no son solo para niños —le recordó Hayes.
Minette asomó la cabeza por la puerta, vio que el plato de Zack estaba vacío y lo recogió.
—¿Quieres repetir? —le preguntó.
—Solo café, gracias, pero yo iré a buscarlo. Hayes, ¿quieres otra taza?
Hayes le tendió su taza vacía.
—Gracias.
Zack se fue hacia la cocina. Minette, que iba desde la cocina al salón, lo observó caminar con curiosidad.
—¿Ocurre algo? —le preguntó Zack, deteniéndose junto a ella.
Minette negó con la cabeza y sonrió tímidamente.
—No, solo que al verte andar me has recordado a alguien.
Él arqueó las cejas.
—A Cash Grier —dijo ella—. No lo conozco bien, porque solo he hablado unas cuantas veces con él, pero lo he visto caminando por la ciudad muchas veces. Se mueve de una forma extraña, aunque no sé explicar, exactamente, por qué.
—¿Quieres saber qué es?
Ella asintió.
—Es la forma de caminar que tienen los cazadores por el bosque. Una especie de deslizamiento, un movimiento suave e irregular. Es porque los animales están alerta para percibir modelos rítmicos de movimiento, porque los únicos que ca-

minan así son los humanos. Los cazadores aprenden a caminar así para no asustar a las presas —dijo él, y sonrió.

—¿Un cazador? ¿Un cazador de ciervos?

—Yo he cazado ciervos una o dos veces.

No estaba diciéndolo, pero ella entendía lo que le había explicado. En su misterioso pasado, Cash Grier había sido francotirador. Zack también había estado en el Ejército. Ella lo miró durante unos instantes.

—Ah, sí —dijo, suavemente—. Conozco esa mirada.

—¿Qué mirada?

—¿No la llaman «la mirada de los cien metros»? —preguntó Minette.

La expresión de Zack se volvió muy reservada, aunque sonreía ligeramente.

—Los hombres que conocen el combate la tienen.

—Sí.

—Son los efectos secundarios —dijo él.

—Efectos tristes.

Él titubeó y, después, asintió y se cerró como una flor.

—¿Y la cafetera?

Minette se rio.

—Está en la cocina, sobre la encimera. Acabo de hacerlo.

—Es muy buen café.

—Te habría hecho uno de máquina, pero me he quedado sin cápsulas.

—No te preocupes, a mí me gusta mucho el café en general, siempre y cuando sea lo suficientemente fuerte como para mantenerme despierto.

—¿Por las noches?

—Sí. Acaban de sacar el nuevo juego «Halo» para la Xbox 360 —dijo Zack, con un suspiro—. Ya estoy agotado, ¡y ni siquiera he llegado al final!

Ella se echó a reír.

—¡Jugadores! —exclamó, agitando la cabeza.

—No bebo, ni fumo, ni juego —repuso él—. Los juegos de ordenador con un vicio permisible y legal.

—Sí, supongo que sí.

Él se rio también.

Sin embargo, Zack ya no se reía cuando Hayes y él se sentaron en el despacho de Minette a hablar sobre el micrófono que había encontrado Hayes en su teléfono.

—Sofisticado —dijo Zack, cuando Hayes se lo describió—. Es una lástima que no lo trajeras.

—Lo siento, no quedaba mucho. Me enfadé tanto que lo pisé.

—Seguramente, habrá más. Debería ir a tu casa y hacer un barrido completo —dijo Zack, y miró a su alrededor—. Y tampoco estaría mal hacerlo aquí.

Hayes gruñó.

—¿Es que ya no queda intimidad en este mundo?

—No. Hemos cambiado la privacidad por una falsa seguridad. Alguien dijo que, si intentamos protegerlo todo, no conseguiremos proteger nada.

—¿Quién dijo eso?

—Holman W. Jenkins, Jr., en un editorial del *Wall Street Journal,* después del desastre del huracán Katrina. Un hombre sabio.

—Supongo que no tenemos recursos suficientes para protegerlo todo, aunque quisiéramos hacerlo.

—Pero podemos permitirnos poner cámaras de seguridad por todas partes para espiar a todo el mundo, aprobar leyes para regular quién tiene acceso a la información y dejar que el gobierno meta las narices en las cuentas bancarias de la gente —dijo Zack, con indignación.

Hayes alzó una mano.

—Somos agentes de la ley.

—Claro que sí, pero nos estamos convirtiendo en un país de paranoicos que se espían los unos a los otros para estar seguros de que nadie infringe nuestros derechos. Y, mientras, ¡perdemos intimidad e independencia a cada segundo que pasa!

—Eso no puedo negarlo —respondió Hayes—. Pero, en mi condado, no hemos aprobado ninguna táctica de espionaje. Así pues, vamos a encontrar al que piensa que tiene derecho a espiarnos a nosotros.

—De acuerdo. Traeré mi equipo esta misma tarde. Después de haber registrado tu casa de arriba abajo.

Hayes suspiró.

—Y las edificaciones exteriores también.

—Ya lo había pensado.

Hayes tomó aire profundamente.

—Espero haber vuelto a trabajar en menos de dos años.

Zack se echó a reír.

—Copper te dejará volver enseguida.

—Eso espero. Ya me siento mejor, pero todavía no puedo levantar nada.

—Incluyendo un rifle —le recordó Zack—. Así que espera hasta que estés al cien por cien para volver al trabajo. Y, cuando lo hagas, ¡deja de meterte de lleno en las situaciones peligrosas sin pedir refuerzos!

—Demonios.

—Las maldiciones no sirven de nada.

—Pero ayudan.

—Bueno, si tú lo dices... Voy por mi equipo, para empezar a trabajar enseguida.

Salió al pasillo y dijo:

—Gracias por la comida, Minette. Ha sido estupenda. Y por el café.

—Pero... ¡si tengo tarta de calabaza con nata! Estaba a punto de sacarla.

—Voy a volver. Tengo que barrer tu casa.

Minette pestañeó.

—Yo tengo una aspiradora...

—No. En busca de micrófonos.

—¿Aquí? —preguntó ella, horrorizada—. ¡No, aquí no puede ser!

—Hayes está aquí, y ellos van detrás de Hayes —le recordó él. Después, bajó la voz—. Y también van por ti. Tenemos que asegurarnos de que no consigan ninguna información que pueda ayudarles a pillaros por sorpresa a ninguno de los dos.

Ella dejó el cuchillo que estaba utilizando para cortar la tarta.

—Mi vida era tan calmada y plácida...

—No es cierto —dijo él—. Trabajas en un periódico.

—Bueno, pero era un poco más calmada que ahora.

Él se echó a reír.

—Tienes amigos —le dijo—, y te están vigilando incluso cuando no lo sabes. Pero los micrófonos no están permitidos, así que nos vamos a librar de ellos.

—Bueno, si están escuchando, acabas de avisarlos.

—Dudo mucho que hayan instalado micrófonos en tu cocina —dijo él—. Ni en el baño. En el resto de la casa, seguramente, sí. ¿Ha entrado alguien últimamente en tu casa?

Ella pensó unos instantes.

—No, en realidad no. Oh, sí, espera. La compañía de teléfono dijo que había un problema en la línea, y revisaron el teléfono del despacho y de mi habitación —dijo, y palideció—. ¡Demonios!

—Yo también voy a revisar todos los teléfonos cuando vuelva. Mientras, no llames a nadie si no es con el móvil. ¿No tocaron ese?

—No. El contrato del móvil lo tengo con otro proveedor.

—Bien. Así puedes hacer llamadas sin que las escuchen. Yo no voy a tardar mucho.

Se marchó, y Minette hizo una mueca. Aquello se estaba convirtiendo en algo tedioso. Detestaba la idea de que alguien la estuviera espiando, sobre todo teniendo en cuenta que lo que querían era matar a Hayes. Intentó no pensar en que también ella estaba en peligro de muerte. Al peor enemigo de su padre le encantaría tenerla en su poder.

—Yo, en medio de la lucha territorial de dos traficantes de drogas —murmuró.

—¿Hablando sola otra vez, cariño? —le preguntó Sarah, que entró en la cocina desde la calle, después de haber tirado la basura, y comenzó a poner una bolsa nueva en el cubo.

—Siempre estoy hablando sola —dijo Minette—. Estaba pensando en mi verdadero padre, y en su enemigo.

Sarah se irguió con una expresión solemne.

—Siento mucho todo esto. Si lo hubiera sabido, te lo habría dicho.

Minette la abrazó.

—Ya lo sé —dijo, con un suspiro—. No estoy preocupada por mí, sino por Hayes. Han estado a punto de matarlo una vez. Más tarde o más temprano, El Ladrón averiguará que su nuevo asesino a sueldo trabaja, en realidad, para mi padre. ¿Y si contrata a alguien que nunca falla? ¿Y si…

—¿Y si mañana se acaba el mundo? —preguntó Sarah—. No puedes vivir la vida preguntándote qué va a ocurrir en el futuro, cariño. Tienes que vivir el día a día.

—Sí, tienes razón. Pero ¡es tan difícil!

—La vida es muy dura. Lo único que podemos hacer es seguir caminando.

—Está bien —dijo Minette, y se giró hacia la tarta—. Voy a llevarles un pedazo de tarta a Hayes y a los niños, caminando por el pasillo —añadió, riéndose.

—Buena idea. Y sirve un pedazo para nosotras, ya que estás en esa tarea. Yo voy a sacar la nata de la nevera. ¿Dónde está Zack? —preguntó Sarah, después de echar un vistazo hacia el salón.

—Se ha ido a buscar micrófonos. No preguntes —dijo Minette, alzando una mano—. Después te lo explicaré todo —añadió, y comenzó a cortar la tarta.

—Está deliciosa —dijo Hayes, cerrando los ojos mientras saboreaba la tarta. Estaban viendo una nueva película de dibujos animados sobre Rapunzel. Era muy divertida.
—Gracias. Esta película es estupenda —dijo ella.
Él se rio.
—Es una de mis favoritas. Me encanta el caballo.
—¡A mí también! —exclamó Julie—. ¡Es muy bueno!
—Bueno —dijo Hayes, poniendo los ojos en blanco—. Supongo que sí, que al final, lo es. Pero, en este momento, va persiguiendo al héroe.
—Yo quiero tener el pelo muy largo para que la gente pueda trepar por él. ¿Puedo, Minette? —le preguntó la niña, en tono de ruego.
—Ya veremos —dijo ella.
—¡De acuerdo! —respondió Julie, y siguió mirando a la televisión.
Hayes observó con curiosidad a Minette.
—Hay que elegir las batallas —le explicó en voz baja—. Dentro de cinco minutos no se acordará de nada, te lo prometo.
Él se rio.
—Tienes bien controlado esto de criar a los niños, ¿eh?
—Son años de práctica.
—Y te encanta, ¿verdad?
Ella asintió.
—Son lo más precioso de mi vida. No puedo imaginarme estar sin ellos.
—Ya me he dado cuenta. ¿Sabes? Yo no he estado demasiado con niños. En Halloween entran en la oficina para pedir

dulces, y también los veo cuando voy a entregar los regalos al orfanato. Sin embargo, nunca había conocido a unos niños como estos. Son… fascinantes. Me hacen unas preguntas asombrosas. ¿Por qué es azul el cielo? ¿Por qué se encienden las luciérnagas de noche? ¿Por qué no se cae la luna? Cosas así. Me mantienen muy ocupado buscando las respuestas en el iPhone —confesó, riéndose—. Estoy aprendiendo con ellos.

Ella sonrió con calidez.

—Tú también les caes bien a ellos.

Hayes se encogió de hombros.

—No sé por qué, pero me siento totalmente cómodo con ellos. Nunca me había sentido así.

Minette se quedó sobrecogida por los sentimientos que le produjo aquella admisión de Hayes. Se emocionó tanto que se le empañaron los ojos.

Él la miró, y tuvo la sensación de que iba a explotarle el corazón. Apenas podía respirar del anhelo que sentía por ella.

Le tomó la mano y entrelazó sus dedos con los de Minette.

—Ojalá pudiera borrar estos últimos años y empezar de nuevo contigo —dijo, con la voz ronca.

—No podemos volver. Solo podemos continuar adelante.

—Sí. Continuar hacia delante —dijo él, y le estrechó la mano—. Juntos.

A ella se le formó un nudo en la garganta, y se ruborizó.

Él se inclinó hacia ella, con los ojos fijos en sus labios.

Minette alzó la cara como si estuviera en trance. El mundo desapareció a su alrededor, y no se dio cuenta de que la película había terminado y los niños estaban cambiando de canal para encontrar otro programa de dibujos animados. Solo existían Hayes y sus labios sensuales, que se acercaban lentamente, poco a poco…

—...dijo hoy que estaba encantado de poder ocupar la alcaldía. Se da la circunstancia de que su antecesor en el cargo murió tiroteado, y de que a Méndez se le ha relacionado con una de las familias de los cárteles de drogas locales. Sin embargo, él declaró en una entrevista que esa es una táctica corriente de los otros partidos para denigrar a los otros candidatos. En México no suelen celebrarse elecciones especiales, porque se eligen dos candidatos a la vez para asegurarse de que el puesto estará cubierto si uno de ellos se ve incapacitado para desempeñar sus funciones o muere durante el mandato. Un miembro de una agencia antidroga de Estados Unidos ha declarado que los vínculos de Méndez con el narcotráfico es un secreto a voces, y que las pruebas lo señalan como responsable del tiroteo en el que murió el alcalde electo. Méndez niega todas las acusaciones.

Minette y Hayes se separaron de repente, al darse cuenta de lo que estaban oyendo.

—Vaya, no hay dibujos —dijo Shane, que tenía el mando en la mano.

—Inténtalo en otro canal, Shane —le dijo Julie.

—¡No! —exclamó Hayes—. ¡Espera!

Se levantó del sofá y, con suavidad, le quitó el mando a Shane.

—¡Espera un momento! ¡Yo conozco a este tipo!

—¿Cómo? —preguntó Minette.

—¡Ese hombre! —dijo él, señalando la imagen del nuevo alcalde de Cotillo, una pequeña ciudad mexicana que estaba al otro lado de la frontera de Texas—. ¡Es el fulano al que arresté por tráfico de drogas! ¿Y acaba de convertirse en el alcalde de Cotillo? Dios Santo, ¡va a convertir todo el estado en un mercado de estupefacientes!

Minette se quedó boquiabierta.

—Hayes, el hombre que contrató a alguien para que te

matara... ¿crees que puede ser Méndez, porque tiene miedo de que lo veas en las noticias y lo reconozcas?

Hayes la miró con asombro.

—Exacto —dijo—. Méndez... Méndez... ¡Pedro Méndez, El Ladrón!

CAPÍTULO 11

—Imagínate —dijo Hayes, cuando los niños encontraron un canal que les gustaba y se concentraron de nuevo en la televisión—. Un capo mafioso, convirtiéndose en alcalde de un pueblo después de matar al alcalde anterior.

Estaba sentado en una silla de la mesa de la cocina, mientras Minette metía el resto de los platos en el lavavajillas.

—Has dicho que era El Ladrón...

—¡No! He dicho que se llama Méndez. Charro Méndez. Pedro Méndez es el nombre verdadero de El Ladrón. Este otro tiene que ser un primo o un hermano, algún pariente.

—Lo siento, he entendido mal. Pero es una coincidencia que hayan mostrado su fotografía en las noticias —dijo ella, y miró a Hayes con preocupación—. Se dará cuenta de que cabe la posibilidad de que lo hayas visto.

Él asintió.

—Oh, vaya. Justo cuando creía que las cosas no podían ir peor —dijo ella, y pensó algo—: ¿Y si lo mezclan con mi padre? No es que yo sienta afecto por él, porque casi no lo conozco, y no apruebo su forma de ganarse la vida —explicó, con un suspiro—, pero es mi padre.

—He reunido alguna información sobre los socios de tu padre —dijo él—. Tu padre no contrata asesinos, y no tiene nada que ver con drogadictos ni jugadores. La gente que trabaja para él tiene su ética, a su modo. No hacen daño a niños ni a mujeres, y no venden su mercancía cerca de los colegios ni de las guarderías. Eso no significa que no sea un narcotraficante, pero no es tan malvado como el resto de ellos. Su rival, por ejemplo, mandó quemar una casa en la que vivían una viuda y sus cinco años, porque su marido le había engañado. Ya había matado al tipo, pero su venganza se extendió incluso al resto de su familia.

—Qué monstruo.

—Ha hecho cosas peores, aunque no voy a contarte qué cosas.

Ella arqueó una ceja.

—He cubierto asesinatos, incendios, inundaciones... He visto cadáveres en condiciones indescriptibles. No creas que me voy a quedar conmocionada.

—Es cierto. Lo había olvidado. Supongo que entiendes cosas que la mayoría de la gente ni siquiera sabe.

—O que no quiere saber. Nosotros no le hablamos a la gente de la mayoría de las cosas que vemos —dijo Minette—. Sin embargo, llevamos todos esos recuerdos como bagaje de la vida —añadió, y se quedó con la mirada perdida.

—Para no haber estado nunca en combate —dijo Hayes, suavemente—, tienes la actitud de un veterano de guerra.

Ella sonrió.

—Gracias.

—Es un buen presagio para el futuro —dijo él— que pueda hablar contigo de cosas de las que nunca he podido hablar con otra mujer.

—No esperes que no te acribille a preguntas que tal vez quieras evitar cuando estés investigando crímenes. Tal vez sea la dueña del periódico, pero sigo siendo periodista, en el fondo. Me encanta adelantarme a los grandes diarios con las primicias.

—Y te arriesgas demasiado —replicó él—. Como cuando escribiste sobre uno de nuestros traficantes locales y pusieron una bomba en tu redacción.

—Bueno, fue nuestro antiguo empleado, que quería llevarse el Pulitzer —dijo ella. En aquellos momentos, ya podía reírse, pero cuando había sucedido no había resultado gracioso en absoluto—. Conoció a un contacto del mundo del crimen, en quien pensó que podía confiar, y siguieron al traficante hasta un pueblecito de la frontera, donde organizó una reunión. Y, ahora que lo pienso, ¡ese pueblecito era Cotillo, el lugar donde es alcalde Méndez! —exclamó, y soltó un silbido—. De todos modos, parece que podía sobornarse fácilmente al informador, porque era drogadicto. Así que le dijo a nuestro hombre muchas cosas que después no recordaba. En realidad, un periodista no puede contrastar una información de ese modo, pero yo permití que publicara su reportaje porque pensé que podría poner nervioso a algún cabecilla local. ¡Y así fue! Tuvimos que gastar miles de dólares en la rehabilitación de la oficina, y yo estuve una buena temporada durmiendo con una pistola debajo de la almohada. Nuestro antiguo periodista puso pies en polvorosa y volvió a la Costa Este a buscar trabajo. Parece que no se esperaba ninguna amenaza de muerte por lo que descubrió.

—Ingenuo por su parte —dijo Hayes.

—Ingenuo y mortífero. Alguien le pegó un tiro al parabrisas de su coche mientras él estaba dentro. Corrió como un gato escaldado —explicó ella—. Yo nunca huyo. Publiqué más notas suyas, y la DEA comenzó a investigar. Hicieron cinco arrestos, y nunca más recibimos amenazas. Supongo que la publicidad los amedrentó.

Hayes negó con la cabeza.

—Lo siento, pero no fue la publicidad.

Ella abrió mucho los ojos.

—¿Cómo?

—Eb Scott, Cy Parks, Harley Fowler y Cash Grier le hicieron una visita al responsable del atentado.

—¿Eh?

—Parece que Cash tiene contactos muy peligrosos en una gran ciudad de la Costa Este. Esos contactos, a cambio de un pago adecuado, pueden incluso acabar con el jefe de un centro de distribución grande. Creo que el traficante que atentó contra tu periódico se fue a Sudamérica, donde sigue durmiendo con un arma cargada y un guardaespaldas —dijo él, y se rio—. Cash Grier es único.

—Las amenazas y los actos terroristas...

Él agitó la mano.

—Que tengas buena suerte si quieres demostrar todo eso. Yo hice alguna amenaza velada, pero decidí que era mucho mejor no remover el asunto. En aquellos momentos estaba muy enfadado contigo, aunque por motivos estúpidos. Tú no eres tu padre. Yo te culpaba de la muerte de Bobby, y tú no tuviste nada que ver con ella. Lo siento, como ya te he dicho varias veces últimamente. Sin embargo, me fastidió que Cash terminara con una amenaza que podría haberte apartado del periodismo.

—Entiendo. Querías que cerrara el periódico.

Él se encogió suavemente de hombros, apartando la mirada.

—Pensé que, tal vez, venderías el negocio si las cosas se ponían demasiado difíciles. Aunque nunca hubiera permitido que nadie te hiciera daño —añadió con firmeza, y volvió a mirarla—. En realidad, tenía un cierto sentimiento de protección hacia ti, incluso cuando pensaba que te odiaba —dijo, y sonrió tristemente—. Una reacción extraña, ¿no crees?

Ella le devolvió la sonrisa.

—Ha sido un camino difícil.

Hayes asintió. La miró fijamente a los ojos, y ella sintió un cosquilleo. Vaciló, con una taza usada en la mano, y siguió mirándolo.

—Eres increíblemente guapo —le dijo, antes de poder contenerse. Después, enrojeció ante su atrevimiento.

Él se puso en pie, le quitó la taza y la abrazó suavemente, para besarla con un deseo que apenas podía contener.

Ella se aferró a su pecho mientras él devoraba su boca. Se mecieron a la vez, ardiendo el uno por el otro, sin dejar de besarse.

Alguien llamó a la puerta, pero el sonido no penetró en la pasión que envolvía a Minette y a Hayes. Sin embargo, al final, un fuerte carraspeo los separó.

Los dos miraron a Zack con desconcierto, el uno en brazos del otro, con la respiración entrecortada.

—¿Los micrófonos? —preguntó Zack, que tenía un detector en la mano.

—Micrófonos —dijo Hayes.

—Micrófonos. Claro —repitió Minette.

Zack cabeceó.

—Seguid —dijo—. Ya encontraré yo los teléfonos. Si me pierdo, ya vendré y os preguntaré la dirección, aunque soy un tío, y los tíos detestan pedir indicaciones...

Minette se separó suavemente de Hayes.

—Los teléfonos. Claro. Ven, Zack, yo te diré dónde están.

—Esperadme. Os acompaño, por si os perdéis —dijo Hayes. Tomó a Minette de la mano y sonrió.

Los tres fueron al despacho de Minette y, por el camino, le contaron a Zack lo que había ocurrido con la alcaldía de Cotillo.

—Charro Méndez —dijo Zack—. ¡Yo conozco a ese hombre! Lo arrestamos por posesión de drogas, pero tuvimos que soltarlo por falta de pruebas. Sin embargo, antes de eso, yo había trabajado en un caso con un agente de la DEA. Había un secuestro de por medio. ¿Te acuerdas de los hermanos Fuentes?

—Sí —dijo Hayes.

—Pues Charro Méndez es su primo carnal —dijo Zack, y se encogió de hombros—. Parece que el tráfico de drogas es algo endogámico, y a las familias les apetece que siga siendo así. Y, mientras, las pobres víctimas indefensas son torturadas, asesinadas, perseguidas, amenazadas… Y se preguntan por qué hay tanta gente que quiere cruzar nuestra frontera. Porque nadie les pega un tiro cuando han tenido un mal día, o porque pueden hablar con un agente de policía. Nadie les amenaza con quemar sus casas. Deberían ser considerados refugiados políticos.

—Los yaquis lo son, ¿lo sabíais? La única tribu nativa norteamericana de la historia de esta nación que ha conseguido el estatus de refugiada, cuando cruzaron la frontera de México para escapar de la intolerancia —dijo Minette, y se rio azorada cuando ellos la miraron—. Lo siento. Me especialicé en historia en la universidad. Y conozco un montón de hechos irrelevantes.

—Pues lo que acabas de contar me parece interesante —dijo Zack.

—Gracias.

—Bueno, tenemos a un traficante de drogas dirigiendo un pueblo. Ayudará a sus amigos en todo lo que pueda. Seguramente, El Ladrón es su mejor amigo —dijo Hayes.

—En realidad, es primo segundo de Méndez —dijo Zack—. Todo queda en familia, como he dicho. Pero, ¿por qué iba a querer matarte por eso, si es del dominio público?

Hayes miró fijamente a Zack. Eso no se le había ocurrido…

—A menos —continuó Zack—, que esté intentando proteger a alguien de esta zona a quien necesite desesperadamente para continuar con su red de distribución. ¿Recuerdas que el agente de la DEA nos dijo que todavía tienen a un topo infiltrado en la agencia, alguien a quien nunca han podido descubrir, que está a sueldo de los Zetas, el cártel más grande de México?

—Sí, pero no saben quién es, y yo tampoco —respondió Hayes—. ¿No podría ser que yo fastidié a Méndez, y ahora él quiere vengarse de mí por haberlo arrestado? Ya sabéis cómo piensan esos tipos, viven en el culto al machismo. Cualquier insulto se puede castigar con la muerte.

—Eso es una posibilidad, por supuesto —dijo Zack—, pero a mí me da la sensación de que hay algo más. Tal vez debieras ir a ver a su padre —añadió, señalando a Minette con un gesto de la cabeza.

Ella los miró.

—¿No decíais que podía haber micrófonos aquí? —preguntó.

Ellos se miraron.

—Vaya, y eso que tengo una gran reputación como agente de la ley —comentó Zack. Descolgó el auricular, lo abrió con un pequeño destornillador y sacó un micrófono—. ¿Me oyes ahora? —gritó.

Segundos más tarde, sonó el teléfono.

Minette contestó a la llamada con el ceño fruncido.

—Por favor, ¿podrías decirle a tu invitado que no me grite al oído? —le pidió Lassiter, con una extraordinaria cortesía—. Me ha dolido.

—¿Eras tú? —preguntó Minette—. ¿Tú eras el que ha pinchado mi teléfono?

—Sí, fui yo. Por favor, ponme en altavoz.

Ella suspiró y apretó el botón.

—Carson —dijo Lassiter.

—Sí —dijo Hayes, secamente, mientras miraba con curiosidad a Minette.

—Soy Lassiter —respondió su interlocutor—. Creo que deberías saber que los micrófonos que estás desmantelando son míos. Sustituí los que había colocado el supuesto empleado de la compañía de teléfonos, que era uno de los hombres de El Ladrón.

—¿Estás escuchando nuestras conversaciones? —preguntó Hayes—. Espero que tengas una orden federal para hacerlo.

Hubo una carcajada.

—Pues sí, la tengo. Pero esa es la única información que vas a obtener de mí.

—¿Quién eres? —preguntó Minette bruscamente.

—Trabajo para tu padre, Minette —dijo Lassiter, en un tono divertido—. Ya lo sabes.

—¿Y para quién trabajas cuando no estás trabajando para mi padre?

—Oh, no puedo decírtelo. Sería revelar demasiado. Digamos que estoy relacionado con un organismo que tiene interés en las actividades locales de El Ladrón, y dejémoslo así.

—Lassiter. ¿Por qué me suena tanto ese nombre? —preguntó Hayes.

—Tal vez conozcas a mi padre. Tiene una agencia de detectives en Houston.

—¿Dane Lassiter es tu padre? —preguntó Hayes con asombro.

—Sí. Mi madre es una de sus principales investigadores. Mi hermana trabaja para el Departamento de Policía de Houston como especialista en inteligencia.

—Vaya parentela —dijo Hayes, riéndose—. He hablado varias veces con tu padre sobre algunos casos de este condado. Es uno de los mejores del negocio.

—Gracias. Estoy de acuerdo.

—Pero… mi padre me dijo que trabajabas para algún tipo loco del Oriente Medio… —dijo Minette.

—Trabajé para él brevemente —respondió Lassiter—. ¿Quién crees que les dio la información necesaria sobre sus movimientos a las autoridades adecuadas?

—¡Dios mío!

—Sin embargo, vamos a concentrarnos en nuestro pequeño problema —dijo él—. He localizado algo de actividad cerca de la finca de Cy Parks, y no es actividad de tu padre, Minette. Hay cuatro todoterrenos fuertemente armados allí, esperando.

—No será en Burns Lake Road, ¿verdad? —preguntó Hayes.

—Allí es donde hemos encontrado la mayoría de cadáveres que abandonan por la zona —dijo Zack.

—Sí. Allí es, precisamente, donde están. Los he encontrado en una operación de vigilancia aérea, porque están perfectamente escondidos.

—¿Vigilancia aérea? —preguntó Hayes.

—Tengo acceso a datos de satélite —respondió Lassiter—. No preguntéis. No puedo decíroslo.

—Puedo enviar a mis ayudantes a la zona… —murmuró Hayes.

—¿Y qué iban a hacer? ¿Arrestarlos por aparcar en el bosque? Todavía no han hecho nada ilegal.

—Pero tú crees que van a hacerlo —dijo Hayes—. ¿Por qué?

—Es un presentimiento. Creo que están preparándose para el secuestro de Minette.

Hayes la rodeó con un brazo, en un gesto de protección.

—Tendrán que pasar por encima de mi cadáver.

—Precisamente, esa es la idea —respondió Lassiter—. Si te interpones en su camino, serás su objetivo. El Ladrón está buscando el modo de vengarse de su padre por dar al traste con el que iba a ser su negocio más lucrativo. Le costó unos cuatro mil millones de dólares en narcóticos, y quiere venganza.

—¿Cuatro mil… millones? —preguntó Minette.

—Sí. Bastante dinero —dijo Lassiter—. Según la ley RICO, las agencias federales podríamos, es decir, podrían tener equipos mucho mejores si consiguieran esa cantidad.

Ni Minette, ni Zack ni Hayes dijeron nada sobre su equivocación, pero se miraron entre los tres.

—De todos modos —continuó Lassiter—, sigamos con lo de los micrófonos. Creo que, por el momento, deberíamos dejarlos puestos.

Zack miró el pequeño aparato que tenía en la mano y, después, miró a Hayes y a Minette. Ella hizo una mueca de desagrado, pero asintió.

—Sí, supongo que tiene razón —dijo—. Si sucede algo, él se enterará antes de que nuestros cadáveres se hayan enfriado.

Hayes se rio.

—En mi turno no va a haber ningún cadáver, te lo aseguro.

—En el mío tampoco —dijo Zack.

—Ese es el plan. Y, si no te importa, Zack, vuelve a colocar los que quitaste de la casa del sheriff.

Zack exhaló un suspiro.

—El lagarto está enfadado conmigo en este momento. Me va a resultar difícil pasar al despacho de Hayes.

—Ah, sí, Andy —dijo Lassiter—. Le encantan los plátanos. Le di un par de trozos y me siguió como un cachorrito.

—Sí —dijo Hayes—. Le vuelven loco los plátanos.

—Pues entonces, iré a comprar unos cuantos y me pondré manos a la obra —dijo Zack, con cara de nerviosismo.

—Le pediré al condado que te dé un aumento de sueldo —le dijo Hayes, sonriendo.

—Sí, y me lo concederán cuando nos declaren provincia de Canadá —respondió Zack con sarcasmo—. No importa. Puedo pagar las facturas y comer una vez al mes. Estoy contento.

—Gracias, Zack —dijo Hayes.

—Mantened los ojos bien abiertos —les advirtió Lassiter—. Ni siquiera yo tengo acceso completo a lo que están haciendo estos tipos.

—Sí, y mi hija debe estar a salvo pase lo que pase —dijo una voz masculina y grave, en tono de preocupación—. Mi vida, cuídate.

—Lo haré. Gracias —respondió ella, al reconocer la voz de su padre.

—Nunca hubiera querido que te vieras involucrada en algo tan peligroso —dijo Diego, con un suspiro—. Creo que las grandes familias del narcotráfico están consiguiendo más poder del que deberían en la política. No debería ser así. Nosotros llevamos un negocio. Los políticos deberían estar al servicio del pueblo, no de unos pocos.

—Si mal no recuerdo —dijo Hayes—, Thomas Jefferson, uno de nuestros presidentes, dijo que el precio de la libertad es la vigilancia eterna. Me pregunto si se refería a los dispositivos de vigilancia...

—Muérdete la lengua —le dijo Minette, riéndose.

—Eh, no reniegues de las herramientas —intervino Lassiter—. Puede que algún día agradezcas su existencia. Hablaremos más tarde.

—Ten cuidado, hija mía —añadió El Jefe.

La comunicación se cortó.

—Bueno, nunca te acostarás sin saber algo nuevo —comentó Hayes.

—Yo acabo de aprender que no debo dejar entrar nunca más en casa a ningún técnico de reparaciones —dijo Minette.

—Y yo he aprendido a llevar plátanos cuando tenga que vérmelas con un lagarto gigante —dijo Zack.

—Dejé dinero en el frasco del cambio, en la mesa del salón —le dijo Hayes—. Cómprale más comida a Andy.

—Ya lo he hecho. Salvo que olvidé los plátanos. Voy a comprarlos de camino a casa. Llamaré más tarde.

—No bajes la guardia —le ordenó Hayes.

—Ni tú.

—¿El padre de Lassiter es un detective privado? —preguntó Minette, con curiosidad.

—Sí —respondió Hayes—. A mí me contó su historia un agente de la DEA que tuvo tratos con él. Es una historia larga, pero interesante. Lassiter trabajaba para el Departamento de Policía de Houston, hasta que estuvo a punto de morir en un tiroteo. Pensó que, con las lesiones que había padecido, ya no podría volver al trabajo que tenía, así que montó una agencia de detectives y contrató a algunos de sus antiguos compañeros de la policía.

—Vaya, vaya.

—Se hizo una buena reputación aceptando casos que ninguna otra agencia de detectives hubiera aceptado. Después de unos cuantos años, él era el primero en el que pensaba la gente cuando estaban persiguiendo a algún elemento peligroso. Además, participó en la desarticulación de una red de pederastia internacional, hace unos cuantos años.

—Recuerdo haber leído algo de eso. La mujer de uno de los que participó en la operación escribió una novela sobre el caso, que fue un gran éxito de ventas. Creo que era la mujer de un tal Cord Romero.

Hayes se echó a reír.

—Sí. Cord era una leyenda en los círculos de mercenarios. Trabajó en varios casos hasta que tuvo hijos con su esposa. Ahora lleva una vida discreta. Creo que abandonó el trabajo de desactivación de explosivos en el que se había especializado.

Ella se estremeció.

—Me imagino que su mujer lo habría encerrado en alguna habitación, con llave, si él le hubiera dicho que iba a volver a hacerlo.

—Sin duda.

—Todo esto nos deja, aún, con la pregunta de por qué el adversario de mi padre ha enviado a un asesino a sueldo a matarte —dijo Minette—. No creo que sea porque pudieras saber que ese alcalde corrupto está mezclado en el tráfico de drogas. ¿No recuerdas haber visto a nadie más cuando hicisteis la redada en la que lo arrestasteis?

—No, en realidad no. Las cosas fueron muy confusas. Yo estaba con dos agentes de la DEA, dos de mis ayudantes, un ranger de Texas y algunos policías locales. Era por la noche, además.

—¿Quiénes eran los agentes de la DEA?

—Uno de ellos era Rodrigo Ramírez. Se casó con la hermanastra de Jason Pendleton, Glory, que ahora trabaja de fiscal en la oficina de Blake Kemp.

—¿Y el otro?

Hayes frunció el ceño.

—Buena pregunta. No recuerdo que me lo presentaran, en realidad. Vino con Rodrigo.

—Podrías llamar a Rodrigo, para preguntarle si él recuerda quién era.

—Sí, creo que sí. Tal vez él tenga mejor memoria que yo.

Sin embargo, Rodrigo tampoco lo recordaba.

—Es muy raro —dijo Rodrigo, con su ligero acento español—. Recuerdo la redada, recuerdo que estaba allí, pero no me acuerdo del agente que vino conmigo. No era uno de los asiduos, como Sarina Lane, ni siquiera Alexander Cobb —añadió, mencionando a su antiguo compañero y jefe de zona de la DEA.

—Supongo que su nombre estará en el informe de la redada —dijo Hayes—. Voy a buscar el expediente. No te preocupes más. ¿Cómo está tu nuevo niño?

Rodrigo se echó a reír.

—Glory y yo estamos muy contentos. Es el milagro más fascinante que he visto. Deberías venir a vernos.

—Ojalá tuviera tiempo —dijo Hayes, con un suspiro.

—Me enteré de lo del tiroteo —dijo Rodrigo—. Sabemos

quién contrató al pistolero, y tenemos gente trabajando para arrestarlo.

—Yo también —dijo Hayes—, pero va a ser un proceso largo y lento. Mientras, he conseguido algunos aliados inverosímiles.

—¿Como la señorita Minette Raynor, tu odiada enemiga, por ejemplo? —le preguntó Rodrigo en voz baja—. Nos hemos enterado de que estás alojado en su casa.

Hayes miró a Minette con afecto.

—Mi odiada enemiga ha resultado ser lo mejor que me ha ocurrido nunca —dijo suavemente, y Minette se ruborizó. Después, él la estrechó contra sí y la miró a los ojos—. Ya no somos enemigos.

—Me alegro de oírlo. ¿Y a quién te refieres con lo de los aliados inverosímiles?

—Bueno, eso es un secreto.

—Sí tú lo dices... Sin embargo, en nuestra agencia es un secreto a voces. Estás en terreno pantanoso con respecto a eso, Hayes.

—Ya lo sé. El problema es que él tiene acceso a información que yo no puedo conseguir.

—La casa de la señorita Raynor está pinchada —dijo Rodrigo.

—Demonios. ¿Lo sabes todo?

—No, todo no. Todavía no entiendo la teoría de campos unificados en la que estaba trabajando Einstein, ni el motivo de la hibernación de los osos, ni...

—De acuerdo, de acuerdo. Ya me hago una idea.

—¿Quién puso los micrófonos, y por qué siguen ahí? —insistió Rodrigo.

Hayes suspiró.

—Hemos entablado una relación de amistad.

—¿El narcotraficante más grande de todo el norte de México y tú?

—Solo es uno de los más grandes, y no es el peor, ni por asomo. El peor es su archienemigo, que está planeando un secuestro.

—¿El tuyo?

—No, el de Minette.

Rodrigo se quedó callado.

—Espera un minuto. Ahora mismo te llamo.

Colgó. Un minuto después, volvió a sonar el teléfono de Hayes.

—Esta es una línea segura —dijo Rodrigo—. ¿Por qué está El Ladrón detrás de tu anfitriona?

Hayes miró a Minette, que tenía cara de tristeza y de vergüenza.

—Porque su padre es El Jefe.

—¡Oh, Dios Santo!

—Sí. Eso lo complica todo. Ella no se enteró de todo esto hasta que El Jefe se mudó a la finca colindante a la de Cy Parks y comenzó a criar purasangres. Sabe que Minette está en peligro, y tiene a su gente protegiéndola.

—Además de alguna gente de Cy, de tu gente y del jefe de policía de Jacobsville.

—Más o menos.

Rodrigo suspiró.

—Una noche, nos enteraremos de que ha habido un tiroteo masivo en la oscuridad, cuando unos confundan a los otros con el enemigo.

—Que Dios no lo quiera.

—No voy a aumentar el problema mandando a más gente —le prometió Rodrigo—, pero esto podría complicarse rápidamente, sobre todo si los hombres de El Ladrón consiguen ponerle las manos encima a la señorita Raynor. Ese tipo tiene fama de tratar muy mal a sus prisioneros, y no respeta en absoluto la vida humana. Mata mujeres y niños igual que a los hombres.

—Ni siquiera el difunto López lo hacía —dijo Hayes.

—Eso era lo único bueno que tenía. Pero murió, y los Fuentes se hicieron con el control. Y ahora es El Ladrón el que dirige el cártel, y su primo Charro Méndez se acaba de convertir en alcalde de Cotillo después de asesinar a su antecesor. Si pueden, tomarán las riendas del narcotráfico en el norte de México.

—Sí. Ojalá pudiéramos atrapar a todos los traficantes y mandarlos a la parte más profunda del océano —dijo Hayes.

—Sí, ojalá —respondió Rodrigo, con un suspiro—. ¿Podrías echarles un vistazo a los informes de la redada, para dar con el nombre del agente que me acompañó? Es extraño que yo no lo recuerde —dijo—. Tal vez fuera alguien de una de nuestras oficinas satélite. Conozco a la gente con la que trabajé en Houston, y conozco a la mayoría de los agentes de San Antonio.

—Fue una noche frenética —dijo Hayes—. Yo no me preocuparía por eso.

—Tengo que hacerlo —respondió Rodrigo—. Sabemos que tenemos un topo de alto nivel en nuestra organización, pero no sabemos quién es, ni dónde está.

—No creo que sea alguien que está en una oficina satélite —comentó Hayes—. Tendría que ser alguien que tenga acceso a información importante.

—Todas las oficinas cuentan con un ordenador, y todos los ordenadores contienen información importante y sensible —le explicó Rodrigo—. Sin embargo, estoy de acuerdo en que no es muy probable que tengamos a una persona de perfil bajo tratando con un capo. Encontramos a uno de nuestros agentes trabajando para los Zetas. Lo despedimos, y fue juzgado. Sin embargo, sabemos que no era el único, y nunca hemos podido encontrar al que queda.

—Envía a Cobb a buscarlo —dijo Hayes, riéndose—. Ese hombre tiene verdadero talento para la investigación.

—No me lo recuerdes. Yo tuve un par de encontronazos con Cobb antes de conocerlo bien.

—Podrías preguntarle si tiene alguna idea.

—Si las tuviera, no creo que las compartiese. Es muy reservado. Avísame si tú averiguas algo, ¿de acuerdo? Pero no hables por la línea normal. Yo te volveré a llamar con una línea segura, como ahora.

—De acuerdo. Cuídate.

—Tú también.

Hayes miró a Minette.

—Tengo que consultar unos archivos. ¿Quieres venir a la oficina conmigo?

Ella sonrió.

—Voy por mi chaqueta.

CAPÍTULO 12

Pararon a comer en el Barbara's Café. Barbara sonrió al verlos entrar.

—Me alegro de verte recuperado, Hayes —le dijo.

—Sí, yo también me alegro de poder salir.

—Estás un poco serio.

—No me ha dejado conducir —refunfuñó, señalando a Minette con la nariz arrugada.

Minette sonrió.

—Es el doctor Coltrain el que no te deja conducir —replicó—. Yo solo soy su subordinada.

Barbara y Hayes se rieron.

—Hoy tengo tarta de limón de postre —dijo Barbara, mientras les entregaba la carta.

—Mi favorita —dijo Hayes.

—Y panecillos caseros de mantequilla.

—Umm... Últimamente los tomo todas las noches —respondió él, mirando a Minette con una sonrisa—. Es una buenísima cocinera.

—No me vayas a chafar el negocio —bromeó Barbara, moviendo el dedo índice.

—No te preocupes —dijo Minette—. Solo soy un contratiempo temporal.

—Oh, yo no estaría tan seguro de eso —murmuró Hayes, y la miró durante el tiempo suficiente como para conseguir que se ruborizara.

Después de la deliciosa comida, se dirigieron hacia la oficina de Hayes. Zack estaba revolviendo en un cajón, gruñendo, cuando llegaron.

—¿Qué es lo que no encuentras? —le preguntó Hayes.

—La grapadora. Es esencial en esta oficina, y nunca la encuentro. ¡Es como si tuviera patas! ¡Anda!

Hayes lo miró con resignación. Levantó la primera hoja de papel de la bandeja de documentos recibidos y descubrió la grapadora.

—Lo hago para que Yancy no se la lleve. Nunca la trae de vuelta.

Zack se echó a reír.

—De acuerdo. Ahora yo también sé dónde esconderla. Gracias. ¿Qué estáis haciendo aquí?

—Hemos venido a buscar el hombre del agente de la DEA que participó en aquella redada de narcos en la que el nuevo alcalde de Cotillo me apuntó con un rifle. Lo desarmé y lo detuve, pero salió bajo fianza y cruzó la frontera.

—Ah. Ese. A mí se me ocurrió la misma idea, así que saqué el informe.

—¿Y?

—No está ahí.

—¿Qué?

Hayes se sentó en su escritorio, abrió la carpeta de expedientes confidenciales e intentó consultar el informe de la redada.

—Está vacío —dijo, con incredulidad.

—Sí. Lo han borrado, a menos que me equivoque —dijo Zack—. Iba a llamarte después de comer.

—¿Quién tiene acceso a esto? —preguntó Minette.

—Todos los ayudantes —respondió Hayes.

—Los ayudantes, el detective, la administrativa y el sheriff.

—¿La administrativa? ¿No tenéis una nueva, porque la última se puso enferma?

Hayes y Zack se miraron.

—Sí, pero tiene relación con John Hulsey —dijo Hayes—. Es uno de nuestros abogados más importantes. Le dio unas estupendas referencias.

Minette se quedó mirándolo fijamente.

Hayes descolgó el teléfono y, después de consultar con una lista de abogados, llamó a John.

—Hola, Hayes. ¿Cómo estás? ¿Qué tal va tu recuperación?

—Más o menos bien. Escucha, John, esas referencias que le diste a tu sobrina…

—¿A mi qué?

—Tu sobrina, Beverly Sands…

—Yo tengo un sobrino que se llama Charles y una sobrina que se llama Anthea. Ninguna que se llame Beverly…

—Pero ella te citó como referencia —dijo Hayes, que se sentía cada vez más estúpido—. Me entregó una carta escrita en una hoja con tu membrete, y con algo que podría jurar que era tu firma.

—Tendrías que haberme llamado, Hayes —dijo John, suavemente.

—Tienes razón. Me siento como un imbécil.

—Todos cometemos errores —dijo John—, pero deberías despedirla.

—Si es que vuelvo a verla, no solo voy a despedirla, sino que la acusaré de fraude —murmuró Hayes—. Gracias, John.

Colgó, y exhaló un largo suspiro.

—No podía haber hecho algo más tonto. ¡Yo, precisamente! Yo siempre compruebo las referencias de la gente. Sin embargo, ella parecía tan ingenua y confiada… Tan honrada…

—A mí también me tenía engañado —confesó Zack—. Me caía muy bien. Hacía el café. Eso era todo un punto en su favor.

—¿Y dónde estará ahora? —preguntó Hayes.

—Esta mañana no ha venido a trabajar —dijo Zack—. Llamó para decir que estaba enferma —añadió. Sin embargo, entrecerró los ojos y se acercó al mostrador de comunicaciones—. Eh, Bob, ¿podrías ir a casa de Beverly Sands? —dijo, mirando la dirección que ella había escrito en la solicitud de trabajo—: Es en el número 24 de Oak Street. Ve a ver si está en casa. Sí, exacto. Sí. Gracias. Después, llámame. Sí, de acuerdo.

Se volvió hacia ellos y afirmó:

—He enviado a Bob. Él la encontrará.

Sin embargo, Bob no la encontró. La dirección correspondía a la de una pequeña cafetería que acababa de abrir. Allí no vivía ninguna Beverly Sands. Aquel error fue muy doloroso para Hayes.

—¿Por qué no comprobé su dirección? —preguntó en voz alta, con horror, cuando Zack se lo dijo—. ¡Soy el sheriff!

—No eres perfecto —le dijo Minette, con delicadeza—. Jacobsville es un pueblo pequeño, y todos confiamos los unos en los otros.

—Sí, pero yo debería saber que eso no es realista.

—A mí también me engañó, jefe —le recordó Zack.

—Bueno, y ahora, ¿qué? —preguntó Minette.

—¿Tenemos la huella dactilar, por lo menos? —preguntó Hayes.

—Estaba a punto de hacerlo cuando nos mezclamos con El Jefe y las cosas se animaron en la investigación —dijo Zack, con un suspiro—. Lo había pospuesto, porque lo consideré una de esas cosas que no hay que hacer con tanta prisa.

Hayes hizo un gesto de rendición con las manos.
—Demonios...
—¿Eb Scott no tiene contratado a un técnico informático increíblemente eficaz? —les preguntó Minette.

Los hombres la miraron.

—La información no se puede borrar por completo a menos que se reformatee todo el disco duro, ¿no? Y creo que este disco duro no ha sido formateado.

Hayes volvió a sacar su teléfono móvil.

Al final de la tarde, el técnico estaba empezando a recuperar el archivo perdido. La recuperación estaba tardando porque la información estaba fragmentada, pero el joven estaba seguro de que iba a conseguirlo. Sin embargo, era tarde, y les dijo a los demás que podían irse a casa.

Así pues, Hayes volvió con Minette, y se encontró una extraña reunión en el jardín trasero.

—¿Qué demonios está ocurriendo? —preguntó Minette, cuando Hayes y ella se acercaban al porche.

Había cuatro hombres gritándose. Al oír su voz, se quedaron callados. De repente, parecían muy tímidos.

—Eh... Hola —dijo uno de ellos, e intentó sonreír.

—¿Quiénes sois vosotros? —inquirió Minette.

—Buena pregunta —dijo Hayes.

—Eso es lo que estamos intentando dilucidar —dijo el que había hablado antes—. Ese de ahí es uno de los hombres de El Jefe —afirmó, señalando a un tipo taciturno de pelo y ojos oscuros—. Ese es uno de los ayudantes voluntarios del sheriff Carson, creo —añadió, y Hayes reconoció a uno de sus trabajadores a tiempo parcial—. Y yo, más o menos, estoy trabajando para Cash Grier —continuó, con una carcajada de azoramiento—. Pero nadie sabe quién es ese, y parece que no está dispuesto a decir para quién trabaja.

—No tengo por qué decir nada —respondió el hombre, con altivez—. Soy un turista. Estaba buscando lugares de interés, y me perdí.

—¿En mitad de una propiedad privada? —inquirió Hayes.

El hombre se encogió de hombros y miró a su alrededor.

—No veo ninguna señal que diga que esto es una propiedad privada.

—¿Quién eres? —insistió Hayes con frialdad.

El hombre lo miró directamente a los ojos.

—Carson.

—Yo soy Carson.

—Yo también me apellido Carson —replicó el hombre—. Y eso es todo lo que voy a decir.

—Espera... —dijo el hombre que había hablado—, te conozco. Tú eres el tipo que se marchó con Emilio Machado a Sudamérica. Trabajas para Cy Parks cuando no estás por ahí con el grupo de Eb Scott.

El tal Carson se encogió de hombros una vez más.

—Tal vez sí, tal vez no. Tal vez solo sea un turista que se ha perdido.

—Las visitas de interés están por ahí —le dijo Hayes, señalándole el camino hacia Jacobsville—. Echa a andar.

—Vaya un sitio más poco hospitalario —refunfuñó el hombre—. No me extraña que sea tan pequeño.

—Vuelve y dile a Cy Parks que ya tenemos suficientes locos aquí peleándose los unos con los otros. No necesitamos más compañía. Y dale las gracias —dijo Hayes, con reticencia.

—El jefe me ha mandado aquí a que haga un trabajo —respondió Carson, mirándolos a todos de forma beligerante—, y no me voy a marchar hasta que lo haya hecho.

—Pero... —empezó a decir Hayes.

—Vamos, Hayes —intervino Minette, y dio un paso hacia el otro hombre—. Cuanta más gente, menos problemas.

—¡Sí, a no ser que se peguen un tiro los unos a los otros!

—Yo no voy a disparar a nadie —dijo Carson—. No voy armado.

—Entonces, ¿matas a la gente a base de hablarle? —preguntó con sorna el primer hombre.

Carson se giró hacia él.

—No necesito hablar.

Hayes se había fijado en algo que los demás habían pasado por alto: que aquel hombre llevaba un machete enorme en el cinturón.

—Ese tipo de arma es ilegal —dijo—. Y podría arrestarte por llevarlo.

—Tengo permiso.

—¿Un permiso para ese tipo de cuchillo? ¿Y quién te lo dio?

—Cash Grier —dijo Carson. No sonrió, pero tenía tal cara de petulancia que a Hayes le dieron ganas de pegarle un puñetazo.

—No lo creo —dijo.

—No me importa —replicó Carson—. Arrésteme si quiere. Lo demostraré en el juicio —añadió y, entonces, sí sonrió—: Mi prima está casada con un senador senior de Dakota del Sur.

Aquella era una amenaza poderosa. Aquel senador era famoso, entre los medios de comunicación, por su malhumor y su preocupación por la gente nativa.

—Y mi primo segundo trabaja en la seguridad de un banco en San Antonio —le soltó Hayes.

Minette tuvo que contener una risita.

—Escuche, todos estamos aquí por la misma razón: para proteger a la señorita Raynor —dijo el primer hombre—. ¿Por qué no dividimos la propiedad en cuatro sectores y cada uno patrulla en el suyo?

—Deberías presentarte para sheriff —dijo el hombre alto, y señaló a Hayes—, contra él.

—No, yo no. Conozco este condado. El sheriff Carson es imbatible, a menos que ase a algún turista en una barbacoa.

El hombre llamado Carson, que se había hecho pasar por un turista, frunció los labios.

—Yo tendría un sabor horrible —le dijo a Hayes.

Aquello rompió el hielo. Hayes se echó a reír.

—Está bien, todos fuera de aquí —les dijo—. Y por favor, chicos, dejad de discutir y poneos a trabajar. A este paso, nunca vamos a conseguir que este lugar sea seguro.

—No es culpa nuestra, en realidad —dijo el portavoz—. El turista —indicó al hombre llamado Carson— lo tiró al suelo —explicó, señalando al hombre de El Jefe—, y las cosas se fueron poniendo desagradables.

—Estaba intentando protegerla —dijo el hombre de El Jefe.

—Yo también —respondió Carson—. A mí me pareciste un traficante de drogas —añadió, en voz baja.

—Tal vez lo sea, y tal vez no —dijo el hombre de El Jefe, con retranca—. ¿Tienes una orden para poder interrogarme?

Carson le sonrió, y la sonrisa hizo que el otro hombre diera un paso atrás.

—Les agradezco mucho su ayuda, a todos —dijo Minette—. Pero dejarse ver así no va a ser de ayuda.

—Tiene razón —les dijo el portavoz a los otros tres—. ¿Volvemos al trabajo, caballeros?

—Buena idea —dijo el hombre de El Jefe, y los demás asintieron. Carson no habló; Señaló el sector que quería vigilar y se encaminó hacia allí.

Minette y Hayes los dejaron en el porche.

—Bueno, me siento más segura —comentó Minette, mientras entraban en casa—. Es agradable que mi padre quiera vigilarme. Y Cy Parks, y Cash Grier, y tú —añadió.

—Y yo —dijo Hayes, y la tomó de la mano con una sonrisa.

A la mañana siguiente, el informático había encontrado algo. Llamó a Hayes, pero no quiso darle la información por teléfono.
—¿Puede venir a la oficina? —le preguntó a Hayes.
—Claro. Ahora mismo voy para allá.
Minette condujo, en contra de la voluntad de Hayes.
—Estoy mucho mejor —dijo él—. Por lo menos, podrías dejarme conducir.
—No puedes estropear toda tu recuperación, Hayes. No falta mucho para que puedas volver al trabajo. El doctor Coltrain ha dicho que estás progresando muy rápidamente.
—Estoy impaciente. No estoy acostumbrado a la inactividad —dijo él, mirando por la ventanilla—. Aunque he disfrutado mucho viendo películas y haciendo cosas con los niños. Y contigo. He disfrutado mucho de tu comida, y de la compañía. Mucho.
Ella se ruborizó y se echó a reír.
—Gracias. Yo también he disfrutado de la compañía. Ninguno de nosotros estamos acostumbrados a que haya un hombre en la casa.
Él frunció los labios.
—¿Y crees que podríais acostumbraros a tener a un hombre en la casa?
A ella se le cortó la respiración. Estaba tan ocupada mirando a Hayes que no se dio cuenta de que, tras ellos, dos camionetas aceleraban para alcanzarlos.
Hayes iba a decir algo, pero, antes de que pudiera hacerlo, una de las camionetas embistió el lateral izquierdo del todoterreno de Minette y los sacó de la carretera. Antes de que Hayes pudiera sacar la pistola de la funda, dos hombres con

fusiles automáticos le apuntaron a la cabeza, y él desistió de su idea.

—Bien, señorita Raynor —dijo uno de los hombres—. A nuestro jefe le gustaría conocerla.

—Por encima de mi cadáver —dijo Hayes.

El hombre siguió apuntándolo con su arma. No parecía que estuviera enfadado ni alterado.

—Ha sobrevivido, pese a los esfuerzos de nuestro jefe, sheriff. Si desea vivir un día más, no oponga resistencia.

—Venga con nosotros —dijo el otro.

Tomó a Minette con rudeza del brazo; sin embargo, cuando Hayes dio un paso hacia él, el hombre aflojó su agarre. Se puso a hablar con su compañero en un idioma que no era el español. Uno de ellos hizo un gesto de desagrado mirando a sus prisioneros, y el otro asintió irritado.

—Vamos —dijo el mayor.

Entonces, los separaron. Ataron a Hayes y lo metieron en uno de los vehículos. Minette fue obligada a subir al otro.

Minette tenía una idea bastante clara de lo que iba a sucederle. Esperaba que Lassiter hubiera colocado algún micrófono en su coche; si lo había hecho, todavía quedaban esperanzas, y tal vez no los encontraran, a Hayes y a ella, muertos en alguna zanja. Si no lo había hecho... Bueno, a todo el mundo le llegaba su hora. Solo podía rezar.

Mucho tiempo después, les taparon los ojos y les pusieron en el asiento trasero de un todoterreno muy potente y caro, y cruzaron la frontera de México de noche.

Hayes estaba mordiendo la mordaza. Se sentía furioso consigo mismo; estaba avergonzado por no haber prestado atención a lo que ocurría a su alrededor. Sabía que Minette corría peligro de que la secuestraran. Solo podía rezar por que sus amigos estuvieran vigilando, esperando, en situación de hacer algo para sacarlos de aquel lío en el que estaban metidos.

No podía moverse; le habían puesto sus propias esposas y

lo habían amordazado, y también le habían puesto una venda en los ojos. Sabía que Minette iba en el asiento, junto a él, pero no podía comunicarse con ella. Le habían arrebatado el teléfono móvil antes de subirlo al todoterreno, y lo habían pisoteado en el suelo. Las esposas le hacían daño en las muñecas, aunque, por suerte, no le habían esposado con los brazos a la espalda, lo cual habría destrozado toda su rehabilitación, sino por delante del cuerpo. Estaba furioso por su falta de atención, sí, pero tenía que mantener la cabeza clara para que Minette y él pudieran escapar de una muerte segura. Esperaba que hubiera un modo de conseguirlo.

Los encerraron en una casita oscura y fría. Hayes había intentado no perder la noción del tiempo mientras iban en el todoterreno, y suponía que los estaban llevando a Cotillo. Aquellos hombres pertenecían a una de las dos facciones rivales del narcotráfico que estaban intentando conquistar el mercado de aquel estado mexicano: la familia Fuentes, liderada por El Ladrón, y las fuerzas de El Jefe. Aquel era un territorio muy ventajoso, porque en él había muchas montañas para esconderse, tenía un acceso rápido a Estados Unidos y no había patrullas fronterizas ni fuerzas federales cerca. Seguramente, el ganador de aquella guerra se enfrentaría después contra los Zetas o algún otro cártel poderoso para intentar ganar, todavía, más territorio.

La casa estaba muy oscura. No debía de tener electricidad, porque Hayes oyó que encendían un fósforo y, después, percibió un brillo a través de la venda que le cubría los ojos.

Le quitaron la venda, y buscó a Minette con la mirada. Estaba a su lado, todavía atada, con una expresión de resignación. A ella también le habían quitado la venda. Se miraron el uno al otro con dolor, porque sabían que, tal vez, fuera la última vez que pudieran hacerlo.

—Tráelos aquí —dijo uno de los hombres, señalando dos sillas que había junto a una ventana.

Hayes protestó cuando el hombre le abrió las esposas y comenzó a tirar de sus brazos hacia atrás.

—Espera —dijo su captor, frunciendo los labios, y sonrió—. Parece que al sheriff le duele la herida, ¿eh? —preguntó, riéndose—. Átale las manos por delante y pásale la cuerda por los tobillos —le ordenó a su compañero—. Así, si decide moverse, él mismo se administrará su castigo.

Minette no recibió la misma cortesía. Le ataron las manos a la espalda, por detrás del respaldo de la silla, aunque no le ataron los pies. Rápidamente, comenzó a pensar en las posibilidades y las formas de escapar y de salvar a Hayes.

Hayes estaba haciendo lo mismo, pero sabía que no tenían muchas esperanzas. Maldijo su herida, maldijo a aquellos traficantes y maldijo su propia estupidez por dejarse atrapar.

—Bueno, ahora, a esperar —dijo su secuestrador con una carcajada—. Tendréis el honor de que mi jefe, Charro Méndez, se ocupe personalmente de vosotros. Es el alcalde de Cotillo, pero también es el primo segundo de Pedro Méndez, el líder de nuestra familia —explicó con una sonrisa fría—. Charro nos ha ordenado que os tratemos con un gran respeto, que no os toquemos ni un pelo —se acercó a Minette y se inclinó hacia ella—. Va a traer a un hombre que es experto en cámaras de vídeo —susurró, lo suficientemente alto como para que Hayes también pudiera oírlo—. Así, podremos grabar todo lo que te hagamos para que lo vea tu papá.

Aquella afirmación hizo que a Minette se le encogiera el estómago. Querían que su padre, el padre a quien ella nunca había conocido, viera grabación y supiera que era el culpable de su sufrimiento.

Minette alzó la barbilla.

—Mi padre —dijo, en voz baja— colgará a tu jefe de los pulgares y lo cortará en trozos.

—Sí, milady, pero tú habrás muerto mucho antes de que eso suceda —dijo el hombre, riéndose, y se irguió, mirándola con un placer malicioso—. Voy a pedir que me dejen tomarte primero para las cámaras.

—Será mejor que traigas armas —le advirtió ella, suavemente.

Al secuestrador le pareció hilarante.

—Me gustan las mujeres con agallas —dijo. Después, se volvió y comenzó a darles órdenes a sus hombres, en español—. Pepito, tú haz la vigilancia. No hables con ellos, ¿de acuerdo?

—No, claro que no —dijo el joven, y se metió la pistola en la cintura del pantalón—. Tendré buen cuidado.

—Y nada de juguetear con la mujer —añadió el jefe—. ¿Entendido?

—Es demasiado pálida para mí —dijo el chico, y se rio. Sin embargo, su risa sonó forzada. Parecía muy nervioso.

—Claro, a ti te gustan las chicas bien llenitas, como tu mujer, ¿no? Acuérdate de tu mujer y de tus hijas, Pepito —añadió, con suavidad, y el joven se movió nerviosamente—. No vamos a tardar. Charro ha dicho que va a venir hoy mismo.

Entonces, les señaló la puerta a los otros dos hombres, y comenzó a hablarles en un idioma que Minette no conocía.

La puerta se cerró tras ellos.

—Dios, Minette, ¡Lo siento! —dijo Hayes—. Todo esto es culpa mía.

—No. Yo debería haber prestado atención. Lo siento —respondió ella—. Hemos sido descuidados —añadió, y miró al chico—. Si te queda un mínimo de piedad, por favor, mátame.

—¡Minette! —rugió Hayes.

Pepito suspiró.

—Señorita —dijo, con delicadeza—, nosotros no podemos hacer otra cosa que lo que nos dice nuestro jefe. Tengo una esposa y dos niñas —añadió—. Las tienen en Cotillo, en una casita, en un pueblo vigilado por hombres armados. Si hago algo que no le guste al jefe, las torturarán y las matarán.

—¡Dios Santo! —exclamó Minette horrorizada.

—Así es como nos controlan —prosiguió Pepito—. Mi hermano era uno de los cabecillas de nuestra organización. Trabajaba para Charro Méndez, que es nuestro jefe. Mi hermano me dijo que, trabajando en esto, podía ganar mucho dinero, así que caí en la tentación y acepté. A mi hermano lo mató Méndez por haber perdido un cargamento de cocaína. Así que, en realidad, yo vendí mi alma al diablo —dijo, y se santiguó—. Ni siquiera me permiten ir a misa, ni a confesarme. Charro Méndez tiene miedo de que le diga a un cura cosas que podría descubrir la policía.

Minette siempre había pensado que la gente que se metía en el tráfico de drogas disfrutaba del peligro y de la riqueza. Había entrevistado a dos delincuentes que le habían dicho que nunca abandonarían el negocio porque ganaban mucho dinero. Sin embargo, aquella historia era muy distinta.

—¿Viven tus padres? —le preguntó al chico.

—Solo mi madre. Mi padre protestó por lo que estaba haciendo mi hermano, cuando me convenció para que yo también me uniera a la organización. Mi hermano hizo que... mataran a mi padre, justo antes de que lo mataran también a él.

—¡Es monstruoso! —exclamó Hayes.

—Sí. Monstruoso. Colgaron a mi pobre padre en nuestro pueblo, como advertencia —dijo, y tragó saliva—. Así que siento sus problemas, pero no puedo ayudarles. Si lo hiciera, ellos matarían a mi mujer y a mis hijas.

—Lo entiendo —dijo Minette, con verdadera pena.

—Tu jefe debería ser acusado de delitos federales y encarcelado para siempre —dijo Hayes.

—Eso estaría bien, ¿verdad? Lo han arrestado muchas veces, pero incluso a la policía se la puede sobornar. He oído hablar de un hombre que trabaja para la DEA de su país. Mi jefe le paga el sueldo desde hace muchos años.

—¿Quién? —preguntó Hayes.

—Ah, eso no lo sé. Y, aunque lo supiera, si lo dijera, matarían a mi familia.

—Si pudiéramos sacarlos de México... —musitó Minette.

—Eso es un cuento de hadas. Charro, o su primo Pedro Méndez, pueden contratar asesinos a sueldo, y me encontrarían incluso en los Estados Unidos —dijo el chico, y miró a Hayes—. Y eso puede decirlo el mismo sheriff, ¿verdad?

—Bueno, el asesino de El Ladrón falló, ¿no?

Pepito suspiró.

—Sí, y lo mataron por su error. Dicen que han contratado a otro, pero, como ustedes ya están aquí, sus servicios no van a ser necesarios.

—¿Van a matarnos a los dos? —preguntó Minette.

Pepito se encogió de hombros.

—Yo solo soy una mula —dijo él, usando el término de la jerga del narcotráfico que servía para designar a los que transportaban las drogas—. No sé nada de los planes de mi jefe, salvo lo que han dicho antes. Pero creo que va a matarlos a los dos. A la señorita Raynor, para atormentar a su padre, y a usted, porque está con ella, y también porque humilló a Charro al arrestarlo en su país. Sería demasiado peligroso dejar que huyera.

Huir. Minette se aferró a aquel pensamiento. Lo que la esperaba era infinitamente peor que cualquier otra cosa que hubiera tenido que soportar durante su vida. Pensó en Julie, en Shane y en la tía Sarah. Pensó en su periódico y en su casa. Había dado por supuestas la seguridad, y a su familia también.

Si salía con vida de aquello, nunca volvería a dar nada por supuesto.

—Bien —dijo, después de un minuto, mirando a Pepito—. Creo que Hayes debería leerte tus derechos.

Pepito pestañeó.

—¿Cómo dice?

—Tus derechos —repitió ella—. Para que sepas cuáles son antes de que te metan en la cárcel.

Pepito se echó a reír.

—Señorita, el sheriff y usted son prisioneros nuestros en México, y no pueden arrestarnos ni escapar.

Minette miró a Hayes con una ligera sonrisa.

—Adelante —le dijo—. Cumple con tu deber.

Él también sonrió, y cabeceó.

—Pepito, tienes derecho a permanecer en silencio. Cualquier cosa que digas puede ser utilizada en tu contra en un tribunal de justicia...

Minette se echó a reír por la audacia de aquellas frases.

CAPÍTULO 13

—¿Qué significa que los has perdido? —le rugió El Jefe a uno de sus hombres.

El hombre se estremeció.

—Iban a la oficina del sheriff. Él me llamó —dijo, señalando a Lassiter—, y me dijo que los siguiera. Pero mi maldito coche no arrancó —añadió furiosamente—. ¡Precisamente en ese momento, y acababa de sacarlo del taller!

—Así que le dije a Marist que los siguiera él —prosiguió Lassiter—. Iba a retomar la vigilancia desde la oficina del sheriff. Sin embargo, al ver que no aparecían, fue a buscarlos, y se encontró el todoterreno de Minette en la cuneta.

El Jefe se enjugó el sudor de la frente con su pañuelo blanco.

—Mi hija, en manos de ese... salvaje. ¡Ya sabéis lo que le van a hacer! —gritó.

Lo sabían. Se mantuvieron en silencio. Aquel fracaso les había llegado al alma.

—Debemos salvarla. ¡Tenemos que hacer algo! —continuó El Jefe.

Se abrió la puerta principal, y entró un hombre alto, de pelo largo y negro, espeso y sedoso. Se acercó a El Jefe sin vacilación.

—Necesito que me preste unas cuantas cosas —dijo.

Otros dos hombres entraron entre gruñidos de dolor, como si los hubiera atropellado un camión.

—¡Nos ha vencido! —exclamó con furia uno de ellos.

—¡Te voy a pegar un tiro! —le amenazó el otro, y se acercó a él.

—Inténtalo —respondió el intruso, mirándolo con calma.

—¡Ya basta! —ordenó El Jefe, y les hizo una señal a los hombres para que se apartaran. Se giró hacia el intruso.

—¿Quién demonios eres tú? ¿Y qué es lo que tengo que prestarte? ¡Acaban de secuestrar a mi hija!

El recién llegado alzó una mano.

—Yo sé dónde está. Necesito un helicóptero, una buena radio, unas cuantas granadas de mano y a él —dijo, y señaló al hombre que estaba junto a El Jefe.

—¿A él? —preguntó El Jefe, y miró al hombre fornido que seguía impasible a su lado—. ¿A Ruy? ¿Para qué?

Carson sonrió.

—Él lo va a vender a El Ladrón.

—El Ladrón tiene a mi hija, ¡no me necesita a mí!

—Espere —le dijo Carson, y sonrió—. Tengo un plan. Debe escucharme.

El Jefe gruñó. Su angustia era más que evidente.

Lassiter intervino.

—Yo escucharía, si fuera usted —le aconsejó a El Jefe.

—¿Te conozco? —preguntó Carson, arqueando las cejas.

Lassiter se rio.

—No —respondió—, pero yo sí he oído hablar de ti. Se dice que te encargaron ocuparte de un hombre que torturó a una periodista cuando Emilio Machado volvió a Sudamérica. Ayudaste a un mercenario llamado Rourke a que se deshiciera de él, ¿no?

—Tal vez.

—¿Y? —inquirió El Jefe.

—Creo que lo encontraron más tarde, distribuido entre los estómagos de tres caimanes.

La expresión de Carson no se alteró.

—Los pobres caimanes tenían hambre. A mí me daban pena.

El Jefe sonrió.

—En ese caso —dijo—, será un placer poner mi mejor helicóptero en tus manos, piloto incluido.

Carson le devolvió la sonrisa.

—Gracias.

—Salva a mi hija —respondió Diego—. Por favor.

—Haré todo lo que pueda —le aseguró Carson.

En la frontera hubo algunos problemas. El agente de la DEA Rodrigo Ramírez, junto al agente del FBI Garon Grier, estaban discutiendo con un policía fronterizo que no quería dejarlos pasar al estado de Villa Montaña, cuya capital era Cotillo.

—Escuche —dijo Ramírez—. Esto es un asunto oficial del gobierno. Ha habido un secuestro.

El agente se encogió de hombros.

—No me sorprende. Cotillo es famoso porque allí siempre esconden a los estadounidenses por los que piden rescate.

—Necesitamos ir hasta allí para hablar con su alcalde.

—La frontera está cerrada, lo siento —dijo el hombre, con una sonrisa fría.

Ramírez sacó su teléfono móvil e hizo unas cuantas llamadas. Después de la cuarta, se acercó al agente fronterizo y le entregó el teléfono.

El policía se puso el teléfono al oído. A los pocos segundos, soltó una jadeo, miró a Ramírez y palideció.

—Oh, sí, señor —dijo, en español—. Sí, por supuesto. Lo lamento. No sabía que... No, no, señor, lo haré inmediatamente. Sí, señor. Y, señor, enhorabuena por su victoria. ¡Sí, señor, rápidamente!

Entonces, cerró el teléfono y se lo devolvió a Ramírez. Se había quedado pálido.

—Pueden pasar, señores, y disculpen por la tardanza. Si puedo ayudar en algo más...

—No, gracias, no es necesario.

Volvieron al coche que el FBI le había asignado a Grier para aquel viaje y pasaron a Villa Montaña, mientras el guardia fronterizo mexicano se cuadraba y saludaba militarmente.

Pepito se estaba poniendo nervioso. Además, tenía hambre. Fue a la cocina y se preparó un sándwich. No había pan reciente. Echaba de menos las tortillas de su mujer, rellenas de carne asada y queso europeo, por no mencionar el café de importación que le entregaban como pago en especie por sus servicios. Aquellas cosas eran todo un lujo, pero se había acostumbrado a tenerlas con su nuevo trabajo. Sería difícil volver a los viejos tiempos, cuando debía trabajar en los campos de cultivo y apenas ganaba lo necesario para dar de comer a sus hijas.

Por supuesto, también estaban los trabajos espantosos que tenía que presenciar, y en los que, a veces, debía colaborar. Como lo que les iban a hacer a los norteamericanos que estaban en la otra habitación. A él le espantaban las torturas que infligía su jefe a quienes lo traicionaban. Pocos días antes, varios hombres que se oponían a su autoridad en Cotillo habían sido torturados y ahorcados a un lado de la carretera. Méndez quería que todo el mundo supiera que él tenía el mando, y no El Jefe.

Dos días después, un tercer cártel, más pequeño, había decapitado a cuatro hombres del cártel de El Ladrón. Aquello no tenía fin. Y, en algún lugar, estaba El Jefe, observando. Seguramente, se disponía a esperar hasta que una de las dos facciones resultara victoriosa y, después, atacaría y se haría con el control del estado. Las cosas eran así en la política del narcotráfico.

A él no le importaría trabajar para El Jefe. Por lo menos, era un hombre religioso y tenía iglesia con sacerdote para sus hombres.

Volvió al salón, donde estaban la mujer y el sheriff, que seguían hablando en susurros.

Cuando él se les acercó, se quedaron callados.

Minette lo miró a la cara.

—Pepito... Perdona, ¿te molesta que te llame así?

A él le habían llamado muchas cosas en su joven vida, pero le enterneció que una mujer como aquella, que tenía dinero y poder en su país, le hablara con tanto cuidado.

—Sí, claro.

—Pepito, llevo muchas horas aquí, y necesito... tengo que... ¿Hay baño?

—Señorita, este es un lugar muy pobre. No tenemos baño dentro de la casa. Hay un retrete fuera.

—¿Y podría... —preguntó ella, mostrándole las manos esposadas.

Él vaciló. No creía que la mujer intentara huir. Era muy delgada, muy frágil, y estaba agotada. Si ella se escapaba, a él lo matarían. Sin embargo, era evidente que tenía que ir al baño. También cabía la posibilidad de que lo mataran si ella se hacía sus necesidades encima y estaba sucia cuando los hombres llegaran a... bueno, a matarla.

—No puedo esperar mucho más. Lo siento —insistió ella—. Por favor...

Él nunca había sido capaz de resistirse a las súplicas de una mujer.

—Está bien —dijo, por fin. Dejó el pesado AK-47 sobre

la mesa y la ayudó a ponerse en pie—.Venga conmigo, señorita.

A Hayes se le aceleró el corazón al ver que el arma estaba casi a su alcance. ¡Si pudiera soltarse, aunque solo fuera durante un segundo! Sin embargo, Pepito volvió a tomar el arma y acompañó a Minette hacia la puerta.

Aquello empeoró las cosas, porque Hayes no podía ver lo que estaba ocurriendo. Tragó saliva; se sentía impotente. No tenía teléfono móvil, ni pistola ni cuchillo, nada que le ayudara a salir de aquella situación. Volvió a maldecirse por haber permitido que los secuestraran. Sin embargo, no había nada que pudiera hacer ya. Iba a tener que ver cómo moría Minette, ¡a menos que ideara algún plan que lo liberara de sus ataduras!

Minette caminó hacia el retrete con los hombros encorvados y la cabeza agachada.

Se detuvo ante el cobertizo alto y estrecho, que olía espantosamente mal. Vio un polvo blanco debajo de la estructura, y se dio cuenta de que usaban cal viva como medida de higiene, para controlar el olor y deshacer las heces humanas. Se estremeció al pensar que también se usaba la cal viva para conseguir que los cadáveres se descompusieran en un tiempo menor. Había dos sacos de cal viva apoyados en la pared del cobertizo. ¿Eran para Hayes y para ella?, se preguntó.

Se tragó el miedo. Se detuvo ante la puerta y le lanzó a Pepito una mirada suplicante.

—No puedo… Bueno, no puedo hacer lo que tengo que hacer con las manos atadas.

—Señorita, no puedo liberarla —dijo Pepito—. Lo siento, pero si usted escapara, mis hijas y mi mujer morirían.

—Lo entiendo —dijo ella, con un suspiro.

Abrió la puerta con las manos atadas y la cerró. Consiguió

bajarse los pantalones lo suficiente como para poder utilizar aquel retrete maloliente. Pensó en que iba a morir. Hayes estaba atado, y no había forma de soltarlo. Él también moriría.

¡No! Tenía que haber algo que pudiera hacerse. Miró a su alrededor desesperadamente. Había una revista pornográfica arrugada en el suelo e, increíblemente, también había papel higiénico en un portarrollos. El portarrollos era de oro y tenía piedras preciosas incrustadas. Ella tuvo que contener la risa ante la ironía de ver un objeto tan valioso en un lugar como aquel. Y, entonces, se dio cuenta de que algunas de las gemas parecían brillantes...

—Dese prisa, señorita —le dijo Pepito, desde el otro lado de la puerta—. Van a volver muy pronto. ¡No deben ver que ha salido de la casa!

—¡Casi he terminado!

Sacó el rollo de papel de su enganche y comenzó a frotar el cilindro contra las cuerdas de nailon con las que le habían atado las muñecas. Movió con fervor el cilindro, y se puso eufórica al notar que las cuerdas estaban empezando a quebrar el nailon. Aquellas piedras eran verdaderos diamantes, y podían cortarlo casi todo. Solo necesitaba... ¡desatarse una mano! ¡Hecho!

¡Era libre! Se desató ambas manos. Pepito era joven y fuerte, pero ella tenía el elemento sorpresa a su favor, y practicaba artes marciales. No era una experta, pero sí sabía lo suficiente como para aventajar a un contrincante desprevenido. Sintió lástima por la familia de Pepito, pero su primera preocupación era Hayes. Tenía que salvarlo, e iba a hacerlo.

Con las manos temblorosas, se subió el pantalón y se abrochó la cremallera.

—¡Señorita!

—Un minuto más, por favor. No puedo evitarlo... debe de ser algo que he comido.

—Ah, entiendo. Está bien. Pero apresúrese.

—Sí, sí.

Minette agarró el portarrollos. Por una de las grietas de entre la madera, vio a Pepito mirando al horizonte.

«Bueno, chica, ahora o nunca», se dijo.

Abrió la puerta con tanta fuerza que consiguió tirar a Pepito al suelo. Aprovechó la ventaja, saltó por encima de él y recogió del suelo el AK-47. Con él, apunto a su guardián.

—Levántate.

—Señorita, por favor, no me mate. Mi familia...

—Deberías haber pensado en tu familia antes de meterte en esto —dijo ella, con rabia e indignación—. ¡Vamos! —exclamó, y señaló hacia la casa con el cañón del arma.

Le fue pinchando con la boca del cañón en la espalda para obligarlo a avanzar, con cuidado de que él no pudiera desarmarla.

—¡Quítale las esposas! —le dijo a Pepito.

—Pero, señorita, ¡no tengo la llave!

Hayes se estaba riendo.

—¡No puedo creerlo! ¡Minette!

Ella se alejó de Pepito.

—La desesperación nos empuja a hacer cosas extrañas —dijo ella—. Pepito, quiero que te tumbes bocabajo, con las manos a la espalda. Allí.

—¡Van a matar a mi familia!

—Yo voy a matarte a ti si no obedeces —le dijo Minette—. ¡Vamos!

—Está bien, está bien.

Con un suspiro, el hombre se tendió en el suelo tal y como le había ordenado Minette. Ella se arrodilló a su lado y, con la cinta aislante que habían utilizado para amordazarla, le ató los dedos pulgares. Era una forma sencilla de maniatar a alguien, pero también efectiva.

—¿Cómo demonios has aprendido eso? —le preguntó Hayes con admiración.

—Entrevisté a un mercenario —dijo ella—. Dios, ¿cómo vamos a soltarte antes de que lleguen?

—El hombre de Méndez se llevó la llave —murmuró Hayes—. Y estas son las mejores esposas que se pueden encontrar en el mercado. Lo sé porque las pagué yo.

—Tal vez, con una horquilla —dijo ella, mirando a su alrededor frenéticamente.

—No te preocupes. Ayúdame a levantarme, y deja las esposas por el momento. Tenemos que salir de aquí antes de que vuelvan.

—Sí, estoy de acuerdo.

Entonces, se sacó el cilindro de oro del bolsillo y comenzó a frotar la cuerda de nailon con la que le habían atado los tobillos a Hayes.

—¿Qué demonios es eso?

—La vanidad —dijo ella, con una sonrisa—. Es lo que siempre nos puede, al final.

Cuando terminó de cortar la cuerda, Hayes se puso en pie, pero estuvo a punto de caerse.

—Disculpa. Estoy un poco mareado.

—No te preocupes, abuelo, apóyate en mí —bromeó Minette.

—Vamos.

—Señorita, ¡mi pobre familia! —exclamó Pepito, llorando—. A mí me matarán, pero Lido va a torturar a mis niñas y a mi mujer.

—¿Lido?

—Es el hombre que estaba aquí con el arma plateada —dijo Pepito—. Lido es el capataz de Pedro Méndez y de su primo Charro, el alcalde de Cotillo. A Lido le gusta hacerles cosas malas a las mujeres...

Minette miró a Hayes.

—Adelante —dijo él—. Pero dame el AK. Puedo manejarlo con las esposas.

Hayes sujetó el arma con algo de dificultad mientras Minette ayudaba a Pepito a ponerse en pie.

—No voy a desatarte —le dijo—. Y, si nos causas algún problema, te pegaré un tiro, ¿entendido?

—Sí, pero mi familia...

—Pepito, no puedo entrar en un campamento de hombres armados. Lo siento. Puedo salvarte a ti, pero no puedo salvar a más gente hoy.

Él suspiró con tristeza. Asintió.

—Vamos, rápido —dijo Hayes.

—Tenemos que hacernos con algunas provisiones —dijo Pepito.

Minette soltó una maldición, pero Pepito tenía razón. Estaban a muchos kilómetros de la civilización, y tenían que conservar las fuerzas. Aunque estuvieran en invierno, el desierto era muy seco.

Tomó lo que encontró en la cocina y lo metió en un morral que se colgó del hombro. Después, tomó un par de mantas de la cama y se las puso a Pepito sobre el hombro.

—Y ahora, salgamos de aquí mientras podamos —les dijo.

La siguieron cautelosamente hasta la puerta. Ella tomó el AK de manos de Hayes, para ahorrarle el esfuerzo, y miró a Pepito.

—Tengo que confiar en ti. ¿En qué dirección está la frontera?

Él se mordió un labio. Estaba sopesando sus posibilidades. En realidad, no tenía ninguna, pero él conocía aquella zona y ellos no. Si Pepito no hablaba, podían perderse por el desierto hasta que su jefe, que tenía un excelente rastreador, los encontrara. Tal vez el jefe lo considerara una víctima y le perdonara...

—Si nos atrapan —le dijo Minette—, voy a decirles que nos ayudaste a escapar.

—Y yo también —dijo Hayes, con frialdad.

Pepito apretó los dientes.

—¡Van a matar a mi familia! —dijo, entre sollozos.

—Si sobrevives a esto, tal vez todavía puedas salvarlas —le dijo Minette.

Él la miró con los ojos llenos de lágrimas.

—¿Cómo? No tengo dinero, ni armas, ¡nada!

Minette estaba pensando muy deprisa.

—Pepito, ¿sabes por qué me han secuestrado?

—Porque querían al sheriff.

—No. Es al revés. Mi padre es El Jefe.

Pepito se echó a reír.

—Es una broma, ¿no?

—No, no es una broma. Ya has oído lo que dijo tu patrón: que iba a grabarse matándome, y que le enviaría la cinta a mi padre. Mi padre es su peor enemigo, El Jefe.

Pepito se habría santiguado si hubiera tenido las manos libres.

—El Jefe sí podría salvar a mi mujer y a mis hijas, si quisiera —dijo.

—Sí —respondió Minette—. Si me ayudas a escapar, podrás pedirle cualquier recompensa. Cualquiera.

Entonces, Pepito asintió.

—Es por allí. Deprisa. Mi patrón no tardará mucho en venir. Y tiene un rastreador experto que nos encontrará si todavía estamos en la zona.

—Dejemos de hablar y empecemos a caminar —intervino Hayes.

—Buen consejo. Vamos a seguirlo —dijo Minette.

Caminaron durante mucho tiempo, atravesando áreas de matorral bajo y cauces secos. Entraron a las montañas y permanecieron allí durante horas. Hayes estaba muy debilitado, y temblaba.

—¿Queda mucho más? —preguntó Minette con ansiedad. Pepito suspiró.

—Está muy lejos, señorita —respondió—. Faltan muchos kilómetros. No podemos llegar en un día, y menos con el sheriff tan débil.

Ella gruñó. Sin embargo, al mirar a Hayes, supo que Pepito tenía razón. Aunque también podía estar mintiendo, ganando tiempo para que su jefe pudiera darles caza.

—¿De verdad queda tanta distancia? No tardamos tanto en llegar en coche.

—Sí —dijo Hayes, cansadamente—. Yo diría que estábamos a más de cuarenta y cinco kilómetros desde la frontera.

—Oh, Dios Santo. Vamos a tardar una eternidad en recorrer tanto.

—No podemos hacer otra cosa, a menos que robemos un coche —dijo Hayes, irónicamente, y miró a su alrededor—. Buena suerte, si es que quieres encontrar alguno en el desierto.

Ella gruñó. Tal vez Hayes no llegara tan lejos. Ya se movía como un inválido. El viaje, y el duro tratamiento que había recibido por parte de los traficantes podían haberle causado más problemas de los que resultaban visibles.

Se detuvieron bajo el refugio de un saliente de roca.

—¿Podemos arriesgarnos a encender una hoguera? —le preguntó Minette a Pepito.

—Sí, si hiciéramos una hoguera que eche poco humo —respondió Pepito—. Pero no puedo recoger leña así.

Minette titubeó. No se fiaba tanto de él como para dejar que se marchara.

Él la miró fijamente, tendiéndole las manos.

—Si me traicionas —le prometió—, mi padre te perseguirá.

Él tragó saliva.

—Lo sé, señorita. Tiene que confiar en mí.

Ella miró a Hayes. Estaba sentado en el suelo, con la cabeza apoyada en una piedra, tan exhausto que no podía moverse.

—De acuerdo. Dame tu palabra de que no vas a huir.

—Se lo prometo —dijo Pepito, solemnemente.

Ella tomó aire y, después, le cortó las cuerdas de nailon con el cilindro de piedras preciosas.

—Volveré dentro de muy poco, se lo prometo. ¿Está segura de que su padre va a ayudarme?

—Absolutamente segura —respondió ella—. Por favor, date prisa —añadió, mirando a Hayes con preocupación.

Él se alejó y se perdió en la oscuridad. Minette se sentó junto a Hayes y lo abrazó para darle calor.

—Todo va a salir bien —le susurró—. Nos hemos escapado, y vamos a conseguir llegar a la frontera. ¡Te lo prometo!

Él suspiró, y le pasó el brazo sano por los hombros.

—Eres una mujer intrépida —le dijo, riéndose.

—Tengo alguien que me sirve de inspiración. Un sheriff que no le tiene miedo a nada, y que sigue avanzando pese al fuego cruzado.

Él le besó el pelo.

—Gracias. Ahora me encuentro mejor. Aunque me pica en el orgullo que hayas tenido que salvarnos tú. Yo quería salvarte a ti.

—La próxima vez —dijo ella—. Vamos, túmbate.

Hizo que se tendiera en el suelo duro, y se acurrucó a su lado, abrazándolo, para abrigarlo.

—Señorita Raynor, ¿en qué está pensando? —le preguntó él, al oído—. ¡Yo no soy de esos hombres!

—Oh, claro que sí lo eres —respondió ella, riéndose. Y, pese a la situación en la que se encontraban, se sintió feliz.

Él se acurrucó contra ella.

—Supongo que sí —murmuró, y deslizó la mano dentro

de sus vaqueros, por la espalda. Posó la mano en su cadera—. Qué suave —añadió.

Sin embargo, todavía tenía las manos esposadas, y el movimiento le causó un tirón en el hombro.

—Demonios —dijo mientras retiraba la mano.

—¿No te resultaría más fácil así? —susurró ella, y le metió la mano por dentro de su blusa—. Así, no te tirarán los músculos del brazo... Oh, Dios mío...

Él inclinó la cabeza y deslizó los labios por su piel, bajo la blusa, hasta su pecho. A Minette se le escapó un jadeo. Hayes le acarició el pezón con la boca y lo succionó, provocándole una sensación que la elevó del suelo. Ella gimió, al notar que él ascendía hasta sus labios para besarla y se colocaba sobre ella mientras le separaba las piernas. Se sumieron en una necesidad abrumadora, ciegos, sordos y completamente ajenos a lo que les rodeaba.

—Oh, Dios mío, no puedo... ¡Maldito hombro! —exclamó, al darse cuenta de que lo que estaba intentando hacer era imposible con las esposas puestas.

Minette se aferró a él, intentando respirar, intentando controlar aquel deseo.

—Después —le prometió—, en cuanto pueda, voy a quitarte esas esposas aunque sea a tiros, ¡y te voy a devorar! —susurró con la voz ronca, y lo besó de nuevo.

—Minette —gruñó él.

—Lo siento —dijo Minette, y se retiró—. De veras, lo siento. La virginidad depravada se ha apoderado de mí.

—La virginidad... depravada —repitió Hayes, y se echó a reír.

Rodó y se tendió de costado. Hizo un gesto de dolor y la miró a los ojos.

—Ese es un estado que me gustaría mucho remediarte —le dijo.

—¿De veras te gustaría?

—Pero solo si te casas conmigo —continuó Hayes, y frunció los labios—. Después de todo, soy una figura pública, y tengo que cuidar mi reputación. Tengo que dar ejemplo.

Ella movió las cejas con lascivia.

—De acuerdo. ¿Y podemos casarnos cuanto antes?

—Si soborno a algún funcionario público...

—Eres el sheriff. Eso no puedes hacerlo.

—Bueno, conseguiremos la licencia y nos casaremos a finales de esta semana. ¿Qué te parece?

Ella sonrió, y lo besó con suavidad.

—Eso, suponiendo que duremos hasta entonces.

En la distancia se oyó un estruendo que les llamó la atención. Fue seguido de un segundo ruido, que se parecía mucho a una explosión. En aquel momento, Minette se dio cuenta de que su prisionero no había vuelto con la leña. ¿Acaso había encontrado la manera de avisar a los suyos de su situación? ¿Acaso tenía escondidas algunas bengalas para advertir a su jefe y al resto de los hombres que querían deshacerse de los prisioneros?

Minette miró a su alrededor.

—¿Has oído esas explosiones? ¡Pepito! ¡Nos ha vendido!

Él frunció el ceño.

—No me han parecido disparos de un arma de fuego, sino más bien las explosiones de unas granadas.

—Tal vez Pepito tuviera algún explosivo escondido. Seguro que acaba de hacerle una señal a su jefe. Era demasiado esperar que cumpliera su palabra. Va a traer aquí a su jefe.

Hayes le señaló el AK.

—Pues resistiremos —dijo—. Recemos para que vengan refuerzos.

Ella lo miró a los ojos, y asintió lentamente.

—Una última resistencia. Juntos.

Él sonrió con orgullo.
—Esa es mi chica —musitó.

A medida que anochecía, hacía más y más frío. Minette se acurrucó contra Hayes, porque no podían ponerse a caminar por el desierto a oscuras. Podía haber cualquier cosa esperando para atacar. Sabían que Estados Unidos estaba al noreste; si pudieran encontrar alguna constelación que reconocieran, tal vez eso les ayudara a orientarse...
—Nunca he estudiado astronomía —gruñó Hayes cuando ella se lo sugirió.
—Yo tampoco. Al menos, sé que el musgo crece en la parte norte de los troncos de los árboles —dijo Minette.
—Pero no vemos nada en medio de esta oscuridad. Y no hay árboles por aquí —dijo él, señalando el horizonte con un gesto de la cabeza. Apenas había algunos mezquites diseminados por el terreno.
Ella asintió con abatimiento.
Estaban helados. Minette los envolvió a los dos en las mantas y abrió su última botella de agua. Tenían que racionarla. También tenían un poco de carne asada, y comieron un bocado. A cada minuto que pasaba, temían que apareciera un grupo de traficantes armados y los rodeara.
—Siento haber confiado en Pepito —le dijo Minette a Hayes.
—Yo también confié en él —le recordó Hayes—. ¿Y qué otra cosa podíamos hacer? Creí que esperaría a hablar con tu padre y no nos vendería. Supongo que era la esperanza...
Ella lo abrazó con suavidad.
—Gracias. ¿Y qué hacemos ahora?
—Supongo que deberíamos intentar dormir un poco y, después, empezar a caminar. Si tenemos suerte, tal vez encon-

tremos un escondite mejor, o a algún agente de la ley que pueda ayudarnos.

—De acuerdo —dijo ella, y suspiró—. Ojalá nunca hubiéramos ido a tu oficina.

Él sonrió y cerró los ojos.

—Sí, ojalá. Estoy preocupado por el informático. Eb Scott no va a dejar las cosas así. Enviará a sus hombres a buscarlo, y no serán agradables con los secuestradores.

—Espero que los encuentre.

—Bueno, yo también, siempre y cuando me los entregue para que puedan juzgarlos.

—Bien dicho, sheriff —respondió ella.

Después, también cerró los ojos.

CAPÍTULO 14

—¿Y si Pepito ha decidido tratar de salvar a su familia? —preguntó Minette, después de abrir los ojos, en voz alta.

—Supongo que, si yo estuviera en su lugar, habría hecho lo mismo —respondió Hayes—. Debe de ser muy difícil anteponer las vidas de gente que no conoces a las vidas de tus hijos.

—Estaba pensando en Shane y Julie —dijo ella, suavemente—. Si no conseguimos volver, será muy difícil para ellos. Ya han perdido a sus padres...

—Vamos a ir paso a paso —la interrumpió Hayes—. Ahora estamos libres, gracias a ti —dijo, y cabeceó con admiración—. ¡Has conseguido liberarnos con un portarrollos de papel higiénico!

Ella sonrió.

—Gracias al jefe de Pepito —dijo—. ¿Cómo es posible que tenga algo así en un retrete?

—Se lo contaré a mis hombres cuando lleguemos a casa. Les va a hacer gracia, teniendo en cuenta que ya hemos confiscado armas que tenían recubrimientos de metales preciosos y gemas engastadas. Se las entregamos a los federales. Espero que las usen bien, para encontrar el rastro de la gente que compró esas armas.

—Espero que puedan —murmuró Minette, y miró a su alrededor.

Había un cuarto de luna. No tenían fuego. Los coyotes aullaban en la cercanía.

—Los coyotes no atacan a la gente, ¿verdad?

—No, creo que no —dijo Hayes—. Los nativos americanos tienen historias sobre coyotes que han protegido a gente herida en el desierto.

Ella frunció los labios.

—¿Y si hablamos con los coyotes para ver si están dispuestos a echarnos una mano? O, más bien, una pata.

Él la estrechó contra sí.

—Hace mucho frío en el desierto por las noches —dijo—. He tenido que pasar una o dos noches al raso, al otro lado de la frontera, mientras perseguía fugitivos.

—Tienes un trabajo muy peligroso —murmuró ella.

—Sí. Antes nunca lo había pensado, pero es cierto. Me encanta mi trabajo, pero tal vez sea hora de contratar a un nuevo ayudante y concentrarme más en el aspecto administrativo de la oficina.

A ella se le aceleró el corazón.

—¿Lo harías?

—Sí, creo que sí.

Entonces, Minette lo besó.

—Me gustaría mucho que siguieras vivo muchos años.

Él se rio y le devolvió el beso.

—De acuerdo. Haré lo que pueda —dijo. Después, le susurró al oído—: No quiero que nuestros niños se queden huérfanos.

Entonces, ella se apretó contra su cuerpo. Estaba hambrienta de su contacto y de su sabor. Hayes la besó y la acarició lentamente, y creó un deseo cada vez más intenso en ella.

Minette abrió la boca bajo sus labios, tentándolo, y deslizó las manos por debajo de su camisa. Le acarició la espalda y notó las cicatrices de sus otras heridas. A ella no le molestaban en absoluto; eran las señales de su valentía.

Él notó sus caricias dulces y se relajó. A Minette no le parecían repulsivas sus cicatrices, y Hayes se sintió muy bien por ello. Le separó las piernas, aunque sabía que era mala idea, y se tendió sobre su cuerpo para acoplarse a ella todo lo posible.

Minette se arqueó hacia arriba al notar su excitación.

—Por favor... Oh, Hayes, ¡por favor!

Él se movió contra ella. Su necesidad era tan intensa que le causaba dolor. Sin embargo, cuando iba a desabrocharle el pantalón, los coyotes comenzaron a aullar de nuevo, y parecía que se habían acercado demasiado. Resultaba amenazador.

Él se incorporó de golpe y se sentó, llevándola consigo.

—¿Qué ocurre? —le preguntó Minette desconcertada.

—Los coyotes. Escucha.

Estaban muy cerca.

Minette buscó el arma a tientas y se la entregó a Hayes.

—Por si acaso.

Él le acarició la mejilla con la nariz.

—Que conste que no quería parar.

Minette se echó a reír.

—Yo tampoco.

—Ya tendremos todo el tiempo del mundo. Solo tenemos que sobrevivir a los próximos dos días.

Minette sonrió.

—¡Eso sí que es un incentivo!

—Estaba a punto de decir eso mismo.

Ella miró de nuevo hacia el horizonte. ¿Estaría allí Pepito, recogiendo leña, o habría huido para encontrar a su jefe? Hizo aquellas preguntas en voz alta.

—Esperemos que sea como yo —dijo Hayes—. Si doy mi palabra, la cumplo.

—¿Y crees que él lo hará? Quiere a su familia, y está aterrorizado por si Méndez tortura y mata a su mujer y a sus hijas.

—Lo sé, pero tú le prometiste que tu padre iba a ayudarlo, y eso significa algo.

—Eso espero —respondió Minette.

Sin embargo, separada de Hayes tenía mucho frío, y tenía mucho miedo de lo que pudiera ocurrir.

—Ven aquí —le dijo él con suavidad, y volvió a tenderse en el suelo con ella—. Vamos a mantenernos calientes el uno al otro mientras esperamos.

Ella sonrió y se acurrucó contra él.

—¿Puedo quitarte la ropa mientras esperamos?

—Qué vergüenza —bromeó él—. Vas a avergonzar a los coyotes.

Ella le acarició el pecho con la nariz.

—No me importa. Vamos a vivir la vida peligrosamente.

—Ya lo he hecho, y este es el resultado. Aquí estamos, perdidos en México, sin saber si van a venir a matarnos.

—No me refería a ese peligro —dijo ella. Le abrió el cuello de la camisa y posó los labios en los músculos cálidos de su pecho—. Oh, qué delicia —susurró.

Él respiró profundamente.

—Sé de algo que es todavía más delicioso —dijo.

Entonces, le sacó la camisa por la cabeza y le quitó el sujetador. Pegó su piel desnuda contra la suya, y gruñó al sentir el placer extenderse por su sangre como si fuera fuego.

Ella se movió con ansiedad.

—Sí, realmente es delicioso.

Él la estrechó entre sus brazos, pero sintió dolor en el hombro. Se estremeció.

—Minette, no puedo. Me duele mucho...

Ella jadeó.

—¡Tu hombro! Oh, Dios, lo había olvidado. ¡Lo siento!

Se sentó. A la pálida luz de la luna, él vio sus pechos blancos y sus pezones endurecidos.

—Preciosa —murmuró Hayes. Se irguió ligeramente y atrapó uno de ellos entre los labios, y lo saboreó con la lengua.

Ella se arqueó hacia atrás y se estremeció.

—Sí —susurró—. Es algo precioso.

Hayes la tendió junto a él y jugueteó con sus pechos durante largos instantes. Al final, de mala gana, se retiró.

—Nos vamos a quedar helados si continuamos. Además, no estoy bien.

—¿Te duele el hombro?

—Demasiado. Y no puedo quitarme las malditas esposas. Lo siento.

—No, soy yo la que lo siento. Pero ha merecido la pena.

Él se rio.

—Sí, es verdad.

Entonces, Minette se puso el sujetador y la camisa, y volvió a acurrucarse a su lado.

—Soy una fresca y una atrevida, y me siento orgullosa de ello.

Él se echó a reír con ganas.

—Desvergonzada. Eso es un buenísimo augurio para cuando tengamos la oportunidad de conocernos de verdad.

Minette asintió.

—Merecerá la pena esperarme, ya lo verás.

Él le besó la frente.

—Lo sé —dijo, y rozó sus labios con los de él—. Yo te prometo lo mismo.

Entonces, ella se estremeció. Volvió a envolverlos en las mantas, y notó que él estaba caliente. No supo si, tal vez, tenía fiebre, y se preocupó mucho por su hombro.

—Ojalá tuviéramos algo que darte —dijo—. Al menos, para el dolor.

—Me las arreglaré —dijo Hayes—. Si podemos calentarnos, estaré bien.

Ella miró hacia la lejanía con resignación.

—No creo que Pepito vuelva —dijo—. No puede recoger leña con esta oscuridad.

—Hay un poco de luz —dijo Hayes, mirando la luna—. Piénsalo de una forma lógica; aunque él pudiera llegar a Cotillo, junto a su familia, ¿cómo iba a poder deshacerse de todos los hombres de Méndez?

—Sí, supongo que Méndez las tiene bien vigiladas.

—Y no puede volver con su jefe, suponiendo que Charro sepa que nos hemos escapado. Así que tiene que volver aquí. Tu padre es su única esperanza de salvar a sus hijas y a su mujer.

—Tal vez ya estén muertas. Méndez es un monstruo, como su primo El Ladrón. Y ese Lido, el tipo que dijo que quería torturarme delante de las cámaras antes de matarme...
—Minette se estremeció.

—Gracias a Dios, la gran mayoría de los mexicanos son gente buena y familiar —dijo él—. Nosotros tendemos a conocer a los criminales, a los traficantes de drogas. Pero hay millones de personas buenas que no cometen crímenes, que van a misa y quieren a sus hijos.

—Sí. Tendemos a olvidar eso.

Hayes respiró profundamente.

—¡Qué frío hace!

—Te afecta más por lo que hemos pasado físicamente —respondió Minette con ternura, y lo arrebujó en las mantas—. Vamos a salir de aquí, ya lo verás.

—Pero esta noche no —dijo él, con un suspiro—. Vamos a intentar dormir un poco. Cuando amanezca veremos dónde está el este, y tal vez podamos caminar hacia el norte. Al final, terminaremos en algún sitio.

Ella se rio.

—Buena idea. Me gusta.

Él le besó la frente.

—Duérmete.
Minette cerró los ojos y se relajó.

El alcalde de Cotillo era un tipo muy desagradable. Grier y Ramírez estaban sentados en unas sillas de respaldo recto, en su despacho, mientras él les soltaba un discurso sobre lo estúpidos que eran los estadounidenses que creían que él estaba implicado en el tráfico de drogas.
—¿Les parezco yo un narco? —preguntó Charro Méndez, para terminar su alocución, mirándolos de un modo beligerante.
Ramírez tuvo que morderse la lengua.
—En esta ocasión, no hemos venido por un asunto relacionado con el narcotráfico.
—Eso lo dicen ustedes. Pero, ¿qué creen que puedo hacer yo? —preguntó el alcalde—. Tienen a dos compatriotas desaparecidos. Si están en mi país, es de manera ilegal, y si la policía los encuentra tendrá que detenerlos.
—Han sido secuestrados e introducidos en México de manera ilegal, en contra de su voluntad —dijo Grier—. Mire, no queremos provocar un incidente diplomático, solo queremos encontrar a nuestra gente y devolverla a su casa. Seguramente, usted podría hacer preguntas y descubrir si alguien sabe algo de ellos.
—Sí, tengo la convicción de que el expresidente de su país estaría agradecido —añadió Ramírez con una sonrisa fría. Le estaba recordando al político que él mismo tenía vínculos con el gobierno mexicano, sobre todo con un hombre que era bien conocido por su lucha contra el narcotráfico.
El alcalde carraspeó.
—Tiene contactos interesantes, señor —dijo.
—Tengo familiares por todo el mundo. De hecho, él también —respondió Ramírez, señalando a Grier.

El hombre los fulminó con la mirada.

—Bien —dijo Ramírez, en tono paciente—. ¿Podemos contar con su ayuda para encontrar a nuestros ciudadanos?

El político estaba pensando muy rápido. Aquello podía estallarle entre las manos, sobre todo porque el líder de su cártel estaba de camino hacia allí en aquel preciso momento. Aquellos agentes federales podían causarle problemas si seguían en su despacho cuando él llegara.

Se levantó, con una sonrisa de oreja a oreja.

—Les prometo que haré todo lo que esté en mi mano —dijo, con una súbita cordialidad.

—Muy amable por su parte —dijo Ramírez.

—Jorge —le dijo a su ayudante.

El chico entró rápidamente en el despacho, con una tableta entre las manos.

—Sí, señor —dijo con una deferencia exagerada.

—Estos caballeros están buscando a dos ciudadanos estadounidenses que, según lo que me han dicho, han sido secuestrados e introducidos contra su voluntad en nuestro país. ¿Podrías hacer unas cuantas llamadas para ver si averiguas algo al respecto?

Jorge pestañeó.

—Por supuesto. ¿A quién desea que llame?

—Puedes empezar con la patrulla fronteriza y continuar con la policía de los pueblos más cercanos a la frontera —respondió secamente el alcalde.

—Ah, sí. ¡Por supuesto! ¡Empezaré inmediatamente!

Jorge volvió a su pequeño despacho.

El alcalde suspiró.

—Es mi sobrino —dijo—. Es incompetente, pero mi hermana lo adora. Tengo que hacer todo lo posible por preservar la concordia familiar.

—Comprensible —dijo Grier.

Miró a Ramírez. Su compañero tenía la misma expresión

de enfado que él. Aquel pequeño idiota no iba a hacer nada en absoluto por encontrar a Minette Raynor y a Hayes Carson.

Ramírez se puso en pie.

—Bien, gracias por su… cooperación.

El alcalde les estrechó la mano sin dejar de sonreír.

—De nada, de nada. Les diré a mis ayudantes que los avisen si hay alguna noticia.

—Gracias —dijo Grier, y salió del despacho, seguido de Ramírez.

Esperaron a entrar en el coche para volver a hablar.

—Sabe dónde están.

—Ya me he dado cuenta —respondió Ramírez—. ¿Se te ocurre alguna idea?

Grier suspiró.

—Aquí somos huéspedes, pero nadie nos va a ofrecer un alojamiento para pasar la noche —dijo, y miró a su alrededor, a través de las ventanas subidas del coche—. No estamos atrayendo miradas de simpatía, precisamente.

—Entonces, ¿qué sugieres? Que volvamos a casa y recemos para que todo salga bien —preguntó Ramírez—. No quiero dejarlos aquí. Si los han secuestrado por algo que saben, los matarán.

—No, no es por algo que sepan, sino por quiénes son. Minette Raynor es hija de El Jefe. El Ladrón la matará lentamente y, con toda probabilidad, le enviará vídeos a El Jefe —dijo Grier, con puro disgusto.

—Sí, pero Hayes humilló a Charro Méndez al arrestarlo y confiscar sus armas chapadas en oro —dijo Ramírez—. Quiere vengarse por eso, y matará a Hayes.

Grier asintió.

—Hace poco, encontraron cuatro cadáveres en una zanja en esta zona. Alguien se interpuso en el camino de los narcos.

—Hayes Carson es famoso por eso —comentó Ramírez—. Antes de que yo me casara y tuviera un hijo, creo que habría venido aquí en secreto y los habría buscado yo mismo.

Grier sonrió con tristeza.

—Yo también. Pero, ahora, ese es un trabajo para hombres más jóvenes.

Ramírez frunció los labios.

—¿Sabes? Seguramente, el padre de Minette Raynor tiene a alguien trabajando en el caso. Y tendrá que rescatar a Hayes además de a Minette, si no quiere que ella lo odie para el resto de su vida.

Grier se rio.

—Eso sería digno de una novela: un conocido narcotraficante intentando salvarle la vida a un sheriff que quiere meterlo entre rejas.

—El Jefe es un príncipe entre los demás ladrones. Y todavía no ha cometido ningún delito en nuestro país.

—Tal vez debiéramos hacerle una visita —dijo Grier.

Ramírez sonrió.

—Tal vez.

Pepito estaba recogiendo leña, pero no estaba concentrado en la tarea. Estaba pensando en su mujer y en sus niñas. Aunque los americanos le habían obligado a que los ayudara a escapar, ninguno de los hombres para los que trabajaba iba a creérselo. Pensarían que lo había hecho voluntariamente, porque todo el mundo sabía que tenía un corazón blando.

Los norteamericanos no sabían dónde estaban. No tenían brújula y no podían encontrar la frontera. Él sabía que, si no volvía con ellos, seguramente se perderían y vagarían por el desierto hasta que Méndez volviera a atraparlos.

Y eso no le beneficiaría, porque ellos le habían amenazado con decirle a su jefe que él les había ayudado a escapar. No iban a mentir para salvarlo.

Por otra parte, también podían morir en el desierto. Hacía mucho frío, y el sheriff estaba muy débil a causa de su herida de bala. Estarían muy incómodos sin una fuente de calor, y había animales salvajes en el desierto. Podía ocurrir cualquier cosa.

Recogió otro trozo de leña de mezquite del suelo, observando el sol del atardecer. El horizonte estaba muy rojo. Rojo como la sangre.

Gruñó de tristeza al pensar en su propia familia, que quedaría a merced de un criminal sádico cuando corriera la noticia de que sus prisioneros habían escapado.

Había una posibilidad de que él pudiera entrar a escondidas en el pueblo donde vivían y sacarlas de allí antes de que se descubriera su traición. No estaba lejos, y él conocía el camino. Tal vez los norteamericanos murieran de todos modos, y no sería culpa suya. Y, si volvían a capturarlos, tal vez él pudiera esconderse en algún lugar con su familia, hasta que tuviera la ocasión de salir del país y empezar de nuevo.

Sí. Podía hacer eso.

Los coyotes aullaban de un modo amenazante, y él se estremeció. Odiaba a los coyotes porque cazaban animales domésticos. ¿Atacaban también a los humanos? Parecía que estaban muy cerca del lugar donde había dejado a los norteamericanos.

Sin embargo, ese no era su problema. Él tenía que salvar a su familia. ¡Tenía que hacerlo!

El alcalde de Cotillo se estiró la corbata. Esperaba con impaciencia la llegada del líder del cártel más importante del país: Pedro Méndez, al que los imbéciles de los estadounidenses llamaban con un apelativo humillante: «El Ladrón».

Pedro acudía para ver a la prisionera que él tenía en una cabaña del desierto. Iba a ser una visita muy interesante. Charro había enviado a su mejor hombre, Lido, a secuestrar a la hija de El Jefe y, ahora, la tenía en su poder. El sheriff no era parte de la operación, pero estaba con ella, y no podían dejarlo allí para que contara todo lo que sabía.

—Jorge, ¿van a llegar ya? —le preguntó Charro a su ayudante.

El joven se acercó a la puerta.

—Sí, señor —respondió él—. Vienen con muchos hombres. Es un convoy de cuatro todoterrenos armados. Es por si a los agentes americanos se les ocurre hacer algo. Le conté al señor Méndez lo de su visita, y no le complació nada que hayan tenido la osadía de venir aquí.

—¡Tenías que haber dejado que se lo dijera yo, imbécil! —rugió Charro—. Yo soy el alcalde. ¡Yo soy el que manda aquí, no tú!

—Lo siento muchísimo —respondió el chico, bajando la mirada—. No lo he pensado.

—Tú nunca piensas, idiota —le dijo Charro, y lo abofeteó.

—Disculpe, ¿es este el despacho del alcalde? —preguntó alguien con una voz grave, en un tono agradable, e interrumpió la escena.

Ambos se volvieron hacia la puerta. Allí había dos hombres. Uno de ellos era alto y tenía el pelo negro y largo hasta la cintura, suelto por la espalda. El otro era bajito, tenía bigote y sonreía.

—Soy el alcalde de Cotillo, Charro Méndez. ¿Y quiénes son ustedes?

—Carson —dijo el hombre alto. Tenía la piel morena y los ojos negros, pero no era hispano, y eso se notaba. En el cinto llevaba el cuchillo más temible que Charro hubiera visto en su vida.

—¿Y usted? —preguntó el alcalde, dirigiéndose a su acompañante.

El hombre seguía sonriendo.

—Yo trabajaba para El Jefe —dijo con orgullo—. Lo sé todo sobre él y sobre sus operaciones. ¡Puedo contarle a Pedro Méndez cómo acabar con él!

A Charro se le salieron los ojos de las órbitas.

—¿Que trabaja para...

—Trabajaba para él —corrigió el hombre—. Pero no me pagaba lo que merezco. Este hombre —añadió, señalando a Carson— tenía un amigo que trabajaba para Pedro Méndez. Su amigo dijo que el señor Méndez me pagaría una buena cantidad a cambio de la información sobre El Jefe, y que podría darme protección. El Jefe intentará matarme.

Charro pensaba febrilmente. Podía deshacerse del peor enemigo de su jefe, y el medio para hacerlo estaba delante de él. Sonrió.

—Bienvenidos —les dijo—. ¡Jorge, trae café! Pasen, pasen a mi despacho y hablaremos de todas estas cosas —añadió, haciéndoles un gesto para que se sentaran.

Ruy Correo era muy buen actor. Le contó a Charro todo sobre las operaciones que estaba llevando a cabo El Jefe, dónde estaban sus contactos, cuáles eran sus rutas... Incluso le dio los hombres de los hombres que dirigían sus centros de distribución en México y en Estados Unidos. Por supuesto, cada palabra que pronunció era una mentira, pero fue tan convincente que Charro se puso eufórico.

—Esto son buenísimas noticias —le dijo a Ruy—. Y le prometo que tendrá protección. De hecho, podrá hablar con Pedro Méndez en persona dentro de unos pocos minutos. Viene hacia acá en este momento. Mi hombre de confianza, él y yo vamos a ir a una cabaña donde tenemos prisioneros a la hija de El Jefe y a su amigo americano —explicó con una sonrisa fría—. Vamos a torturarlos y a grabarlo en vídeo y, después, Pedro le hará llegar la grabación a El Jefe para demostrarle lo poderosos, despiadados y astutos que somos. Él tenía a muchos hombres protegiendo a su hija —añadió, riéndose—. Y todos fallaron. La tenemos.

Carson estaba apoyado en la pared, observando la escena. Entrecerró los ojos, pensativamente.

—¿Pedro Méndez va a venir aquí? —preguntó, fingiendo que se había quedado impresionado—. Este es un pueblo muy pequeño...

—Cotillo es el centro de distribución de todo el tráfico del norte de México —respondió Charro con indignación—. Es el pueblo más importante que controlamos. Yo mismo maté a mi predecesor —dijo, y señaló la pistola que llevaba en el cinturón. Tenía las cachas de la culata chapadas en oro—. Los federales norteamericanos confiscaron mis armas. Tenía muchas, todas ellas preciosas y muy caras. Lo pagarán bien caro. Tengo a uno de ellos prisionero, además de a la hija de El Jefe. ¡Morirá por su arrogancia, por haberme humillado!

—Bien dicho —dijo Carson—. Entonces, Méndez viene hacia acá.

—Sí. Trae a un convoy —respondió Charro, riéndose—. Son vehículos blindados con cristales antibala. Mi jefe es muy cuidadoso con la seguridad.

—Qué inteligente —comentó Carson, con los ojos brillantes—. De todos modos, cualquier asesino sería un idiota si intentara dispararle.

—No lo sé. Sabemos de un antiguo francotirador del gobierno estadounidense que tal vez tenga la tentación de intentarlo.

Se refería a Cash Grier. Carson no dijo ni una palabra, pero, por dentro, estaba riéndose.

—Podrá hablar personalmente con mi primo —le dijo Charro a Ruy—. Y recibirá un buen pago por toda esa información.

—Se lo agradezco —dijo Ruy.

Carson se irguió.

—Bueno, yo necesito estirar las piernas. ¿Hay alguna cantina en este pueblo?

—Por supuesto, y también hay mujeres —dijo Méndez con una sonrisa—. Está a los pies de la colina, a la derecha.

—Voy a ir a tomarme un tequila y, tal vez, pruebe las delicias locales —insinuó Carson, arqueando la ceja. Charro se rio—. Hasta luego, Ruy.

—Sí, claro.

Carson salió del despacho dando zancadas tranquilas y nada amenazantes. Por el momento.

—¿Dónde conoció a ese hombre? —le preguntó Méndez a Ruy, refiriéndose al visitante que acababa de salir de su despacho.

—Tiene contactos en nuestro mundo. Eso es todo lo que sé —dijo Ruy—. Y es muy peligroso.

—Sí, el arma que lleva es muy impresionante, aunque no tanto como la mía —dijo, posando la mano sobre su .45—. Bueno, vamos a tomar un café y a hablar de cosas agradables.

En el exterior, Carson rodeó el edificio y recuperó una mochila que había dejado oculta. Solo había una carretera de entrada a Cotillo, y estaba muy bien vigilada. Cortaba el paisaje árido como un cuchillo. El convoy tendría que recorrerla para llegar al centro.

Carson volvió a rodear el edificio y se encaminó hacia la carretera principal. No importaba que lo vieran; las cosas no iban a ser distintas. Ruy encontraría alguna excusa para salir del despacho del alcalde y regresar a la frontera. Ya había cumplido su tarea; además, habían conseguido la información extra que iba a darle a Carson la satisfacción de poner a Pedro Méndez fuera de combate para siempre.

Se apartó de la carretera y esperó. Tenía un temperamento muy duro, y casi nunca sonreía, pero era muy paciente.

Pocos minutos más tarde, el convoy apareció en la distancia. Él había confeccionado un traje ghillie con la vegetación que había encontrado por allí. Aquel tipo de traje de camuflaje lo habían inventado los deportistas escoceses, y los soldados de las Highlands lo habían tomado prestado. A menudo se veían en las películas, y algunos cazadores todavía los utilizaban, pero ya no se usaban mucho en el ejército; en la actualidad, los uniformes de camuflaje se generaban por ordenador y podían mimetizarse casi en cualquier entorno.

Carson era un exmilitar. No tenía uniforme, pero era francotirador, además de experto en primeros auxilios. Había recibido su adiestramiento en el Ejército y había actuado como sanitario de combate. En aquella ocasión, el equipo de francotirador no iba a servirle de nada contra el blindaje de los vehículos de El Ladrón. Sin embargo, él tenía algunos ases en la manga. Eran conocimientos que había adquirido en las misiones del grupo antiterrorista de Eb Scott. Los coches estarían fuertemente blindados, sí, pero la mayoría de la gente no se ocupaba demasiado de los bajos de los vehículos...

El coche principal, en el que viajaba Pedro Méndez, fue fácil de distinguir, puesto que tenía un recubrimiento dorado y algunas piedras preciosas en los embellecedores. Incluso los espejos retrovisores eran muy valiosos. Era una pena tener que destruir tanta riqueza. Sin embargo, aquel pequeño monstruo torturaba y mataba a inocentes, y eso no era permisible. Había que enviar un mensaje. Una advertencia.

Carson sacó tres granadas de mano. Le quitó el seguro a la primera y la lanzó, casi con despreocupación, en el camino del primer vehículo. Hizo lo mismo con los otros dos.

Después salió corriendo como alma que lleva el diablo...

Las explosiones fueron tan potentes que hicieron temblar el edificio de la alcaldía.

—¿Qué demonios ha sido eso? —exclamó Charro—. Jorge, ¿has oído eso?

Ruy salió corriendo con ellos.

—¿Qué puede ser? —preguntó, con un horror fingido.

—¡Dios mío! —jadeó Charro, al ver los tres vehículos completamente destrozados—. ¡Mi primo…!

Comenzó a correr hacia las afueras del pueblo, y Jorge lo siguió. Ruy se metió las manos en los bolsillos y sonrió pensativamente mientras se perdía entre la población, que se había reunido rápidamente para ver qué había sido aquel estruendo.

Charro reconoció lo que quedaba de su primo. No había nadie con vida en el convoy.

—Pedro Méndez ha muerto —dijo, atragantándose—. ¡Mi primo ha muerto!

—¿Quién ha podido hacer esto? —exclamó Jorge—. ¡Solo nosotros sabíamos que venían!

—¿Solo nosotros? —preguntó Charro, y se dio la vuelta rápidamente—. ¿Dónde está ese hombre, Ruy? ¿Y ese tal Carson? ¡Ve a la cantina, a ver si está allí!

—¡Ahora mismo!

Charro observó el montón de hierros retorcidos y humeantes mientras la gente del pueblo lo rodeaba con expresiones de espanto.

—¡Ha muerto! —susurró uno de los hombres—. ¡El jefe del cártel ha muerto!

—No —dijo al instante Charro, y se irguió. Entonces, se volvió hacia todo el mundo—. Ahora, yo soy el jefe del cártel.

Nadie lo contradijo.

Uno de los hombres se inclinó.

—Como usted diga, patrón —dijo—. Enhorabuena por su nuevo puesto.

Charro sonrió. Ya se sentía más importante.

Jorge volvió muy pronto. Tenía una expresión sombría.

—No encuentro a ninguno de los dos. El camarero me dijo que no había ido ningún gringo a la cantina.

Charro se puso enfermo.

—¡Lo han hecho esos norteamericanos!

—Me temo que sí —respondió Jorge—. ¿Y ahora?

Charro entrecerró los ojos.

—Ahora vamos a matar a la hija de El Jefe y le enviaremos el vídeo a su padre. Iré yo mismo. ¡Y tú vas a venir conmigo!

Jorge tragó saliva.

—¿No puede ir Lido en mi lugar? A él se le da muy bien torturar.

Charro lo pensó durante un instante.

—Tienes razón. Ve a buscarlo. Y ocúpate de que alguien recoja los cuerpos y organice el funeral.

—Sí, señor.

Charro pensó en la mujer norteamericana. La había visto en fotografías, y era muy guapa. Iba a disfrutar tomándola, y después le cortaría el cuello. El Jefe pagaría por su arrogancia y por haber matado a Pedro Méndez. Él mismo iba a encargarse del asunto personalmente.

CAPÍTULO 15

Hayes y Minette se despertaron de un breve sueño. Estaban temblando de frío. Pedro se había marchado hacía mucho tiempo, y ninguno esperaba su regreso. Habían aceptado el hecho de que los hubiera vendido.

—Me preguntó qué han sido esas explosiones —dijo Hayes.

—Tal vez un depósito de gas en mal estado —murmuró Minette.

—No. El sonido era parecido al de una granada —dijo él—. De hecho, al de varias granadas.

—Seguramente, nunca lo sabremos —respondió Minette, y los envolvió mejor en las mantas—. Bueno, dentro de poco habrá amanecido, y entonces podremos empezar a caminar de nuevo...

Oyeron unos pasos en la oscuridad, y aquel repentino movimiento captó toda la atención de Minette. Instintivamente, tomó el rifle y se lo colocó en el hombro. Hayes no habría podido sujetarlo así.

—Señores, no disparen. ¡Soy yo, Pepito!

Ella aferró el rifle con fuerza, esperando hasta que pudiera comprobar si Pepito había vuelto solo.

Pepito entró en el campamento con una brazada de leña.

—Siento haber tardado tanto —dijo—. He tenido que ir muy lejos para encontrar la leña con la que poder hacer un fuego sin humo. Hay muy pocos mezquites por aquí; los norteamericanos quieren esa leña para sus barbacoas, y los árboles se venden por miles. Por eso están desapareciendo. Es muy triste.

—Gracias, Pepito, por no habernos traicionado —dijo Minette, con gratitud.

—Les di mi palabra —respondió Pepito—. Nunca faltaría a mi palabra.

—Bueno, tenemos la leña gracias a ti —respondió Minette—. ¡Ahora ya solo necesitamos una cerilla!

—Tal vez yo pueda ayudar —dijo alguien, desde la parte superior del saliente de roca que les servía de techo.

Minette agarró el rifle. Hayes se incorporó y se sentó a su lado. Pepito se quedó inmóvil. Todos esperaron.

Mientras ellos contenían la respiración, un hombre alto de pelo largo entró a paso calmado en el campamento. Hayes lo recordaba de la discusión que había presenciado en el porche del jardín trasero de casa de Minette.

El hombre se palpó los bolsillos.

—Bueno, quizá no. Se me han acabado las granadas —dijo, con una sonrisa muy blanca en medio de la oscuridad.

—No se puede encender una hoguera con una granada de mano —replicó Hayes.

—Claro que sí. Solo tienes que apartarte un poco mientras la arrojas a la pira —dijo Carson, y miró a Pepito—. Solo tienes que preguntarle a tu jefe, El Ladrón, lo efectivo que es. Es decir, si consigues volver a juntar sus pedazos —añadió, con dureza—. Seguro que, ahora, Charro Méndez ocupará su puesto, pero enseguida vendrán a matarla —dijo, señalando a Minette. Miró a Pepito—. Y creo que a ti también.

Pepito se santiguó, se puso de rodillas y empezó a rezar.

—Gracias a Dios, gracias a Dios —decía, en español.

—¿Qué le pasa? —preguntó Carson.
—El Ladrón tenía a su mujer y a sus hijas prisioneras —le dijo Minette—. Iban a torturarlas y matarlas si él desobedecía.
—¡Oh, no! —exclamó de repente Pepito—. Cuando se sepa que Pedro Méndez ha muerto, matarán a mi familia —sollozó.
Carson hizo una señal, y aparecieron cuatro hombres.
—No van a matar a tu familia. Dile —le ordenó a Pepito, y señaló a uno de sus hombres, que parecía hispano—. Dile dónde están.
—¿Las van a salvar? —exclamó Pepito—. ¡Yo haría cualquier cosa...
—Habla con él. Se nos va el tiempo —dijo Carson.
—Sí, sí. ¡Gracias!
Carson se volvió hacia Minette y Hayes, se arrodilló y sacó un paquete. Advirtió que a Hayes le castañeteaban los dientes.
—Coltrain me dijo que tendrías dolores. He traído un analgésico.
—No voy a tomar nada que no me permita caminar —replicó Hayes, con una sonrisa cansada—. Me las arreglaré.
—Soy sanitario de combate. No discutas —dijo Carson, y le puso una inyección—. ¿Tienes fiebre, o algún otro síntoma?
Hayes negó con la cabeza.
—¿Puedes cargar con noventa kilos? —le preguntó.
—Supongo que sí. ¿Por qué?
—Porque ese es mi peso, y no voy a poder caminar si estoy sedado.
Carson sonrió.
—No te preocupes. Señorita Raynor, ¿está bien?
—Bueno, creo que tengo un padrastro en la uña...
Carson hizo una mueca.
—Vigílala —le aconsejó Hayes—. Es temible con un AK en las manos. Nos rescató ella sola —dijo, con una enorme sonrisa.

—Sí, bueno... —murmuró Minette, ruborizándose. Le entregó el rifle a Carson con una sonrisa irónica—. En realidad, no sé si está cargado, ni si el seguro está puesto...

—¿Qué? ¿Has estado todo el tiempo de farol? —preguntó Hayes con incredulidad.

Ella tragó saliva.

—No podía ponerme a investigar. Pepito se habría dado cuenta de que no sé disparar con esa cosa.

Hayes se echó a reír y extendió un brazo. Ella se metió debajo y se acurrucó contra él.

—Nunca voy a jugar al póquer contigo —le dijo Hayes, y la besó.

Carson cabeceó.

—Por si se lo estaba preguntando, está cargado, y el seguro no está puesto.

—Demasiada información —dijo ella—. No quiero saberlo. Odio las armas.

—Pero tendrás que aprender a tolerarlas. La esposa del sheriff tiene que aceptar ciertas cosas.

—¿Se va a casar con él? —le preguntó Carson a Minette.

—Eso parece —dijo ella, riéndose.

Carson se encogió de hombros.

—No voy a ir a la boda.

—Espera hasta que te haya invitado para rehusar la invitación —respondió ella.

—No voy a ir de todos modos.

Minette se rio de nuevo.

—Está bien. Pero, de todos modos, gracias por salvarnos.

—Creía que eso ya lo había hecho usted.

—No. Yo solo conseguí liberarnos a los dos, pero todavía queda un camino muy largo hasta la frontera, y estábamos perdidos.

—Bueno, pues ya no.

—Yo no puedo caminar mucho más —tuvo que admitir Hayes, aunque le doliera en el orgullo.
—Ya te he dicho que no tienes que preocuparte.

Alzó una mano e hizo un movimiento circular. Una bengala iluminó la noche oscura. Segundos después se oyó un helicóptero que se acercaba.

—¿Lo ves? —le preguntó Carson a Hayes, y se echó a reír.

Cuando llegaron a casa de Minette, estaban agotados.

Los niños y Sarah los recibieron con caras de angustia y los abrazaron entre sollozos. También se acercaron dos hombres que estaban sentados en el salón, esperando: Garon Grier y Rodrigo Ramírez.

—Me alegro de que hayan escapado —dijo Rodrigo—. Estábamos a punto de dejar Cotillo, después de una conversación inútil con su alcalde —explicó, y miró a Carson, que estaba en el vestíbulo— cuando alguien decidió lanzar una granada al paso del convoy de los peces gordos del narcotráfico.

—Una pequeña corrección —dijo Carson—. Fueron tres granadas, no una.

—No sabemos quién ha sido, por supuesto —dijo Ramírez, mirándolo con seriedad—. Si lo supiéramos, posiblemente tendríamos que colgarlo.

—Si lo hicierais, algunos de sus amigos tendrían que hablar con el marido de mi prima —replicó Carson, sin alterarse lo más mínimo.

—¿El marido de tu prima? ¿Quién es? —preguntó Garon Grier.

—Es el senador senior de Dakota del Sur —dijo Carson, muy sonriente.

Grier gruñó.

—Está en el comité que tiene que aprobar nuestras peticiones de presupuesto.

—Y las nuestras —dijo Ramírez, con un gesto de contrariedad.

—Bueno, pues quedamos en tablas —afirmó Carson.

Grier hizo un gesto de resignación y se dio la vuelta.

—Íbamos a hacer todo lo posible por conseguir que os liberaran —le dijo Rodrigo a Minette—. Tuve que telefonear a mi primo para que la guardia fronteriza nos dejara pasar a México.

—¿A tu primo? —preguntó Hayes.

Rodrigo asintió.

—Fue presidente de México hasta las últimas elecciones.

Carson lo miró.

—Así que utilizando los contactos de alto nivel. Qué poco sutil.

Ramírez sonrió.

—Estábamos saliendo del pueblo para hablar con nuestros negociadores y que comenzaran las conversaciones con el alcalde cuando el convoy saltó por los aires —dijo Grier.

—Pero los mecanismos del gobierno son lentos —añadió Ramírez.

—Demasiado lentos para algunos de nosotros —convino Carson.

—Tienes suerte de no estar de camino a la prisión federal —dijo Grier.

Carson hizo un gesto desdeñoso.

—Vamos, chicos, yo creo en el imperio de la ley tanto como vosotros —intervino Hayes—, pero, en este caso, Minette habría muerto mucho antes de que la diplomacia hubiera empezado a surtir efecto. Y yo también.

—Es cierto —dijo Rodríguez—. Tengo que asentir. Yo le debo la vida a uno de tus colegas. Fui secuestrado hace unos años.

—Y eso nos lleva de nuevo al motivo de nuestra visita —dijo Grier—. Creo que tenéis información sobre un agente de la DEA que está colaborando con el cártel al otro lado de la frontera.

Hayes asintió.

—Íbamos de camino a mi oficina, a reunirnos con el informático cuando nos secuestraron. Él tenía el ordenador y acababa de acceder al disco duro… ¿Por qué me miráis así?

Ramírez suspiró.

—Esperábamos que hubiera podido decirte algo…

—No, pero estaba en mi oficina —repitió Hayes.

—Hemos encontrado su cadáver en una cuneta, hace una hora —dijo Grier.

—¿Qué? —explotó Hayes.

—Lo torturaron y lo asesinaron —continuó Grier—. Y se llevaron el ordenador.

—¡Lo siento! ¡Lo siento muchísimo! —exclamó Hayes—. ¡Dios mío!

—Era un buen hombre —dijo Carson, entre dientes.

—Encontraremos al que lo hizo. Juro que lo detendré —le prometió Hayes, y le estrechó la mano—. Mientras, quisiera darte las gracias por habernos salvado —dijo—. Si alguna vez puedo hacer algo por ti, algo dentro de la legalidad —añadió, con una sonrisa irónica—, prometo que haré lo que esté en mi mano.

—Puedes encontrar al que ha matado a Joey —respondió Carson—. Aunque yo también lo voy a buscar —aseguró y, cuando los demás comenzaron a protestar, alzó una mano—. Nada de granadas de mano esta vez, lo prometo.

Ellos asintieron.

—Por lo menos, no a este lado de la frontera —añadió Carson, entre dientes.

La emoción se acabó. Hayes se sentía muy triste por la muerte del informático, pero también feliz de tener a salvo a Minette, en su casa. Su padre había llamado; estaba eufórico por el rescate de su hija.

—Dudaba del hombre que me ofreció ayuda —le dijo a Minette por el altavoz del teléfono—, pero es evidente que sabía lo que estaba haciendo. Por haberte salvado, le daré todo lo que pida durante el resto de su vida. Y ese tal Pepito ya está trabajando para mí. Haciendo algo legal, niña, lo prometo —añadió El Jefe rápidamente—. Su familia vive ahora en este país, en mi rancho. Estoy enseñando a Pepito a trabajar con los caballos. Creo que tiene un don.

—Ese hombre lo intentará de nuevo, ¿verdad? —preguntó Minette con tristeza—. Me refiero a que intentará matarnos a Hayes y a mí otra vez...

—¿Te refieres a El Ladrón? ¿Es que no te lo han contado?

—¿El qué?

—El Ladrón estaba tan contento con tu captura que deseaba ver cómo te torturaban. Así que fue a Cotillo con sus hombres de confianza. Cuando estaba a punto de entrar al pueblo, cayó una granada al paso de su todoterreno. No sé quién pudo lanzarla.

—¿Ha muerto? —preguntó Minette.

—Sí, y sus hombres también. Ha sido un golpe muy duro para su organización. Así, yo soy el único que tiene el control de todo el territorio —añadió, con una carcajada petulante.

—Pero... yo creía que lo controlaban los hermanos Fuentes —respondió Minette.

—Niña —dijo El Jefe, suavemente—. Los hermanos Fuentes eran primos carnales míos. Queda uno de ellos con vida. Somos familia —añadió, riéndose.

—¡Vaya!

—Supongo que entiende que, si comete una ilegalidad aquí, tendré que arrestarlo, Diego —le dijo Hayes—. Lo haría con tristeza, pero lo haría.

—Sí, lo sé. No te preocupes. No tengo intención de violar la ley en suelo estadounidense. ¡Tengo que considerar el bienestar y la reputación de mi hija!

—Gracias —dijo Minette, suavemente—. Y gracias por enviar a ese loco de atar a rescatarnos.

—Tengo entendido que fuiste tú la que se salvó a sí misma, y al sheriff también.

—Ayudé —respondió Minette con modestia.

—Pepito me lo ha contado todo. Incluyendo lo del portarrollos con diamantes incrustados. Me he reído mucho. ¡Mi hija, toda una guerrera!

Ella se rio con azoramiento.

—Me parece que nunca sabemos lo que somos capaces de hacer bajo presión —dijo, finalmente.

—Estoy muy orgulloso de ti —le dijo El Jefe—. Y tu madre, que Dios la bendiga, también estaría muy orgullosa.

—Gracias —dijo Minette.

—Hayes, ¿qué tal tus heridas? ¿Has sufrido alguna recaída por el secuestro?

—No, sigo recuperándome bien —respondió Hayes, y miró a Minette amorosamente—. A propósito, voy a casarme con su hija.

—Sí, eso tengo entendido —respondió Diego—. Me agrada. A cambio, me encargaré de que ninguno de mis hombres cometa el más mínimo delito en este país. Tienes mi palabra.

—Se lo agradezco —dijo Hayes.

—Y, por el momento, lo mejor será que nadie sepa con seguridad cuál es nuestro parentesco, niña. Siempre tendré enemigos —explicó Diego—. Es una consecuencia de los tiempos desesperados que vivimos, y del comercio al que me dedico.

—Estaremos alerta —le prometió Hayes.

—Eso es lo único que pido.

—¿Estás seguro de que quieres casarte conmigo? —le preguntó Minette, más tarde, cuando estaban a solas en su habitación. Los niños y Sarah ya se habían acostado—. Te lo pregunto porque... bueno, tengo un periódico semanal... ¡Y qué primicia voy a dar la semana que viene! Pero mi padre es un narcotraficante.

—Mi hermano era drogadicto. Los dos tenemos cosas con las que debemos aprender a vivir —respondió Hayes, estrechándola contra su pecho—. Lo importante es que nos tenemos el uno al otro.

Ella sonrió lentamente.

—Sí.

Él se inclinó para besarle los labios.

—¿Te he dicho alguna vez —le susurró— que te quiero locamente?

A ella se le aceleró el corazón.

Hayes sonrió.

—Bueno, pues te quiero locamente.

Ella le rodeó el cuello con los brazos.

—Yo también te quiero —dijo, con algo de timidez.

Él sonrió aún más.

—Ya me lo parecía —musitó—. Muévete un poco...

Él la colocó a su lado sobre la cama. Solo llevaba los pantalones del pijama, y nada más. Ella llevaba unos pantalones anchos de algodón y una camiseta. Sin embargo, pocos minutos después, todas aquellas prendas estaban en el suelo.

—Esto no es... buena idea... —dijo ella, con la respiración entrecortada; sin embargo, no pudo evitar separar las piernas para que él pudiera colocarse entre ellas.

—Vamos a casarnos en cuanto consigamos la licencia —susurró él, y deslizó la mano sana bajo las caderas de Minette, para poder elevarle el cuerpo—. Y hemos hecho públicas nuestras... intenciones... ¡Oh, Dios! —gruñó Hayes, con tanta aspereza que ella creyó que se estaba muriendo.

Justo en aquel momento, Minette notó que él penetraba

en su cuerpo, y su entusiasmo casi pudo borrar el dolor agudo que le causó, y que hizo que apretara los dientes.

—Lo siento —susurró él, y comenzó a moverse—. ¡No puedo... evitarlo!

—Lo sé —dijo ella.

Hayes no tenía que decirle que hacía años que no mantenía relaciones sexuales. Estaba tan excitado que apenas podía contenerse. La besó, y pasó las manos entre sus cuerpos para acariciarla de un modo que, al principio, asombró a Minette, pero después la deleitó.

—Intenta relajarte —le dijo él—. Haré que sea muy bueno para ti...

—Sí...

Minette se movió con él. El dolor desapareció por completo y fue transformándose en una tensión cada vez más intensa, que creció sin cesar y la envolvió en un calor abrasador.

Oyó los movimientos de sus cuerpos contra las sábanas y, mientras Hayes la embestía ciegamente, en busca del clímax, ella pensó que no iba a tener tiempo de alcanzarlo. Sin embargo, su cuerpo siguió al de Hayes, se arqueó para recibir sus embates y, de repente, sintió una explosión de calor, justo cuando él gruñía y se estremecía, hundiéndose con todas sus fuerzas en ella.

Minette se aferró a él y le besó el cuello, la garganta, mientras las ondas de calor recorrían sus cuerpos y los dejaban sin respiración, húmedos de sudor.

—Ha sido demasiado rápido —susurró él—. Lo siento...

—No. Lo he sentido —respondió Minette, ruborizándose—. Lo he sentido de verdad...

Él alzó la cabeza, todavía con la respiración entrecortada, y la miró a los ojos.

—Te he hecho daño.

—Daños colaterales —susurró ella—. Era de esperar, después de semejante descarga.

—Te has quedado impresionada y maravillada —dijo él, con una sonrisa.

—Sí.

La sonrisa desapareció. Él siguió mirándola a los ojos y se movió, lentamente, rotando las caderas. Ella jadeó. Él volvió a hacerlo, observándola con atención por si detectaba señales de incomodidad.

Minette, fascinada con aquella nueva aventura, miró hacia abajo. Al ver su curiosidad, Hayes levantó las caderas y dejó que mirara mientras volvía a penetrarla muy suavemente.

—Así que... es así —susurró Minette, con la voz ronca.

Él sonrió.

—Y te hace sentir así.

Ella lo miró a la cara y vio que sus ojos se clavaban en su pecho. Tenía los pezones endurecidos, y el cuerpo le vibraba cada vez que Hayes se movía sobre ella.

—Nunca soñé que produciría una sensación tan íntima —murmuró Minette.

—Yo nunca soñé que la primera vez sería tan perfecta —susurró él—. Lo único que no me ha gustado ha sido hacerte daño.

—Solo me ha dolido un poco —respondió Minette. Sintió más confianza; alzó las caderas y las movió, y observó la tensión del rostro de Hayes—. Además, puedes compensarme en este momento. Así...

Él se estremeció cuando ella se movió debajo de él.

—No luches contra ello —le susurró Minette—. No te contengas. No contengas nada... Entra en mi cuerpo con todas tus fuerzas, tan profundamente como puedas...

Aquellas palabras le hicieron arder, aumentaron su pasión y su urgencia. La embistió, agarrándola por las caderas, sin dejar de mirarla a los ojos.

—Mírame —le pidió, en un susurro—. ¡Mírame!

Ella no habría sido capaz de apartar los ojos de su cara bajo ningún concepto. Él se estremeció una y otra vez y, finalmente, se arqueó y gimió de placer.

Minette también sintió el clímax, y fue tan intenso que sollozó sin poder evitarlo, y se aferró a él con todo el cuerpo, apretándose contra él, tratando de preservar el gozo todo lo que fuera posible. Sin embargo, fue una sensación efímera. Todo fue muy rápido.

Ella se echó a llorar.

Hayes la acurrucó contra su pecho y le acarició la espalda, todavía unido a ella de la manera más íntima.

—No dura —sollozó.

—No. Pero el recuerdo de todo esto va a durar hasta que seamos viejos y tengamos el pelo blanco —respondió él, en un susurro—. Nunca, ni en mis mejores sueños, hubiera pensado que podía sentirme tan saciado.

—Yo nunca he tenido sueños de esta clase —dijo ella—. No sabía cómo era, ni los sentimientos que provocaba —añadió, y le besó el pecho—. Supongo que no podemos echar de menos algo que nunca hemos tenido.

Él le besó la frente con ternura.

—No —dijo, e hizo que lo mirara—. Y ahora, me perteneces. Por completo.

—Y tú me perteneces a mí.

Hayes salió de su cuerpo.

—No... —protestó ella, débilmente.

—Los niños van a venir a verme a primera hora de la mañana, y no creo que deban encontrarnos así —dijo él, sonriendo.

Ella lo miró atrevidamente, pasando los ojos por todo su cuerpo.

—Eres magnífico.

Él se rio.

—Y tú también, cariño.

Ella suspiró.

—Nos hemos adelantado a la señal de salida.
—Mucho mejor.
Minette le golpeó suavemente, en broma.
—¡Oh, Hayes! ¡Tu hombro! —exclamó.
—Sobreviviré —le prometió él—. Me duele un poco, pero ha merecido la pena. Tal vez tarde unos días más en recuperarme del todo, pero no creo que sea mortal. De veras.
—Está bien.
Hayes se levantó lentamente.
—Ven. Vamos a darnos un buen baño y a acostarnos.
—¿Un baño? ¿Juntos?
—Ahorremos agua y jabón —dijo él.
Ella se echó a reír.
—¡De acuerdo!
Se ducharon, entre caricias y besos, y después se vistieron. Hayes le dio un beso de buenas noches y ella fue a su habitación. Consiguió dormir unas cuantas horas antes de que los niños entraran botando en su habitación y subieran de un salto a la cama.
—¡Minette, tenemos hambre! —exclamaron.
Ella se rio con alegría.
—¡Ahora mismo voy a hacer el desayuno!
—Yo quiero copos de avena —dijo Julie.
—¡Yo quiero huevos revueltos! —exclamó Shane.
—Podéis comer las dos cosas. Pero, ahora, salid y dejad que me vista.
—Sí, Minette —dijo Julie, y salió la primera, seguida de su hermano.
Minette se vistió y bajó a preparar el desayuno. Hayes y ella intercambiaron miradas de ternura.
—Supongo que todos deberíais saber que Minette y yo vamos a pedir la licencia de matrimonio hoy mismo —anunció Hayes.

—¿Nos vamos a casar contigo? —preguntó Julie—. ¡Oh, Hayes, qué bien!

Saltó de la silla y corrió a abrazarlo. Shane hizo lo mismo.

—Puedes vivir con nosotros, y ver películas con nosotros. ¡Y nosotros te protegeremos para que nadie vuelva a hacerte daño! —le prometió Julie.

—Eso, eso —dijo Shane—. ¡Y podemos ver la lucha juntos!

Hayes los abrazó, intentando contener las lágrimas. Cuando se controló, dijo:

—Compraré más películas de dibujos animados —les prometió.

Sarah también se levantó para darle un abrazo.

—Ya conoces mi opinión —dijo, riéndose—. No tengo que decirte lo orgullosa que me siento de que formes parte de nuestra familia.

—Gracias, Sarah —respondió Hayes. Después, miró a Minette—. Ahora ya solo nos queda ponernos frente al cura.

Y lo hicieron.

La boda fue una gran celebración. Todo el mundo asistió, incluso gente que no estaba invitada. La pareja feliz hizo sus votos delante del altar, se besó y fue acribillada con arroz y confeti al salir de la iglesia, bajo el cálido sol de mediodía.

Minette llevó un vestido blanco con bordados en tonos pastel, velo y ramo de novia. Al lanzarlo, se quedó asombrada al ver que lo recogía un hombre alto de bigote, que le sonrió. ¡Su padre!

Miró a Hayes con incredulidad. Él se encogió de hombros y sonrió.

Ella se acercó a su padre rápidamente, y lo abrazó.

—Gracias por el regalo de boda —le dijo—, ¡pero no deberías haberlo hecho!

—Los Jaguar son los coches más seguros del mercado. Este, en concreto, está personalizado y lleva un blindaje especial —le dijo su padre—. Así sabré que vas segura mientras conduces. Me gusta tu familia, niña —añadió con suavidad—. Los niños son preciosos.

—Sí. Son maravillosos —dijo ella. Se puso de puntillas y le besó en la mejilla—. Me alegro de que hayas venido.

Él se encogió de hombros.

—Es la boda de mi hija. Pero ahora tengo que irme —le dijo, y señaló a varios hombres de traje que estaban un poco apartados.

—¿De dónde han salido? —preguntó ella.

—Son de las agencias del gobierno, o tal vez sean alienígenas disfrazados —respondió él, alegremente—. Quién sabe —añadió. Levantó la mano y saludó a los hombres. Sorprendentemente, ellos sonrieron y le devolvieron el saludo. El Jefe se encogió de hombros—. Eh. Sin mí, no tendrían trabajo, ¿no crees?

—Sí, bueno... No te metas en líos —dijo ella, con firmeza.

—¡Claro que no! —respondió él.

Entonces, se puso las gafas, le hizo una seña a su guardaespaldas y se marchó. Los hombres trajeados lo siguieron obedientemente.

—¿Esto es una boda o una redada? —le preguntó a Hayes.

—En realidad —dijo un hombre de voz grave, a su espalda—, tiene un poco de ambas cosas.

Cash Grier sonrió. Su bella mujer pelirroja, Tippy, estaba a su lado, con un precioso vestido verde. Parecía una modelo. Y lo era, en realidad.

—No podía perderme la boda. Lo que pasa es que detesto exhibirla en público —dijo, refiriéndose a su mujer con un suspiro—. Antes de que pase el día tendré que arrestar a mis oficiales por comportamiento lascivo. ¡Ya está bien de babear! —le gruñó a uno de sus subordinados, que estaba junto a la puerta.

El joven policía se cuadró, se ruborizó y se alejó.

—¿Lo veis? —dijo Cash, con exasperación.

—La próxima vez me pondré un saco de patatas —le prometió Tippy. Se puso de puntillas y le dio un beso en la mejilla.

—Ni hablar. Me gusta demasiado presumir de ti —dijo él, con una carcajada—. Aunque tenga complicaciones.

Después, fulminó con la mirada a otro policía que estaba mirando embobado a Tippy. El hombre carraspeó y se alejó hacia la mesa de la bebida.

—Hayes no tendrá esas molestias conmigo —dijo Minette, riéndose—. Soy común y corriente.

—¡Ya! —exclamó Tippy—. ¿Enfrentarte a un traficante de drogas con un AK-47 te parece común y corriente?

—¿Sí? ¿Y me lo dice una persona que detuvo a un asesino con una sartén de hierro? —replicó Minette.

—Son historias legendarias —dijo Cash, con petulancia.

—Ambas —dijo Hayes, estrechando a Minette contra su costado.

—Totalmente de acuerdo. ¡Un brindis!

Tomó un vaso de ponche y requirió la atención de los presentes.

—¡Por el sheriff y su esposa! ¡Muchos años de felicidad, muchos hijos, mucha alegría!

—¡Amén!

Todos bebieron.

—¿Qué era eso de «muchos, muchos hijos»? —preguntó Minette en tono somnoliento, con un sentimiento de pura alegría, mientras los dos estaban tendidos en la cama de su habitación de hotel en Panama City, Florida.

—Estoy en ello —musitó él—. Déjame en paz. Estoy cansado.

—¡Cansado! ¡Bah!

—¿Bah? —preguntó él, y se sentó en la cama.

—¿Demonios? —preguntó ella, encogiéndose de hombros.

Él se echó a reír, volvió a tumbarse y la abrazó.

—Podíamos haber ido al extranjero —murmuró.

—Los lugares a los que querías ir no valían. Parece que a Carson lo buscan, por lo menos, en dos de ellos.

—¿Y por qué hemos tenido que traerlo a nuestra luna de miel?

—Bueno, no es que esté aquí con nosotros, precisamente —dijo Minette—. La última vez que lo vi, estaba observando atentamente a una guapísima rubia en la playa. La chica estaba flirteando con él. Se fue a la cama con un margarita.

—Pues va a ser una gran ayuda si nos rodean unos cuantos narcotraficantes sedientos de venganza —murmuró.

—Dos de sus amigos han venido con él. Los envió mi padre —dijo Minette, y cabeceó—. Va a ser un matrimonio muy extraño, Hayes.

Él le besó la nariz.

—Un matrimonio muy feliz.

Ella cerró los ojos con un suspiro, y se apretó contra él.

—Feliz Navidad.

—Eso es la semana que viene. Ya estaremos en casa.

—Lo estoy celebrando con antelación. Feliz Navidad.

—Feliz Navidad, cariño.

Minette se acurrucó entre sus brazos y se quedó dormida.

A la mañana siguiente, desayunaron y dieron un paseo por la playa, admirando la belleza del mar y de las olas que rompían en la arena. Minette chapoteó en ellas, entrando y saliendo de la orilla, porque hacía demasiado frío como para darse un baño.

—Tenemos que venir en verano, y traer a los niños —dijo él, sonriendo—. Les encantará jugar en la arena.
—¿De verdad no te importa tener una familia ya hecha?
Él negó con la cabeza.
—Son mis niños. Los quiero.
—Ellos también te quieren a ti. Y yo —añadió Minette, suavemente.
Él se inclinó y la besó.
—Yo también te quiero, cariño. Para siempre.
—Para siempre.
Ella miró hacia el horizonte del golfo de México, con los ojos brillantes de amor y felicidad, con la esperanza de tener un futuro que nunca hubiera pensado. Entrelazó sus dedos con los de Hayes y se acercó a él.
—La vida es un viaje que está lleno de giros inesperados —dijo, filosóficamente.
—Con premios inesperados —dijo él—. Y ya está bien de filosofía por un día. ¡Te echo una carrera hasta la cafetería!
—¡De acuerdo! —respondió ella, y señaló hacia algún lugar detrás de Hayes—. ¿Aquello es un pelícano?
Mientras él se distraía buscando al pájaro, ella echó a correr y llegó a la puerta del local pocos segundos antes que él. Todavía estaba riéndose cuando Hayes la alcanzó.

CAPÍTULO 16

Justo antes de Navidad, cuatro hombres se reunieron en el reservado de un restaurante de Jacobsville, Texas. Todos iban trajeados, salvo el sheriff. Todos llevaban armas enfundadas en el costado, bajo la chaqueta.

El mayor de los cuatro tenía una expresión sombría.

—Tenemos una pista sobre el asesino del informático —dijo Garon Grier.

—Alguien relacionado con El Ladrón, seguro —respondió Hayes Carson.

—No, en realidad no —dijo Rodrigo Ramírez.

—Alguien relacionado con un político del congreso, de bajo nivel, pero muy vengativo —dijo Jon Blackhawk—. Y se rumorea que va a presentarse para un puesto en una oficina federal dentro de uno o dos años.

—No puede ser él —dijo Rodrigo.

—Sí —repuso Jon—. Conocemos sus vínculos con el narcotráfico, y sabemos que utiliza el soborno y las amenazas para conseguir lo que quiere de otros legisladores. Imagínate todo ese talento catapultado a filas más altas del gobierno.

—Todavía tenemos libertad de prensa —dijo Hayes.

—Los periodistas tienen familia, y los presidentes de los medios de comunicación también —dijo Jon—. ¿De verdad crees que la gente que mata periodistas al otro lado de la frontera tendría algún reparo en hacerlo aquí?

—Tenía esa esperanza, pero supongo que no era realista —dijo Hayes.

—¿Y qué hacemos? —preguntó Ramírez.

—Esperar —respondió Jon—. Mantener los ojos abiertos y buscar conexiones que podamos demostrar. Y ojalá podamos encontrar el ordenador por el que mataron al informático de Eb Scott.

Lassiter no había dicho ni una palabra. Estaba un poco apartado de los demás, y tenía las manos en los bolsillos del pantalón.

—¿Y qué pasó con el francotirador que iba a enviar El Ladrón para matarte? —le preguntó a Hayes.

—En realidad, trabajaba para mi flamante suegro. Volvió a casa.

—Es una pena —dijo Lassiter—. Podríamos haberlo utilizado.

—¿Para qué? ¿Como cebo? —preguntó Ramírez.

Jon negó con la cabeza.

—Algunos de los miembros de los cárteles son verdaderamente tontos. Sin embargo, el hombre que dirige el territorio ahora, el alcalde de Cotillo, tiene cerebro. Y tiene una de las redes de inteligencia más activas que he conocido. Me sorprende que no muriera en ese ataque con granadas.

—En ese preciso instante estaba reunido con nosotros —dijo Garon Grier, señalando a Ramírez con la cabeza—. Nos marchamos justo a tiempo para evitar la explosión.

—Sí, bueno, resulta que uno de nuestros mercenarios locales tenía algunas granadas de mano extra, y las usó para practicar contra coches blindados —dijo Ramírez, en tono de humor—. También había ido a visitar al alcalde en ese momento. Fue un golpe de suerte para Charro Méndez no estar allí para recibir al convoy. Si hubiera estado…

—Ese hombre, Carson —dijo Hayes—, es increíble.
—Tiene un problema de actitud —respondió Ramírez, arqueando una ceja.
—Puede ser, pero Minette y yo le debemos la vida.
—Sí, supongo que sí. ¿No les dio el cuerpo de alguien a unos caimanes en algún sitio?

Grier se echó a reír.

—Eso dice, pero yo sé de buena tinta que el instigador fue Rourke. Carson ayudó.
—¿Y quién fue la comida de los caimanes? —preguntó Hayes.
—Un hombre que había torturado a una joven periodista que estaba cubriendo el ataque de Barrera. Parece que Rourke y ella tenían una historia en común.
—¿Y quién es Rourke? —preguntó Jon Blackhawk—. Me suena el nombre, pero no lo identifico...
—Trabaja, de vez en cuando, para Eb Scott, pero sobre todo hace cosas para K.C. Kantor. Se rumorea que él es su padre, pero nadie sabe la verdad.
—Kantor —dijo Grier, agitando la cabeza—. Ese es un hombre interesante. Empezó como mercenario, compró acciones de una empresa pujante y se hizo millonario en pocos años. Ahora vive en Suráfrica y, si se produce algún tipo de revolución, él estará apoyando a los rebeldes en contra de los gobiernos corruptos.
—Un hombre interesante, sí —convino Hayes.
—¿Y cómo va la terapia? —le preguntó Ramírez.

Hayes suspiró.

—Va a ser un proceso largo —dijo—. El secuestro me causó algunos daños, pero, al final, recuperaré casi todo el uso del brazo. Sin embargo, va a pasar una buena temporada antes de que pueda sostener un arma, así que supongo que Zack tendrá que hacerse cargo de los tiroteos a partir de ahora —añadió, con consternación.

—Tampoco nosotros podemos ya echar puertas abajo y disparar a ciegas —dijo Garon, y asintió hacia Ramírez—. Todos tenemos esposa e hijos, y ahora nos dedicamos sobre todo a los asuntos administrativos. El trabajo de acción es más adecuado para los hombres jóvenes.

—Yo soy joven —dijo Ramírez—. ¡Puedo aplastar a un osito de peluche!

Grier se echó a reír.

—Sí. Yo también.

—No me importaría tener más hijos, aparte de Julie y Shane —dijo Hayes—. Los niños son maravillosos.

—Sí, Minette tiene dos hermanos pequeños —comentó Grier—. ¿No te importa?

—No, en absoluto. Se sientan en la cama conmigo y vemos películas juntos, y me han dicho que me van a proteger de los hombres malos —dijo, con un nudo en la garganta al recordar aquello—. Son estupendos.

—Bueno, cuando te llegue la hora, tendrás experiencia —dijo Ramírez, riéndose.

Hayes sonrió.

—Sí, es cierto —murmuró. La sonrisa se le borró de la cara—. Es una pena que Charro Méndez no fuera a recibir a su primo cuando estallaron las granadas.

—Alguien dijo que tenían visita, justo antes de que las granadas explotaran —comentó Ramírez.

—Sí —dijo Garon—. Un hombre alto, con el pelo largo hasta la cintura, según nos transmitió un informador. Y, supuestamente, un empleado de El Jefe.

Hayes se rio.

—Carson.

—Exacto —dijo Grier—. Es muy eficiente.

—Letal —convino Hayes—. Y lleva un arma ilegal cuya posesión, según él, le ha concedido tu hermano —añadió, mirando a Garon Grier.

—Mi hermano fue francotirador —dijo Grier.
—¿Y qué significa eso? —preguntó Hayes.
—Solo que los hombres que tienen profesiones letales tienden a formar una amistad.
—Oh, vaya. ¿Carson fue francotirador?
—Y muy bueno, según mi hermano. Pero hoy día está haciendo trabajos para Eb Scott y Cy Parks.
—Cy Parks dejó el negocio —dijo Hayes.
Grier se inclinó hacia delante.
—Y las ranas vuelan. Que no participe en misiones de comando no significa que no las organice. Tiene a tres exmercenarios a sueldo. Él también tiene enemigos.
—Si conocen a Carson, no creo que molesten a Parks —dijo Ramírez—. Y, antes de que se te olvide, yo fui uno de esos mercenarios antes de trabajar para la DEA. En varios países sigo en busca y captura. Aunque, por suerte, en este no.
—Cierto —convino Grier.
Jon Blackhawk suspiró.
—Bueno, supongo que Charro Méndez ha heredado la corona de El Ladrón.
—Sí, así es. Ahora, deja que intente conservarla —dijo Ramírez con seriedad—. El padre de tu esposa le sigue los talones, y está buscando la manera de echar a Méndez del negocio —le dijo a Hayes—. Hay otro asunto: todavía tenemos a un topo en mi organización. No me atrevo a hablar con nadie, salvo con Cobb, sobre este tema. No podemos permitirnos, ni siquiera, hacer público el hecho de que sabemos de su existencia. Él debe de pensar que está a salvo, con el ordenador que desapareció. Seguramente, toda la información que había en el disco duro ha sido destruida.
—Eso te da ventaja —dijo Hayes—. Es mucho más probable que se delate a sí mismo si piensa que está seguro.
—Estamos en una agencia muy grande —respondió Ramírez—. Y no recuerdo quién fue el agente que vino con-

migo a la redada de narcos que hiciste tú. Así que estoy con las manos vacías.

Hayes estaba pensando.

—¿Te detuviste en algún lugar cuando ibas de camino a la redada, aquel día?

Ramírez pensó durante un minuto.

—Durante el trayecto, no, pero nos detuvimos en la oficina de Cash Grier. Yo quería hablar con él, pero había salido.

—¿Y el agente entró contigo?

—Creo que sí —dijo Ramírez.

—Tal vez alguien de esa oficina recuerde al hombre que iba contigo y pueda describirlo. La secretaria de Cash, Carlie, ¿estaba trabajando ese día?

—Lo siento. No conozco los nombres de sus empleados…

—Es una muchacha de estatura media, que suele vestir con vaqueros y camisetas, y tiene el pelo oscuro, corto y ondulado, y una sonrisa enorme —dijo Hayes.

—¿Muy listilla? —preguntó Ramírez, con una vaga sonrisa.

—Esa misma.

—Es memorable —tuvo que admitir Ramírez—. Sí, estaba trabajando.

—Pues según creo, tiene una memoria fotográfica —dijo Hayes—. Si vio a tu agente, seguro que sabe cómo era.

—¡Por fin! —exclamó Ramírez—. ¡Una pista!

—Sí, pero no podemos revelárselo a nadie —dijo Hayes—. No podemos permitirnos otra muerte trágica por el pánico de esos narcos.

—Entiendo. De acuerdo —dijo Ramírez—. Pasaré por la oficina de Cash como si se tratara de una visita informal, y hablaré con él antes de hacer cualquier cosa.

—Voy contigo —dijo Garon—. No resultará sospechoso, porque la gente pensará que voy a ver a mi hermano.

Ramírez sonrió.

—Gracias.

Lassiter miró la hora.

—Tengo que hacer unas cuantas llamadas. Pero, si necesitáis ayuda, siempre estoy disponible.

Hayes entrecerró los ojos.

—¿Para quién trabajas? —le preguntó.

Lassiter sonrió.

—Para nadie que tú conozcas.

—Trabajabas para el padre de mi mujer.

—Misión encubierta —replicó Lassiter—. El Ladrón me dio información suficiente para empapelar a Méndez, pero tu amigo Carson se me adelantó y lo liquidó —dijo, con un suspiro—. Así que esa misión ha terminado.

—Hay otro Méndez —observó Hayes—. El primo de El Ladrón, que es alcalde de Cotillo.

—No tiene ningún delito a este lado de la frontera. Bueno, nada que nosotros podamos encontrar. Es una pena. Bueno, ha sido un honor trabajar con vosotros. Tal vez volvamos a hacerlo algún día.

—¿Trabajas para el MIT? —murmuró Hayes.

Lassiter se rio.

—Sí, pero ¿me ves dando clases de física?

—No, en realidad no —tuvo que admitir Hayes.

—Mi padre se indignó completamente cuando malgasté mi esmerada educación. Y no está de acuerdo con mi trabajo. Mi madre tampoco. Lo consideran demasiado peligroso. Pero yo me limito a sonreír y a hacer lo que me apetece. Mi padre es un tipo estupendo.

—Eso es lo que tengo entendido.

—Espero que te recuperes pronto —le dijo a Hayes.

—Gracias. Coltrain dice que estoy haciendo grandes progresos. Sin embargo, por ahora, voy a sentarme detrás de mi escritorio y a dar órdenes.

—Eso no tiene nada de malo —dijo Lassiter—. Bueno, chicos, hasta otra.

Hayes lo vio marchar con una mirada de curiosidad.

—«Conocí a un hombre que no estaba allí...» —dijo, citando un poema de William Hughes.

Los demás se echaron a reír.

Al otro lado de la frontera, poco después de que Carson sacara a Hayes y a Minette del país, un hombre que tenía una pistola automática con la culata chapada en oro estaba despotricando contra sus ayudantes.

—¿Que habéis dejado que se escapen? —le gritó Charro Méndez a su hombre de confianza, Lido.

Lido no era un hombre que temiera muchas cosas, pero sabía lo que le hacía Charro a la gente que lo enfadaba, y comenzó a sudar.

—Dejé aquí a Pepito para que los vigilara. Pepito sabía que tenemos a su mujer y a sus hijas vigiladas, que podíamos matarlas cuando quisiéramos.

—Entonces, ¿dónde está Pepito? —gritó Charro, enfurecido—. ¿Y dónde están mis prisioneros?

—No lo sé —dijo Lido, y tragó saliva—. Pero los encontraré...

Charro sacó su pistola y le pegó dos tiros en el pecho. Después, con disgusto, observó al hombre mientras caía al suelo.

Jorge comenzó a retroceder, con las manos en alto.

Charro lo fulminó con la mirada.

—A ti no puedo matarte —dijo con exasperación—. Mi hermana nunca me lo perdonaría.

—¿Y él? —preguntó Jorge, señalando al hombre que yacía muerto en el suelo.

—Déjalo —respondió Charro con desprecio—. Que los coyotes se den un festín con él —se inclinó y recogió el arma de Lido—. Ha echado a perder mis planes. El Jefe tiene a su hija, y ahora querrá vengarse.

—Pero... nosotros estamos muy protegidos.
Charro se rio con frialdad.
—Ah, bueno, por lo menos podemos vengarnos de Pepito por su traición. Ven. Nos encargaremos personalmente de su familia. ¡Y deja de temblar! ¡Compórtate como un hombre, por una vez!
—Pero... yo no puedo matar a un niño —dijo Jorge.
Charro suspiró.
—Entonces, debemos encontrar a alguien que esté dispuesto a hacerlo.
Llegaron a Cotillo y encontraron la casa incendiada. Charro bajó la colina para echar un vistazo, seguido por Jorge.
—¿No es esa la casa de Pepito? —preguntó el chico.
—Creo que sí —respondió Charro, y se acercó a una mujer que lloraba—. ¿Qué ha ocurrido?
—La casa se incendió, señor —dijo la mujer, entre sollozos—. ¡Se han quemado todos! La mujer, las niñas... ¡incluso el marido! ¡Han muerto!
Charro se relajó. Después de todo, tenía su venganza, y se aseguraría de que todos los miembros de su organización supieran cuál era el castigo por una traición. Diría que él mismo había incendiado la casa de Pepito.
Se dio la vuelta y se alejó.
Al cabo de unos instantes, la mujer lo vio marcharse y sonrió con frialdad. En el bolsillo tenía un billete de quinientos dólares norteamericanos. Qué pago tan generoso por un servicio tan pequeño. Encontraría trabajo al otro lado de la frontera, financiándose el viaje con aquel golpe de suerte inesperado, y nunca volvería a pasar miedo. Se preguntaba de dónde había sacado tanto dinero aquel americano alto de pelo largo y negro, pero no había hecho ninguna pregunta.
Él le prendió fuego a la casa y le dijo, exactamente, lo que debía contarle al alcalde. Era un tipo guapo, y ella estaba soltera y también era bonita. Sin embargo, él estaba muy con-

centrado en sus asuntos. No flirteó con ella, y sus ojos no le transmitieron nada. Era tan frío como el hielo. Además, ella no necesitaba las complicaciones de un romance en aquel momento. Iba a verse libre de los narcotraficantes y sus guerras, y eso era todo lo que necesitaba.

Carson llamó a El Jefe con su teléfono móvil.
—Hecho —dijo—. Se lo ha tragado.
Se oyó una carcajada.
—Bien. Ahora, Pepito y su familia están a salvo; Charro no intentará venir a matarlos. Se lo diré a Pepito. Se pondrá muy contento. Si puedo hacer algo por ti...
—Gracias, pero no necesito nada —dijo Carson, y colgó.
Miró hacia el horizonte. En algún lugar estaba el hombre que había matado a su amigo, el informático, Joey. Él se sentía protector hacia aquel muchacho que no tenía familia ni raíces. Había sido como perder a un hermano.
Guardó el teléfono. El ordenador perdido tenía un código que se transmitiría automáticamente cuando fuera activado. Aquello había sido una idea de Carson, pero había sido Joey quien la había puesto en práctica. En el impresionante recinto de Eb Scott había un ordenador siempre encendido esperando a que llegara aquella señal. Él no tenía ni idea de si algún técnico informático iba a tratar de extraer la información que Joey había recabado tan minuciosamente, pero se imaginaba que ellos serían tan curiosos como para intentar leer el disco duro. Y, cuando lo hicieran, Carson iba a seguir aquella señal oculta hasta su fuente. Habría venganza.

—¿Qué has averiguado? —le preguntó Minette a su marido, cuando él llegó a casa, aquella tarde.

—Pues… que Lassiter trabaja para alguna agencia que nunca vamos a conocer, que Méndez es más listo de lo que parece que, tal vez, tengamos la forma de averiguar quién era aquel agente de la DEA…

—¿Sí? ¿Cómo? —preguntó Minette.

Hayes iba a empezar a hablar, pero miró a su alrededor y sonrió.

—Solo era una broma —dijo.

Sin embargo, sus ojos estaban haciendo un comentario: que no podía estar seguro de que en la habitación no hubiera micrófonos.

No iba a correr ningún riesgo.

Un político vinculado a un cártel de la droga iba a ser un enemigo muy peligroso, y tal vez él necesitara ayuda del padre de Minette. También le preocupaba que, cuando encontraran al agente infiltrado en la DEA, hubiera venganzas de Charro Méndez. Sin embargo, no iba a hablar de ello en una habitación que Zack no había registrado en busca de micrófonos. Sonrió a Minette.

—Ojalá tuviéramos alguna pista sobre el asesinato del técnico de informática.

—Ojalá. Lo siento mucho.

Él la abrazó. Hizo un gesto de dolor. Todavía tenía molestias en el hombro.

—Te he comprado un regalo de Navidad. Creo que te va a gustar.

—¿De verdad? —preguntó ella, sonriendo—. Yo también te he comprado algo.

—¿Qué es?

—No te lo voy a decir.

Hayes la besó.

—Por favor…

—No.

—Por favor, por favor —rogó él, y volvió a besarla.

Ella le rodeó el cuello con los brazos y le devolvió el beso.

—Nunca.

La mañana de Navidad, los niños abrieron sus regalos como si el mundo fuera a terminar. Sarah se puso feliz con los calcetines y el jersey que le habían comprado Minette y los niños. Hayes suspiraba por las cuatro corbatas que había recibido de las esposas de sus ayudantes. Todos estaban en las nubes por el regalo que les había hecho el padre de Minette: un potro de sus valiosos caballos de carreras, para que pudieran empezar con su propia cuadra de purasangres. Hayes y ella le habían regalado un potrillo de sus palominos, y parecía que le había gustado mucho.

Minette le dio a Hayes una caja envuelta con un papel muy alegre y atada con un lazo.

—Ábrelo.

Hayes observó la caja. Era grande y alargada.

—¿Qué es?

—Abre la caja y lo verás.

Hayes rompió el papel y abrió la caja con la mano del brazo sano. Entonces, se quedó extasiado.

—¡Una caña nueva!

—Es la mejor que había en la tienda. Yo también me he comprado una, para que podamos ir a pescar la primavera que viene —dijo ella, con una sonrisa de oreja a oreja.

—¡Cariño! —Hayes la besó apasionadamente—. ¡Gracias!

—Abre el nuestro, Hayes, abre el nuestro —exclamó Julie.

Shane le entregó el regalo con una sonrisa.

Él se echó a reír y abrió los lazos y el papel del paquete. Dentro había tres películas nuevas de dibujos animados. Hayes se agachó y abrazó a los dos niños.

—Sois unos ángeles —dijo—. ¡No las había visto todavía!

—Nosotros tampoco —respondió Shane, riéndose.

—También queremos verlas —dijo Julie, y le besó la mejilla—. Me gusta mucho que seas nuestro hermano ahora, Hayes —añadió—. Te queremos mucho.
—Sí, es verdad —añadió Shane.
A Hayes se le empañaron los ojos.
—Yo también os quiero, niños.
Ellos volvieron a abrazarlo.
—¡Abrid lo demás! —les dijo Minette a los niños y, entre risas, ellos se lanzaron a lo que quedaba.
—Eres un blanducho —le dijo Minette a Hayes, en voz baja—. Yo también te quiero.
Él la besó, y sacó una cajita para dársela.
—Esto también es para ti.
—¡Oh!
Minette abrió la cajita, y se quedó sin aliento al encontrar el camafeo más bello que hubiera visto en su vida. Era delicado y tenía la cabeza de una joven, pero no de cualquier joven, sino la suya. Era exactamente igual que Minette en un retrato que había encargado su madrastra cuando ella tenía dieciséis años. Sin embargo, el artista que lo había tallado le había puesto un vestido victoriano de cuello alto, le había recogido el pelo en un moño alto y había puesto una sonrisa misteriosa en sus labios.
—¡Qué maravilla! —exclamó ella, y se echó a llorar.
Él la estrechó contra sí.
—Mi querida Minette —susurró—. Esperaba que te gustara. El hombre ha estado trabajando en él desde Acción de Gracias. Casi no consigue terminarlo a tiempo.
—Nunca había tenido nada tan bonito, en toda mi vida.
—Hay algo mucho más bello que este camafeo —le dijo él.
—¿Sí? ¿Qué? —preguntó ella, con las mejillas llenas de lágrimas.
—Tú, amor mío —dijo él, suavemente—. Eres la criatura más bella que he visto.

Minette no pudo pronunciar una palabra. Sabía que no era bella, pero Hayes pensaba que sí, y eso era lo único que importaba. Apoyó la mejilla en su pecho.

—Te quiero, Hayes —susurró.

—Yo también te quiero. Feliz Navidad.

—Muy feliz Navidad. Y espero que tengamos muchas más para estar juntos.

Hayes suspiró.

—Yo también.

—Si dejas de meterte en los tiroteos —murmuró ella—, las tendremos.

—Mira, voy a decirte una cosa: a partir de ahora, te prometo que me mantendré alejado de los tiroteos. ¿Qué te parece?

—Eso es lo que quería oír.

—Con una condición.

—¿Qué condición?

—Que tú dejes de provocar a los narcotraficantes, para que no incendien tu periódico.

—Ahh. Aguafiestas.

—Si yo tengo que prometértelo, tú también.

Ella alzó la cara, lo miró a los ojos y asintió.

—De acuerdo. Lo prometo.

Entonces, Hayes se sentó en una silla y se colocó a Minette en el regazo.

—Bueno, no sé tú —dijo, en voz bien alta—, pero a mí me apetece ver una película de dibujos animados.

Los niños se pusieron a gritar de alegría. La tía Sarah se echó a reír.

—Sí, a mí también —dijo Minette—. ¿Queréis que haga unas palomitas?

—No, tú quédate aquí —le dijo Sarah, y se levantó—. Voy a hacerlas yo. Hayes se quedaría muy triste si te fueras.

Hayes sonrió de oreja a oreja.

—Sí, es cierto. Gracias, Sarah.

—De nada, de nada. Vamos, niños, dejadme que ponga la película en el reproductor. ¡Ya está! Voy a darme mucha prisa con las palomitas. Tardaré un minuto. Y le daré de comer a Rex mientras estoy en la cocina.

Un segundo después, la tía Sarah había vuelto al salón, y tenía una expresión resignada.

—Hayes, detesto tener que molestarte, pero ¿podrías decirle a Andy que se quitara de encima de la cocina?

—¿De la cocina? —preguntó Hayes, con desconcierto.

—Creo que quiere plátano frito.

Hayes se echó a reír. Minette y él fueron a la cocina con Sarah. Rex estaba sentado junto al mostrador, esperando su comida; Andy estaba repantigado en los fuegos de la cocina, donde Sarah había estado cortándole los plátanos. Estaba comiéndoselos como si no lo hubieran alimentado desde hacía semanas.

—Cerdo —murmuró Hayes.

Andy lo miró, soltó un resoplido y siguió comiendo.

—No les hagas caso, querido mío. Puedes comerte los plátanos donde tú quieras —le dijo Minette, y le rascó detrás de las orejas.

Andy la miró, cabeceó y volvió a comer.

—Antes era mi lagarto —dijo Hayes, con un suspiro.

—Y sigue siéndolo, pero yo le caigo mejor —respondió Minette, alegremente.

—¿Qué le estás poniendo en las rodajas de plátano? —preguntó Hayes.

Ella se echó a reír.

—Eso es mi secreto. Come, come, Andy. Los fuegos de la cocina se pueden limpiar.

Sarah movió la cabeza.

—Bueno, haré las palomitas en el microondas. ¡Por lo menos, ahí no puede entrar!

Hizo un gesto de resignación con las manos y se fue a dar de comer a Rex.

Hayes estrechó a Minette contra su costado, pero Andy no amenazó ni rompió nada. Hayes la miró.

—Creo que ya no está celoso.

—No, lo que pasa es que no quiere que lo echemos de la cocina.

Hayes se echó a reír, y la besó.

—Si tú lo dices...

Ella apoyó la cabeza en su pecho.

—Ha sido un largo camino, ¿eh, Hayes?

Él la entendió.

—Un camino muy largo. Pero había un arcoíris al final.

Ella asintió.

—Sí, un arcoíris.

Andy miró con ironía a los humanos, se encogió de hombros y volvió a su plato de rodajas de plátano. Y, si las iguanas pudieran expresar lo que pensaban con el rostro, él habría sonreído de oreja a oreja.

CAPÍTULO 17

En una pequeña cafetería de San Antonio, Texas, había dos hombres sentados en un asiento de vinilo rojo, tomando una taza de café. Uno era el alcalde de un pequeño pueblo mexicano, y el otro era un senador estatal con un pasado interesante, en su mayoría desconocido por los votantes.

—Voy a necesitar mucho dinero para salir elegido —le dijo el político al narco—. Ya sabes lo que está en juego. Si tengo el poder, te ayudaré.

—Sí, pero no hay ninguna garantía de que ganes las elecciones —respondió Charro Méndez, encogiéndose de hombros—. Tal vez solo sea un sueño.

—O tal vez no. Tengo amigos muy bien situados en lo más alto, y otros situados en lo más bajo. Ellos pueden asegurarse de que yo gane —dijo Mike Helm, y sonrió con frialdad—. Un poco de dinero por aquí, un poco de intimidación por allá, y está hecho.

—Supongo que ayudará que quien ocupa el cargo ahora mismo sea un hombre viejo y enfermo —dijo Charro—. Puede que no dure hasta las próximas elecciones.

—En ese caso, tendría las elecciones aseguradas —respondió Helm—. Tengo un amigo que se aseguraría de que yo fuera nombrado para sustituir al difunto.

—Das mucho por sentado.

El político se echó a reír.

—Sé cómo funcionan las cosas, eso es todo. No soy un recién llegado en la política. He estado en puestos ganados por elección desde que salí de la universidad.

Y había hecho muy poco en esos puestos, salvo enriquecerse. Sin embargo, Charro no dijo nada.

—Escucha, yo te garantizo que, si salgo elegido, nadie molestará en absoluto a tus hombres cuando transporten la mercancía de un lado a otro de la frontera —le aseguró Helm—. Lo único que tienes que hacer es una inversión. Demonios, solo con una de tus pistolas pagarías mi campaña. ¡Valen una fortuna!

Charro alzó orgullosamente la cabeza.

—Nací en una familia de granjeros. Trabajaba en el campo desde el amanecer hasta que anochecía, hasta que tenía la espalda casi rota. Entonces, uno de los hermanos Fuentes se apiadó de mí y me dio un trabajo de mula. Lo hice muy bien. Él me mantuvo a su servicio, y yo fui ascendiendo poco a poco en la organización, hasta que he ocupado el lugar de El Ladrón, que en paz descanse.

—Sí, eres bueno en tu negocio.

—Me he ganado el derecho a llevar estas armas tan lujosas —añadió Méndez fríamente—. Son un signo de mi riqueza y mi inteligencia; le dicen a la gente que soy rico.

—Por supuesto.

—Seré un patrón mejor que mi predecesor, y ganaré más dinero que él. También quiero conseguir el control de más territorios. El único obstáculo en mi camino es El Jefe, y voy a encontrar la manera de encargarme de él.

—Te creo. ¿Y el dinero…?

Charro entrecerró los ojos.

—Te ayudaré. Pero recuerda tu promesa —le dijo, con una sonrisa glacial—. Porque yo no perdono las traiciones.

Helm se había enterado de la suerte de Lido, el hombre de confianza de Méndez. Aquel narco lo había matado a sangre fría. Y corría el rumor de que tenía un ayudante mucho peor que Lido.

—Entonces, ¿sabes lo de Lido? —adivinó Charro, y se echó a reír—. Bien, así sabrás con certeza que soy un hombre de palabra. Ya tengo un sustituto para él —dijo, e indicó a un hombre alto y rubio, tuerto, que estaba junto a la puerta—. Es muy bueno. Dice que se llama Stanton. No sé si tiene otros nombres.

—Tiene un aspecto turbio.

—Lógico. Tiene mucha experiencia en su campo.

—¿Y cuál es su campo? —preguntó Helm.

Charro sonrió.

—El asesinato.

Helm tomó su taza de café y dio un sorbo al líquido frío. Sabía que había entrado en terreno muy pantanoso con aquella gente, pero, sin su apoyo económico, se quedaría atrapado en la legislatura del estado para siempre. Y él quería más. Era inteligente y ambicioso; sin embargo, lo que más deseaba era la riqueza. Y aquel hombre podía ayudarlo. Así pues, tenía que ser agradable, aunque sintiera repugnancia por lo que le estaba diciendo Charro. A la larga, iba a merecer la pena.

En la puerta, Stanton Rourke trataba de transmitir petulancia. Había conseguido que un buen amigo suyo convenciera a Charro de que era el mejor asesino a sueldo de todo el mundo, y Charro había mandado a buscarlo. Tenía muchas identidades falsas que podía asumir cuando lo necesitaba. Aquella era una de ellas. Tenía que averiguar quién había matado al técnico informático, Joey, que era tan querido en el grupo de mercenarios de Eb Scott. Todos ellos querían vengar su muerte, pero primero tenían que encontrar al responsable, y el ordenador que contenía la información sobre el topo de la DEA.

En aquel momento, estaba consiguiendo otra información muy valiosa: que el senador Helm le estaba pidiendo a un narcotraficante dinero para financiar su campaña electoral para el Senado de los Estados Unidos. Qué combinación, la del pequeño alcalde y el político alto y sórdido. Él iba a encontrar el medio de hacerlos caer a los dos. Sin embargo, primero quería encontrar a la gente que había matado a Joey. Y solo había una manera de conseguirlo.

Hayes Carson estaba sentado en su oficina, cuando un extraño entró por la puerta. Hayes se encontraba mucho mejor; su brazo se estaba curando poco a poco. El frío le molestaba, pero la terapia le proporcionaba más libertad de movimiento a cada día que pasaba.

Además, el matrimonio le sentaba bien. Minette era todo lo que él podía desear en una mujer. La quería, y también quería a su familia. Era más feliz de lo que nunca hubiera sido en su vida.

Ladeó la cabeza al ver al hombre rubio, tuerto, que se acercaba a él. Frunció el ceño.

—¿No lo conozco de algo? —preguntó.

El hombre rubio sonrió.

—Tal vez —dijo con acento sudafricano.

—Rourke —exclamó Hayes.

—Exacto —dijo el recién llegado, y se sentó frente a su escritorio—. Tengo una noticia interesante que darle.

—¿Cuál?

—El senador del estado Matt Helm está manteniendo conversaciones con mi nuevo jefe para conseguir que le financie la campaña electoral —dijo Rourke—. Los narcos, en el Congreso. Piénselo.

—Es horrible —dijo Hayes—. Pero ¿qué puedo hacer al respecto? Jacobsville está lejos de Austin.

—Lo sé, pero esto solo era una noticia de pasada para mí. En realidad, lo que me interesa es descubrir quién mató a Joey.

—¿Y cómo demonios conseguiste ese trabajo?

—Es una larga historia. Tengo amigos en los lugares más insospechados. Solo quería que supieras lo que está pasando.

—Sentí mucho lo que Joey —dijo Hayes en voz baja—. Era uno de los mejores informáticos que he conocido.

—Era como nuestra mascota —dijo Rourke—. Lo echamos de menos en el campamento. Sé que la venganza es una mala motivación, pero la justicia no lo es.

—¿Es cierto que usted ayudó a Carson a darle de comer a un caimán con el cadáver de alguien? —preguntó Hayes, de repente.

Rourke se quedó mirándolo fijamente. No dijo una palabra.

—Elocuente —dijo Hayes, y soltó una carcajada—. Está bien, no voy a insistir.

—Me alegro. Yo siempre soy discreto —dijo Rourke, y se levantó—. Bueno, me marcho. Solo quería que supiera que estoy buscando pruebas, sheriff. Si encuentro a los culpables, ¿los llevará a juicio?

—Puedes estar seguro —le dijo Hayes con firmeza.

Rourke asintió.

—Eso es lo único que pido.

—Debes conseguir que pasen la frontera voluntariamente —añadió Hayes, con un suspiro—. La extradición es un verdadero dolor de cabeza.

—Puedo garantizarle que se entregarán voluntariamente —dijo Rourke, y sonrió—. Porque la alternativa sería muy, muy desagradable.

—No les dé de comer a los caimanes por aquí —le advirtió Hayes.

—En esta zona no hay.
Hayes se encogió de hombros.
—Por si acaso alguna vez tenemos uno.
Rourke se echó a reír.

Hayes volvió a casa y le contó a Minette lo que había sabido por medio de Rourke.

—¿Y Carlie? ¿Has hablado con ella?

—Sí. Cash Grier llamó a un dibujante de la policía, y se hizo un retrato del hombre al que ella vio. Lo tengo en mi escritorio.

—¿Y te ha estimulado la memoria?

—No, por desgracia. ¿Sabes? Creo que me estoy haciendo viejo.

Ella lo abrazó y se estrechó contra él.

—Hayes, tú nunca te vas a hacer viejo.

—¿Eso crees?

Ella alzó la cabeza y le mordisqueó suavemente el lóbulo de la oreja.

—Los niños están en el colegio, la tía Sarah se ha ido al mercado. Tenemos unos cuarenta y cinco minutos... ¡Hayes!

Él la empujó contra la pared, la desnudó de cintura para abajo, se bajó los pantalones y penetró en su cuerpo rápidamente.

Minette se quedó allí, asombrada, encantada, temblorosa al darse cuenta de la pasión que había encendido en él.

—Esto lo he leído en un libro —le dijo él, al oído, mientras la embestía y la hacía gemir—. Es lo más erótico que he leído nunca. Así que he pensado que... deberíamos probarlo...

Su voz se acalló mientras la pasión se volvía abrasadora. Él siguió acometiendo el cuerpo de Minette con una expresión tensa de deseo.

Ella se arqueó contra él y se desabotonó la camisa con las

manos temblorosas. Frotó sus senos desnudos contra el pecho de Hayes, mientras él comenzaba a moverse con tanta fuerza que el cuadro de la pared comenzó a vibrar.

—Hayes —gimoteó ella—. ¡Oh, Hayes...

—Sí, nena, sí —murmuró él—. Sí. ¡Ahora!

Se movió con tanta fuerza y tanta rapidez que Minette llegó al clímax al instante, y él continuó acometiéndola hasta que su propio cuerpo se tensó y se convulsionó. Emitió un gruñido de placer junto a su oído.

Siguieron abrazados, temblando, húmedos de sudor y todavía hambrientos el uno del otro.

—No ha sido suficiente —dijo él, entre dientes.

—No ha sido suficiente —repitió ella, con la respiración entrecortada.

Minette recogió la ropa del suelo y subió las escaleras, medio desnuda, seguida por Hayes.

Llegaron a su dormitorio y cerraron la puerta. Él la tendió sobre la cama y se deslizó sobre ella, y comenzó a besar sus pezones endurecidos para excitarla de nuevo.

Cuando entró en su cuerpo, ella gimió; todavía ardía por Hayes. Se sentía hambrienta, insaciable. Lo miró a la cara durante todo el tiempo, con los ojos muy abiertos, para que él pudiera ver el placer que le estaba proporcionando.

—Nunca es... suficiente —murmuró ella.

—No. Y no... dura... Oh, Dios —gruñó él, y comenzó a temblar, también.

—Sí —susurró Minette, arqueándose hacia arriba para ayudarlo—. ¡Sí, sí!

Hayes gritó, y su cuerpo delgado se arqueó hacia arriba mientras se estremecía por la fuerza de su éxtasis.

Minette lo acompañó. Sus cuerpos estaban completamente sintonizados, y ella explotó de placer debajo de él.

Se quedaron quietos, con los miembros sudorosos y entrelazados.

—No consigo saciarme de ti, Minette —le susurró él, y la besó con ternura—. Y quiero dejarte embarazada...

Ella se rio y le devolvió el beso.

—Tenemos todo el tiempo del mundo. Cuando llegue, llegará.

—Bueno —dijo él, y se elevó sobre ella para mirarla con orgullo y con deseo—. Si lo que hemos hecho abajo no lo consigue, tal vez esto sí.

Ella arqueó las cejas.

—No puedes hacerlo tres veces seguidas.

Hayes se tendió sobre ella.

—¿Qué te apuestas?

Se rio y, cuando penetró de nuevo en su cuerpo, Minette se dio cuenta de que sí, Hayes sí podía hacerlo tres veces seguidas. Sin embargo, estaba demasiado concentrada como para hacer algún comentario al respecto.

Unas semanas después, ella comenzó a vomitar en la oficina. Fue a la consulta del doctor Coltrain para hacerse una prueba de embarazo y, acto seguido, entró en la oficina del sheriff.

Hayes estaba rellenando un impreso. Alzó la vista y la vio.

—Vaya, hola, guapa —dijo, con una sonrisa—. ¿Vamos a comer juntos?

Ella rodeó el escritorio, hizo girar la silla de Hayes y se sentó en su regazo.

—No podemos ir a comer. No me encuentro bien.

—¿Estás enferma?

—¿Cómo lo llaman? —preguntó Minette, fingiendo que intentaba recordar el nombre—. Ah, sí. Mareos matinales y vómitos. Eso es...

—¿Mareos y vómitos matinales? Estás embarazada... —dijo él, con una expresión indescriptible.

Minette sonrió.

—Sí, ya me he hecho el test. Ha dado positivo. ¡Vamos a tener un hijo!

Él la besó con ternura.

—Vamos a tener tres hijos. Este año es mágico.

Ella suspiró.

—Sí.

Hayes sonrió y la estrechó entre sus brazos. Después de todo lo que habían pasado, aquello era como el sol después de la tormenta, y se lo dijo.

Ella asintió.

—Sí. El camino hasta aquí ha sido difícil y muy largo.

—Bueno, pero no todo es el destino, nena. También está el viaje.

—¡Vaya viaje!

—Sí, vaya viaje. ¿Quieres que vayamos a Barbara's Café? Allí puedes tomar unos cuantos pepinillos y helado de fresa para comer, si quieres.

Ella le hizo una mueca.

—Qué mezcla más horrible.

—Entonces, ¿qué te gustaría?

—Un batido de chocolate espeso y patatas fritas —decidió ella.

—Muy mal. Necesitas proteínas para el bebé —le dijo él, y le acarició el vientre.

—Los batidos tienen leche. Ahí tienes tu proteína —repuso ella, riéndose—. Pero me conformo con una buena ensalada.

—En ese caso, te invito a comer.

—¡Qué amable!

Hayes se levantó y le tomó la cara entre las manos.

—No hay nada lo suficientemente bueno para mi niña —susurró él, y la besó—. Pero nada de patatas fritas.

Ella suspiró.

—Está bien. Nada de patatas fritas.

La tomó de la mano y, juntos, se dirigieron hacia la salida. Hayes tenía la mente llena de sueños de su hijo y del futuro que iban a compartir.

Y Minette sentía lo mismo. Aquella era la aventura más grande de su vida.

—Tengo motivos ocultos —dijo Hayes, cuando llegaron al café, que estaba abarrotado.

—¿De veras? ¿Y cuáles son?

Él abrió la puerta, entró en el comedor y, con una enorme sonrisa, exclamó:

—¡Hagan paso a mi señora embarazada!

Todo el mundo se echó a reír y aplaudió.

Hayes miró la cara de diversión de Minette y volvió a sonreír.

—Acabo de ahorrarnos el problema de enviarle a todo el mundo el anuncio del nacimiento.

Minette estalló en carcajadas, y lo besó. Y sus amigos y vecinos los observaron con afecto, y volvieron a aplaudir con ganas.

Últimos títulos publicados en Top Novel

Luna de verano – ROBYN CARR
Amor y esperanza – STEPHANIE LAURENS
Secretos de sociedad – CANDACE CAMP
10 secretos de seducción – VARIAS AUTORAS
El legado Moorehouse – J. R. WARD
Tras la traición – BRENDA JOYCE
A merced de la ira – LORI FOSTER
Palabras prohibidas – KASEY MICHAELS
El regreso del rebelde – LINDA LAEL MILLER
Víctima de una obsesión – DEANNA RAYBOURN
Los Cordina – NORA ROBERTS
Tierras salvajes – DIANA PALMER
Algo más que vecinos – ISABEL KEATS
Sueños de verano – SUSAN WIGGS
Tiempo de traiciones – ROSEMARY ROGERS
Nuevos comienzos – ROBYN CARR
Pasión de contrabando – BRENDA JOYCE
Los Montford – CANDACE CAMP
Tentando a la suerte – SUZANNE BROCKMANN
De repente, un verano – ROBYN CARR
Empezar de nuevo – ISABEL KEATS
Una luz en el mar – SUSAN WIGGS
Los Mackenzie – LINDA HOWARD
Una rosa en la tormenta – BRENDA JOYCE
Sabor a peligro – LORI FOSTER
Entre las azucenas olvidado – GEMA SAMARO

www.ingramcontent.com/pod-product-compliance
Lightning Source LLC
LaVergne TN
LVHW091625070526
838199LV00044B/945